ABREGE
DE LA
PHILOSOPHIE
DE
GASSENDI

Par F. BERNIER *Docteur en Medecine, de la Faculté de Montpelier.*

SECONDE EDITION
Reveüe, & augmentée par l'Autheur.

TOME II.

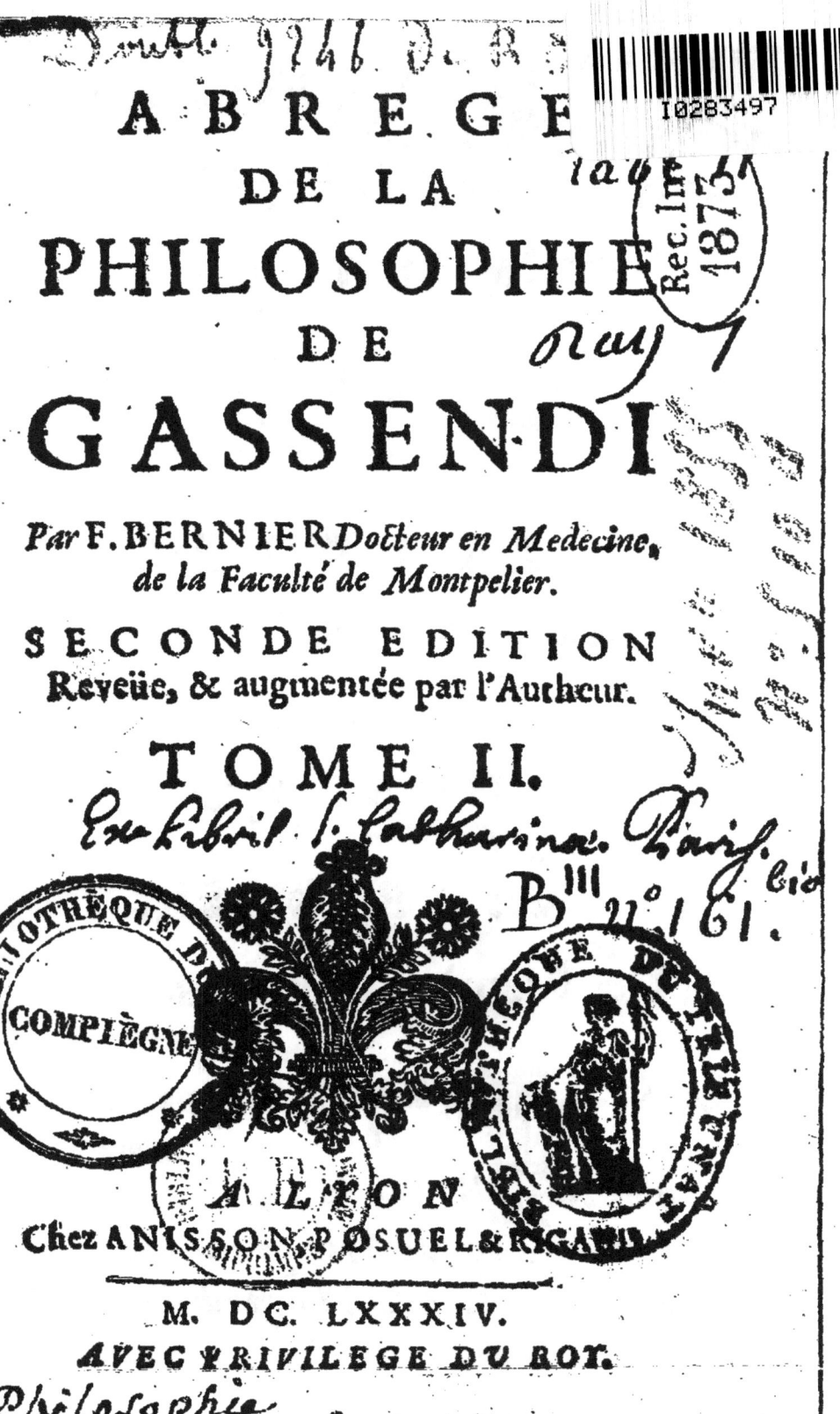

A LYON,
Chez ANISSON, POSUEL & RIGAUD.

―――――――――
M. DC. LXXXIV.
AVEC PRIVILEGE DU ROY.

TABLE DES LIVRES ET CHAPITRES
Contenus dans ce Tome.

LA PHYSIQUE.
LIVRE PREMIER.
Des Premiers Principes.

CHAP. I. De l'Espace, pag. 1

Qu'on ne sçauroit nier la possibilité du Vuide sans tomber dans de tres grands inconveniens, tant à l'egard de la

TABLE

Religion, qu'à l'égard de la Physique, 9

Raisons incontestables de la possibilité du Vuide, 12

Chap. II. *Du Lieu,* 14

Chap. III. *Du Temps,* 18

Chap. IV. *De l'Eternité,* 33

Chap. V. *Si le Monde est Eternel, ou s'il a eu commencement,* 39

Chap. VI. *Si le Monde perira,* 65

Chap. VII. *Si le Monde est Animé,* 79

Chap. VIII. *Que de Rien il ne se fait rien, & que rien ne retourne dans le Rien,* 96

Chap. IX. *De l'Essence de la Matiere,* 103

Chap. X. *De l'Existence des Atomes,* 109

Chap. XI. *Des Proprietez des Atomes, & premierement de leur Grandeur,* 124

Chap. XII. *De la Figure des Atomes,* 150

Chap. XIII. *Du Mouvement*

TABLE.

des Atomes, 158

CHAP. XIV. *De la necessité des petis Vuides entre les Corps,* 171

CHAP. XV. *Que l'on peut trouver le moyen de faire un Vuide considerable,* 190

CHAP. XVI. *Quelles sont les Causes dont les Physiciens recherchent la connoissance,* 209

CHAP. XVII. *De l'Existence, & Providence de Dieu,* 225

La premiere Raison par laquelle l'on demontre l'Existence de Dieu, est prise de l'Anticipation generale, 232

La seconde Raison par laquelle l'on demontre l'Existence de Dieu se tire de la Contemplation de la Nature, 242

CHAP. XVIII. *De la forme sous laquelle l'on conçoit Dieu,* 257

CHAP. XIX. *Quel est le prochain, & premier Principe des actions dans les Causes Secondes,* 265

TABLE.

Flux eternel, 463

Doute XIV. S'il n'y auroit rien à ajoûter à ce qui a esté dit de la cause des Montagnes, ou Inegalitez de la Terre, des Inondations, ou des Deluges particuliers, des Couches de Coquilliages qui se trouvent dans les lieux élevez & eloignez de la Mer, & de ces pretendues Vicissitudes de Terre en Mer, & de Mer en Terre, 465

Doute XV. Si l'Opinion des Anciens touchant l'Essence de la Matiere se peut accorder avec les Mysteres de la Religion, 479

ABREGE

TABLE.

boule alentour du Globe de la Terre, 332

Des diverses compositions de mouvement dans un Navire qui va, 337

Merveilleuse propriété du Mouvement, 343

S'il y a du Repos dans le poinct de la Reflection, 345

CHAP. V. Du Mouvement Reflexe, & des Vibrations des Pendules, 346

De la force qui fait reflechir les Corps, 349

De l'Egalité des Angles d'Incidence, & de Reflection, 360

CHAP. VI. Si le Changement est different du Mouvement, & comment les qualitez des Composez peuvent estre engendrées par le Changement, ou l'Alteration, 367

TABLE.

DOUTES

Sur quelques-uns des principaux Chapitres de ce Tome, 379

Doute I. Si l'Espace de la manière que Monsieur Gassendi l'explique, est soûtenable, 382

Doute II. Si l'on peut dire que le Lieu soit l'Espace, 393

Doute III. Si l'on peut dire que le Lieu soit immobile, 400

Doute IV. Si le Mouvement se peut, ou se doit définir, 405

Doute V. Si l'on peut raisonnablement demander la cause de la continuation du mouvement dans les choses qui ont esté jettées, ou lancées, 413

Doute VI. Si dans la doctrine des Atomes l'on ne pourroit

ABREGÉ
DE LA
PHILOSOPHIE
DE
GASSENDI.

LA PHYSIQUE.

LIVRE I.
DES PREMIERS PRINCIPES.

CHAPITRE I.
De l'Espace.

LA premiere chose que doit faire celuy qui entreprend de s'appli-

TOME II.   A

quer à la Philosophie, qui est proprement la connoissance de la Nature, c'est de se representer un Espace infiniment etendu de toutes parts en longueur, en largeur, & en profondeur, & de considerer cet Espace comme le lieu general de tout ce qui a esté produit, & comme la Table d'attente de toutes les autres productions que Dieu peut tirer de sa Toûte-puissance.

C'est ainsi qu'en ont usé Democrite, Epicure, Lucrece, Nemese, tous les Theologiens qui admettent au delà du Monde des Espaces vulgairement appellez Imaginaires, dans lesquels ils veulent que la Substance Divine soit comme repanduë, & où Dieu puisse créer une infinité d'autres Mondes. Ça aussi esté la pensée de S. Augustin, qui dit en termes exprez, *Qu'il faut concevoir au delà du Monde des Espaces infinis, dans lesquels si quelqu'un soûtient que le Toutpuissant n'a pû s'occuper, il s'ensuivra*, &c. Oseront-ils dire, ajoûte-t'il, *que la Substance Divine qu'ils confessent estre toute entiere par tout par sa presence incorporelle, soit absente de ces grands Espaces qui sont au delà du Monde, qui n'est qu'un poinct en comparaison de cette infinité ? Ie ne crois pas qu'ils se laissent aller à de si vains discours.*

Ce qui oblige à former cette idée si grande, si ample, si etendüe, c'est la nature mesme de l'Espace, à qui l'on ne sçauroit donner de fin : Car poussez vostre imagination autant loin qu'il vous plaira au delà des limites de ce Monde, vous ne l'aurez jamais portée si l'oin, que vous ne trouviez toûjours à la porter encore plus loin. Et de fait, supposez, avec Architas, que quelqu'un soit à l'extremité de l'Espace, *Est-ce que cet homme ne pourra pas étendre le bras, ou alonger un baston ? S'il le peut, ce ne sera donc pas l'extremité comme on le suppose, mais il y aura du lieu au delà ; or qu'il ne puisse pas étendre le bras, c'est ce qui paroist absurde; car qu'est-ce qui l'en pourroit empescher ?* Lucrece fait la mesme demande d'un homme qui de cette pretendüe extremité auroit decoché une fleche : Cette fleche, dit-il, ou elle passeroit plus avant, ou elle seroit arrestée? Si vous dites qu'elle passeroit, ce n'auroit donc pas esté la fin de l'Espace, ce qui est contre la Supposition; si vous dites qu'elle seroit arrestée, ce qui l'arresteroit auroit donc esté au delà de la fin de l'Espace, ce qui repugne.

An validis utrum contortum viribus ire
Quò fuerit missū mavis, longeque volare?
An prohibere aliquid censes, obstareque
  posse?
Alterutrum fatearis enim, sumasque ne-
  cesse'st.
Ast sive'st aliquid quod prohibeat, officiat-
  que
Quominu' quò missum'st veniat, finique
  locet se,
Sive foras fertur, non est ea fini' profectò.
Hoc pacto sequar, atque oras ubicumque
  locâris
Extremas, quaeram quid telo denique fiat?
Fiet uti nunquam possit consistere finis.

Aprés ce que nous venons d'avancer, il est comme evident qu'il faut d'abord distinguer deux sortes d'Etenduë, ou de dimension, l'une Corporelle, ou materielle, & impenetrable, qui soit attribuée à tous les corps; l'autre Incorporelle, & penetrable, qui conviene uniquement à l'Espace, & soit pour cela appellée Spaciale, & locale? La Corporelle sera, par exemple, la longueur, la largeur, & la profondeur d'une eau contenuë dans quelque vaisseau; la Spaciale, la longueur, la largeur, & la profondeur que nous cōcevons rester entre les costez du mesme vaisseau, l'eau en estant ostée, & tout autre corps exclus. Mais considerons la chose où il n'y ait point de corps, & supposons que Dieu par sa puissance tire d'une chambre tout l'air qui y est contenu, empeschant qu'aucun corps ne succede en sa place, & que les murailles ne se brisent, & ne s'approchent les unes des autres. Ou plûtost, pour prendre quelque capacité plus grande que celle d'une chambre, representons-nous le Ciel de la Lune tel qu'on se le figure ordinairement, & concevons en mesme temps, que toute la masse des Elemens d'Aristote soit de telle sorte detruite, & reduite au neant, que rien ne succede en sa place. Je vous prie, cette reduction estant faite, ne concevons-nous pas encore entre la superficie concave du Ciel de la Lune la mesme region qui y estoit, mais presentement vuide d'Elemens, & de tout corps ? Et n'est-il pas vray qu'ayant marqué un poinct dans ce Ciel, nous concevons que de ce poinct au poinct opposé il y a un certain intervalle, une certaine distance ? Et cette distance n'est-elle pas une espece de longueur, aſcavoir une ligne incorporelle, & invisible, qui eſt le diametre de la region, & au milieu de laquelle il y a un poinct qui eſt le centre de cette region,& de ce Ciel, & qui auparavant eſtoit le centre de la Terre ? Ne concevons-nous pas enſuite combien la Terre, combien l'Eau,& combien l'Air occupoient de cette region ? Ne reſte-t'il donc pas là par conſequent des dimenſions de longueur,de largeur,& de profondeur que nous concevons, que nous imaginons, & que nous concevons meſme pouvoir eſtre meſurées ? Or ce ſont là ces dimenſions que nous appellons Incorporelles,& Spaciales.

Maintenant tout ce que nous venons de dire ſemble donner à entendre trois choſes. L'une, que les Eſpaces immenſes eſtoient avant que Dieu creaſt le Monde, qu'ils demeureroient les meſmes ſi Dieu detruiſoit le Monde, & que Dieu de ſa pure volonté en a choiſi cette region determinée où il a creé ce Monde, laiſſant le reſte vuide.

L'autre, que ces Eſpaces ſont abſolument Immobiles. Car que Dieu tire le Monde du lieu où il eſt, l'Eſpace ne ſuivra pas pour cela, & ne ſera pas meu avec le Monde, mais le seul Monde sera meu, asçavoir d'un certain Espace immobile, à un autre qui sera de mesme immobile; ce qui arrive de la mesme maniere à l'egard de quelque partie du Monde que ce soit, lors qu'elle sort de son lieu.

La troisieme, que les dimensions Spaciales sont Incorporelles, & qu'ainsi elles se penetrent sans repugnance avec les Corporelles, de façon que quelque part que soit un corps, il occupe une partie d'Espace qui luy est egale, & que par tout où il se pourra designer des dimensions Corporelles, il y en aura d'Incorporelles qui leur repondront.

Remarquez cependant, que lorsque nous disons ou que l'Intervalle est incorporel, ou que les dimensions sont incorporelles, il n'est que trop evident, sans qu'il soit necessaire de le dire, que ce gére d'Incorporel est autre que celuy qui est une espece de Substance, & qui convient à Dieu, aux Intelligences, & à l'Entendement humain. Car dans ces derniers le mot d'Incorporel ne dit pas simplement une negation de dimensions corporelles, mais il dit de plus une vraye, & effective Substance, une vraye

& effective nature, qui a ses facultez, & ses actions; au lieu qu'à l'egard de l'Espace, & de ses dimensions, le mot d'Incorporel ne dit qu'une negation de corps, ou de dimensions corporelles, & non point outre cela une nature positive qui ait ses facultez, ou ses actions; l'Espace ne pouvant ni agir, ni patir, mais ayant seulement une non-repugnance à laisser passer les corps au travers de soy, & à se laisser occuper.

Aussi est-ce par là qu'on se doit defaire du scrupule qui pourroit naistre, de ce que l'on infere que l'Espace, selon la description que nous en venons de faire, est increé, & independant de Dieu, & qu'estant dit estre *quelque chose*, il semble qu'il s'ensuive que Dieu ne seroit donc pas l'Autheur de toutes choses. Car il est constant que par le mot d'Espace nous n'entendons que ce que l'on appelle vulgairement les Espaces Imaginaires, c'est à dire ces Espaces que la pluspart des Theologiens admettent au delà du Monde, & qu'ils ne disent pas estre Imaginaires, parce qu'ils soient purement dependans de l'Imagination comme une Chymere, puisque selon eux ils sont effectivement avant toute operation de l'Entendement, & qu'ils existent soit qu'on y pense, ou qu'on n'y pense pas; mais parceque nous imaginons leurs dimensions à la maniere des corporelles qui tombent sous les Sens: Et ils ne croyent pas qu'il y ait aucun inconvenient à dire que ces Espaces soient incréez, & independans; parce qu'ils ne sont rien de positif, c'est à dire qu'ils ne sont ni Substance, ni Accident; ces deux termes comprenant cependant tout ce que Dieu a produit.

Qu'on ne sçauroit nier la possibilité du Vuide sans tomber dans de tres grands inconveniens; tant à l'egard de la Religion, qu'à l'egard de la Physique.

CAr nous sommes bien eloignez de l'Opinion de quelques Modernes, qui ne reconnoissant point d'autre Etenduë que la Corporelle, ou materielle, & soutenant que le Vuide, ou l'etenduë purement Spaciale implique contradiction, comme il implique qu'une Montagne soit sans Vallée, se trouvent consequemment obligez de soutenir que le Monde est Infiny, de crainte qu'au delà de ſes limites il n'y euſt du Vuide; que le Monde eſt Eternel, de crainte qu'avant ſa production il n'y euſt eu des Eſpaces vuides; & pour la meſme raiſon, que Dieu ne ſcauroit reduire au neant la moindre partie du Monde; ce qui eſt le meſme que reconnoitre une nature poſitive, & capable d'agir eſtre infinie, eternelle, & independante de Dieu: Inconveniens qui ne ſe trouvent point dans noſtre Hypotheſe, qui tient que l'etenduë Spaciale n'eſt point une nature poſitive, ou capable d'aucune action, mais une pure Capacité à recevoir les Corps.

Ajoutons que ces meſmes Modernes, qui ne reconnoiſſent point d'Etenduë que de Corporelle, tombent dans cet autre inconvenient, qui eſt d'aſſurer qu'entre les murailles de la chambre, ou les coſtez du Ciel de la Lune il n'y auroit aucune diſtance: Que ſi vous leur dites que ces murailles ſe toucheroient donc mutuellement, ils l'avouent ſans heſiter: Et ſi vous leur demandez la raiſon d'un tel Paradoxe, ils repondent qu'il faut que ces choſes-là ſe touchent entre leſquelles il n'y a rien. Mais il eſt evident qu'on ne tombe ainſi dans ces embarras, qu'àcause de la preoccupation dont on est imbu dans les Ecoles, lorsque l'on enseigne que tout Estre, que toute chose est ou Substance, ou Accident, & que tout ce qui n'est ni Substace, ni Accident est non-Estre, nonchose, ou Rien ; la raison obligeant cependant à admettre qu'outre la Substance, & l'Accident, le Lieu, ou l'Espace, & comme nous dirons ensuite, le Temps, ou la Durée, sont de *vrays Estres*, de *vrayes Choses*, ascavoir de vrays Estres, ou de vrayes Choses à leur maniere : Je dis à leur maniere, parce qu'effectivement ce sont deux genres d'estre absolument distincts des autres ; le Lieu, ainsi que le Temps, ne pouvant non plus estre ou Substance, ou Accident, que la Substance, & l'Accident estre Lieu, ou Temps, conformement à ce que Seneque enseigne, *Que le Vuide, & le Temps sont des Estres à leur maniere, & differens de tous les autres* ; & Nemese, *Que tout corps est veritablement doué de triple dimension, mais que tout ce qui a triple dimension n'est pas corps, tels que sont l'Espace, le Lieu, les Estres incorporels.* C'est pourquoy, lorsque selon la Supposition precedente, l'on objecte qu'entre les costez du Ciel de la Lune il n'y a rien; il faut repondre que veritablement il n'y a rien de corporel, rien de ce qu'on a coûtume d'entendre par Substance, & Accident; mais qu'il y a neanmoins quelque chose, tel qu'est le Lieu, où ce que l'on entend par Espace, intervalle, distance, dimension.

Raisons incontestables de la possibilité du Vuide.

IL y en a qui pour se debarasser tout d'un coup des inconveniens que nous venons de toucher, nient absolument que la supposition du Ciel de la Lune, & des Elemens aneantis dans sa concavité, ou d'une chambre d'où on ait tiré l'air, soient possibles. Comme si Dieu n'estoit pas assez puissant pour reduire au neant une partie de ce qu'il a creé, & conserver l'autre! comme s'il estoit impossible de disposer des pierres en forme d'une chambre quarrée, ou d'une voute concave de la façon qu'on s'imagine le Ciel de la Lune, à moins que l'on y mette de l'air, ou quelque autre Substance de la sorte qui remplisse parfaitement la capacité ! Comme s'il estoit impossible de faire un amas de globes sans qu'il y ait de l'air, de l'eau, ou quelque autre corps entre-deux qui remplisse les interstices ! En un mot, *Comme si l'existence d'un corps dependoit de l'existence d'un autre !*

Le Vuide disent-ils, ne se cõçoit point. Il est vray que le Vuide, ainsi que le Rié, ainsi que les tenebres, ne se cõçoit point positivement, c'est à dire par une idée positive ; mais comme personne ne nie que les tenebres ne se conçoivent negativement, ou plûtost exclusivement; comme lors qu'on dit, il n'y a point de lumiere dans l'air, ainsi on ne doit pas nier que le Vuide, ou une capacité vuide ne se puisse concevoir exclusivement, ou en excluant tout corps de quelque endroit ; comme lors qu'ayant supposé qu'on ait tiré l'air d'une chambre, nous disons que la chambre est vuide, ou, ce qui revient au mesme, qu'il n'y a rien dans la chambre.

Ils pressent specialement à l'egard de l'Espace, ou de l'Etenduë qu'ils pretendent ne pouvoir aucunement estre conceuë sans corps. Mais je vous prie, est-ce que cet air invisible dont une chambre est remplie fait quelque chose pour concevoir l'etenduë de la chambre? Est-ce que lors que quelqu'un entre dans une chambre, sans songer à l'air qui est dedans, il n'imagine pas, ou ne se represente pas dans son Esprit les dimensions de cette chambre? Est-ce qu'il ne dit pas, & qu'il ne conçoit pas tres-bien que cette chambre a quinze pieds de longueur, & que d'une muraille à l'autre il peut tenir une perche ni plus, ni moins longue? Assurement, comme ce n'est point l'air qui fait que d'une muraille à l'autre il y a une telle distance, une telle longueur, une telle etenduë, ce n'est point aussi l'air qui fait que nous concevons cette distance, cette longueur, cette etenduë.

CHAPITRE II.

Du Lieu.

Pour en venir maintenant à la nature du Lieu, qui a donné occasion à tout ce qui a esté dit de l'Espace; le Lieu semble estre, non *la surface premiere*, ou immediate *du corps environnant*, comme Aristote l'a defini, mais *l'Espace que la chose placée occupe.* Car il faut remarquer que ce n'est pas sans raison qu'Aristote mesme tient que le Lieu doit estre Immobile; parceque si le Lieu estoit mobile, ensorte qu'il peust ou suivre la chose placée lors qu'elle se mouvroit, ou la laisser lors qu'elle seroit immobile, il arriveroit que quelque chose se mouvroit sans toutefois changer de Lieu, & de mesme que quelque chose changeroit de Lieu, & neanmoins demeureroit immobile, ce qui est manifestement absurde. Or cette Immobilité convient veritablement à l'Espace, comme nous avons dit ; puis qu'il est vray que l'espace qu'une Tour, par exemple, occupe, estoit là avant que la Tour fust bastie, & que si on la destruisoit, ou qu'on la transportast ailleurs, le mesme espace demeureroit immobile. Mais pour ce qui est de cette surface du corps environnant, il est evident qu'elle n'est point immobile, & l'on sçait comme au moindre Vent non seulement la surface de l'air se meut, mais que tout l'air qui de loin environne la Tour passe & coule continuellement.

L'on ne sçauroit dire ce que les Sectateurs d'Aristote n'inventent point pour arrester cette fuyante surface. Car les uns tiennent qu'equivalemment c'est toûjours la mesme ; les autres ont recours ou au Pole, ou au Centre, ou à d'autres poincts immobiles, afin que la mesme distance à l'egard de ces poincts estant toûjours gardée, ils puissent inferer que c'est le mesme Lieu; enfin ceux-cy feignent une chose, & ceux-là une autre : Mais nous ne devons point perdre nostre temps à refuter des choses que les Aristoteliciens detruisent assez eux-mesmes, lors qu'ils se combattent les uns les autres ; d'autant plus qu'en un mot, il est evident que la Tour demeure toûjours dans le mesme lieu absolument, & non pas seulement equivalemment.

D'ailleurs, c'est par l'Espace, & non pas par la surface du corps environnant, qu'on satisfait aux principales demandes qui se font à l'egard du Lieu. Car si l'on demande par exemple, pourquoy une chose est dite demeurer toûjours dans le mesme lieu, quoy que le corps qui environne change; pourquoy elle est dite changer de lieu, quoy que le corps qui environne suive; pourquoy s'eloigner d'un lieu, ou s'approcher d'un nouveau lieu ; pourquoy eftre ou plus, ou moins, ou autant éloignée d'un autre lieu ; il eft evident que tout cela fe conçoit d'abord en admettant l'Efpace, & qu'on a le reponfe en main ; en ce que toute la mobilité regarde la chofe placée, au lieu que les efpaces demeurent immobiles.

L'on entend auffi de là pourquoy, ou comment le Lieu eft dit commenfurable, egal, proportionné au corps placé, *locus eft commenfuratus locato* ; car à prendre l'Efpace felon toutes fes dimenfions, il eft de mefme grandeur que le corps placé ; d'où vient qu'il le comprend parfaitement, & intimement, & non pas feulement exterieurement, de telle forte que tout l'Efpace répond à tout le corps, & chacune de fes parties à chaque partie du corps; ce qui ne fe peut affurement point dire de la furface du corps qui environne.

Enfin, pour ajoûter cecy ; comment penfez-vous que le dernier Ciel, ou le Premier-Mobile d'Ariftote foit dans le Lieu ? Admirable neceffité, qui a contraint ce Philofophe à dire que le dernier Ciel, parce qu'il n'a point de corps qui l'environne, n'eſt en aucun lieu ! L'on ſçait les peines que ſe donnent les Interpretes pour effacer cette tache, mais voyez cependant leurs belles fictions. Il y en a qui diſent que le dernier Ciel a pour Lieu le Centre du Monde ; d'autres la ſurface du Ciel inferieur ; & d'autres ſa propre ſurface exterieure qui eſt comme ſa propre peau : En un mot, c'eſt une choſe merveilleuſe de voir à quel point ils ſe trouvent reduits, lors que ne voulant pas abandonner la ſurface, ils ſont contraints de ne donner point de lieu au Corps le plus noble, & le plus ample qui ſoit dans la Nature.

CHAPITRE III.

Du Temps.

CE n'eſt pas ſans raiſon que S. Auguſtin dit en parlant du Temps, *Si perſonne ne me demande ce que c'eſt, je le ſçais, mais ſi quelqu'un veut que je luy en donne l'explication, je n'en ſçais rien* ; car quoy qu'en entendant prononcer le mot de Temps, comme lors qu'on dit, il y a long-temps, ou il y a peu de temps, la signification de ce mot de Temps ne nous arreste pas fort; neanmoins l'on ne sçauroit dire en quelle peine nous-nous trouvons si nous voulons definir le Temps par son genre, comme on dit, & par sa difference; de sorte que Ciceron disant d'ailleurs *qu'il est difficile de definir le Temps*, peu s'en faut que nous ne disions que cela est absolument impossible; tant il est difficile de trouver une definition qui satisfasse. Or cette difficulté ne vient apparemment, que de ce qu'estant preoccupez de cette division de l'Estre en Substance, & en Accident, l'on prend d'abord le Temps comme quelque Accident qui soit dans les choses Corporelles, au lieu que si c'est quelque chose, ce doit, ce semble, estre quelque chose d'Incorporel, comme l'Espace vuide, & independant de l'existence de quelque chose que ce soit.

En effet, de mesme que dans la Nature il y a un Espace incorporel, qui quoy qu'on le nomme Imaginaire, est toutefois ce en quoy consiste uniquement la nature du Lieu ; ainsi il semble qu'il y a une certaine Durée incorporelle, ou independante des corps, qui quoy qu'elle soit appellée Imaginaire, est toutefois telle que c'est en elle seule que consiste la nature du Temps. Car de mesme que cet Espace, outre qu'il est le lieu du Monde, & de toutes ses parties, est encore diffus de tous costez sans aucune fin ; ainsi on conçoit que cette Durée, outre qu'elle est le temps du Monde, & de toutes les choses qui sont dans le Monde, a encore esté diffuse ou repanduë avant que le Monde fust, sans avoir jamais commencé, & doit continuer de se repandre sans jamais finir, quand mesme le Monde seroit detruit.

C'est pourquoy, comme nous imaginons les choses incorporelles à la maniere des corporelles, peut-estre suffira-t'il de dire, que demesme que dans les choses corporelles il y a deux sortes de diffusion, d'Etenduë, ou de quantité, l'une Permanente, comme la Grandeur, l'autre Successive, comme le Mouvement ; il y a demesme deux sortes de quantité dans les choses incorporelles, l'une Permanente, qui soit le Lieu, ou l'Espace, l'autre Succeſſive, qui ſoit la Durée, ou le Temps ; enſorte que de meſme que l'Eſpace a eſté definy une Etenduë incorporelle, & immobile, dans laquelle l'on peut de telle maniere deſigner & longueur, & largeur, & profondeur, qu'il puiſſe eſtre le lieu de quelque choſe que ce ſoit ; ainſi la Durée puiſſe eſtre definie *une Etenduë incorporelle coulante*, dans laquelle l'on peut de telle maniere deſigner le preſent, le paſſé, & le futur, qu'elle puiſſe eſtre le Temps de toutes choſes.

Les Stoiciens ont eu cette penſée, & elle me ſemble bien plus raiſonnable que celle d'Epicure, qui croyoit que le Temps ne ſeroit point s'il n'y avoit point de choſes qui duraſſent par le Temps, ou meſme ſi noſtre Entendement ne penſoit point qu'elles duraſſent. Car l'on entend qu'avant qu'il y euſt des choſes, le Temps à coulé, ce qui fait que nous diſons que Dieu les a pû produire plûtoſt, c'eſt à dire, ou long-temps, ou peu de temps avant qu'il ne les a effectivement produites; & maintenant que les choſes ſont, l'on entend qu'il coule de meſme teneur qu'auparavant ; & ſuppoſé que Dieu reduisit toutes choses au neant, l'on entend encore qu'il couleroit demesme, & en mesme temps nous comprenons que Dieu les ayant voulu reproduire, il y auroit eu ou un long temps, ou peu de temps entre leur destruction, & leur reproduction.

Ce qui nous fait de la peine, c'est qu'encore que nous semblions parler proprement, & entendre ce que nous disons toutes les fois que nous disons le temps coule, le temps fuit, le temps s'approche, le temps viendra, &c. nous sommes neanmoins estonnez que voulant montrer le flux, l'ecoulement, la succession du Temps, nous-nous appercevons que tout nostre discours n'a esté que metaphorique, & que l'on ne sçauroit montrer au doigt le flux du Temps, comme l'on peut montrer celuy de l'Eau : Mais, comme nous ne pouvons parler des choses incorporelles que par analogie aux corporelles, il suffit que demesme qu'on entend le flux de l'eau, lorsque ses parties coulent successivement les unes apres les autres; ainsi l'on entéde le flux du Temps, lors que ses parties passent successivement, & de mesme teneur les unes que les autres.

Neanmoins le Temps se compare mieux avec la flamme d'une chandele, dont l'essence consiste tellement dans l'ecoulement, qu'elle est autre à chaque moment, & n'est jamais plus la mesme qui a esté auparavant, ni celle qui sera par-apres; car la nature du Temps consiste aussi tellement dans l'ecoulement, que tout ce qui s'en est ecoulé n'est plus presentement, & que tout ce qui s'en doit ecouler n'est point encore : Delà vient que demesme que toute la flamme ne laisse pas d'estre quelque chose de corporel, & de continu, quoy que chacune de ses parties soit momentanée; ainsi le Temps consideré selon son tout, ne laisse pas d'estre quelque chose d'incorporel, & de continu, quoy que chacune de ses parties soit momentanée, ou plûtost le moment mesme, qu'on appelle Maintenant, & le Present. Car demesme que chaque petite flamme presente estant conjointe avec celle qui precede immediatement, & avec celle qui suit immediatement aprés, il se fait une continuation du tout; ainsi chaque moment de Temps ayant aussi connexion avec celuy qui precede immediatement, & celuy qui suit immediatement aprés, il se forme delà une succession continue du tout.

C'est pourquoy, lorsque l'on objecte que le Temps n'est rien, en ce qu'estant composé du passé, du present, & de l'avenir, le passé n'est plus, l'avenir n'est pas encore, & le present s'evanouit; l'on peut repondre qu'il en est de mesme que si on objectoit que la flamme n'est rien, en ce que tout ce qui en a precedé n'est plus, que tout ce qui en suivra n'est pas encore, & que ce qui en est present s'evanouit. Car c'est faire un Paralogisme que de prendre les choses successives comme les permanentes, veu qu'elles sont absolument differentes: C'est chercher dans la nature des choses successives ce qui n'y est point, & qui feroit qu'elles ne seroient pas successives s'il y pouvoit estre; puisque si vous supposez que leurs parties s'arrestent, qu'elles ne coulent pas, qu'elles demeurent fixes, & immobiles, vous les faites permanentes.

Mais il n'y a en effet rien que de permanent? Il faut avouer que rien n'est en effet permanemment que ce qui est permanent; mais que ce qui est successif

sif est effectivement aussi à sa maniere, asçavoir successivement. Car comme la nature de celuy-là consiste en ce que ses parties soient ensemble, & que l'on puisse dire du tout plusieurs fois de suite, *il est, il est, il est,* de mesme la nature de celuy-cy consiste en ce que ses parties ne soient pas ensemble, & que l'on puisse dire seulement du tout conjointement, *qu'il a esté, qu'il est, & qu'il sera.*

Or tout cecy supposé, je ne vois pas qu'Epicure puisse dire, que le jour, & la nuit soit longue, ou courte par rapport au temps que nous luy donnons par la pensée; puis qu'elle peut bien plûtost estre dire telle par rapport au temps, lequel, soit qu'on y pense, ou qu'on n'y pense pas, va toujours coulant. Je ne vois pas aussi qu'Aristote puisse dire, que le Temps soit le nombre, ou la mesure du Mouvement, lequel temps ne seroit point s'il n'y avoit personne qui le contast; veu que le Temps (quelque chose qu'il puisse estre) & soit qu'on le conte, ou qu'on ne le conte pas, ne laisse pas de couler, & avoir ses parties anterieures, & posterieures. Il est bien vray que les hommes pour designer, distinguer, & mesurer le Temps prennent, ac-

TOME II. B

commodent, & content les parties de quelque mouvement, & principalement de celuy du Ciel ; mais le Temps ne depend point pour cela du mouvement, ou de ses parties soit contées, soit non contées ; veu principalement qu'il a esté avant le mouvement celeste mesme, & que nous comprenons tres clairement, que bien qu'il y ait plusieurs mouvemens celestes, il ne s'ensuit pas pour cela qu'il y ait plusieurs temps ; ou que si Dieu creoit plusieurs Mondes, & plusieurs Cieux mobiles, cette creation ne feroit pas multiplier le temps. Le temps n'est donc point le nombre, ou la mesure du mouvement, mais plutost *un certain flux qui n'est pas moins independant du mouvement que du repos, & auquel un nombre innombrable de mouvemens differens peuvent correspondre.*

C'est à peu prés la pensée de ceux qui distinguent, & reconnoissent un Temps qu'ils appellent imaginaire ; car ils admettent aussi qu'avant que le Ciel fust creé il a coulé un certain temps selon quoy ils avouent que le Monde a pû estre fait avant qu'il ne l'a esté effectivement, lequel coule pendant que le Monde est, & qui couleroit encore quand il cesseroit d'estre. Mais comme ils sont preoccupez, ils en reviennent incontinent à dire, qu'outre le temps imaginaire, il faut qu'il y ait un certain temps qu'ils appellent veritable & reel (comme pourroit estre celuy qu'a definy Aristote) qui ait commencé avec le mouvemét du Ciel, qui s'arreste le mouvement estant interrompu, qui cesse le mouvement cessant. Je dis preoccupez ; car à considerer la chose serieusement, je ne vois pas qu'ils y ait d'autre temps que celuy qu'ils appellst imaginaire, & qui seul couloit lorsque le Ciel estant aresté Josué combattoit avec les Rois des Amorrhéens. Mais pour voir cecy plus clairement, reprenons la comparaison que nous avions commencé de faire entre ce Temps, ou cette Durée appellée Imaginaire, & le Lieu ou l'Espace qu'on appelle aussi imaginaire ; puisque Platon mesme a reconnu qu'il y avoit beaucoup de rapport entre l'un & l'autre, & qu'ainsi la connoissance qu'on a de l'un peut servir pour la connoissance de l'autre.

Comme le Lieu consideré selon toute son etenduë n'a ni bornes, ni limites ; ainsi le Temps consideré selon toute la sienne, n'a ni commencement, ni fin. Et comme chaque moment de temps quel qu'il puisse estre, est le mesme par tout, ou en tous les lieux ; ainsi chaque portion de lieu quelle qu'elle soit, demeure toujours la même en tout temps, ou correspond à tous les temps. Et de plus, de mesme que le lieu demeure toujours immobilement le mesme soit qu'il y ait quelque chose dedans, ou qu'il n'y ait rien ; ainsi le temps coule toujours de mesme teneur, soit qu'il y ait quelque chose qui dure dans ce temps, ou qu'il n'y ait rien, & soit que cette chose se repose, ou se meuve, ou qu'elle se meuve plus viste, ou plus lentement. Et comme le lieu ne peut estre interrompu par aucune force, mais demeure immobilement continu & toujours le mesme, ainsi le temps ne peut estre arresté, ni pour ainsi dire, suspendu par aucune force, mais va coulant toujours sans que rien le puisse empescher. De plus, comme Dieu a choisy une certaine partie du lieu ou de l'espace immense dans laquelle il a placé le Monde ; de mesme il a choisy une certaine partie determinée du temps infiny dans laquelle il a voulu que ce Monde existast. Et de mesme que chaque corps particulier (ou chaque chose, pour parler plus generalement) entant qu'elle est ou icy, ou là, occupe une certaine partie de l'espace ou du lieu du Monde ; demesme aussi chaque chose, entant qu'elle existe ou maintenant, ou alors, s'attribuë ou s'approprie une partie determinée de cette durée generale du Monde. D'ailleurs, comme à raison du lieu nous disons *par tout*, & *en quelque part* ; ainsi à raison du temps nous disons *toujours*, & *en quelque temps*. De là vient que, comme c'est le propre des choses creées d'estre seulement en quelque part à raison du lieu, & en quelque temps à raison du temps; ainsi il appartient au Createur d'estre par tout, à raison du lieu, & d'estre toujours, à raison du temps, ce qui fait que ces deux insignes attributs lui convienét, ascavoir l'Immensité, par laquelle il est présent en tous lieux, & l'Eternité, par laquelle il subsiste en tout temps. Enfin, comme le Lieu a ses dimensions permanentes ausquelles la longueur, la largeur, & la profondeur des corps s'accorde & convient ; ainsi le Temps a ses dimensions successives ausquelles le mouvemẽt des corps s'accorde, & convient pareillemét. Et de là il arrive, que demesme que nous mesurons la longueur du lieu par la longueur d'une aulne, par exemple; ainsi nous mesurons le flux du temps par le flux d'une Horloge, & que n'y ayant aucun mouvement plus general, plus constant, & plus connu que celuy du Soleil, nous prenons ce mouvement comme quelque Horloge generale pour mesurer le flux du temps; non que si le Soleil se mouvoit plus viste, ou plus lentement, le temps aussi coulast acause de cela plus viste ou plus lentement, mais tel que s'est trouvé le mouvement du Soleil, nous l'avons pris pour mesurer le temps; & si ce mouvement du Soleil eust esté deux fois plus rapide, le temps n'en auroit pas pour cela coulé deux fois plus viste, mais seulement l'espace de deux jours eust autant valu que celuy d'un jour d'apresent.

Tout cecy nous fait enfin voir que le temps n'est pas dependant du mouvement, ou n'est pas quelque chose de posterieur au mouvement; mais seulement qu'il est indiqué par le mouvement comme la chose mesurée l'est par la mesure. Et parceque nous ne pourrions pas sçavoir combien il se seroit passé de temps pendant que nous faisons quelque chose, ou que nous ne faisons rien; nous-nous sommes trouvez obligez de prendre garde au mouvement celeste, afin que selon sa quantité, nous pûssions determiner combien de temps il s'est ecoulé. Et parceque d'ailleurs ce mouvement nous sembloit ordinairement difficile à observer, on a accomodé le mouvement de certaines choses qui nous sont familieres, comme celuy de l'eau, de la poudre, des roües, & des quadrans au mouvement celeste; afin qu'estant aisé de prendre garde à ces derniers, nous pûssions juger de celuy du Ciel, & du temps; & c'est pour cela que je viens de dire que le Ciel est une espece d'Horloge generale, en ce que toutes les nostres l'imitent autant qu'il est possible, & que nous-nous en servons à la place de celle-là qui est moins connuë. Et c'est encore pour cela que voulant prouver plus haut que le temps est independant du mouvement celeste, j'ay fait prendre garde qu'on conçoit que le temps coule toujours de la mesme façon, soit que le Ciel se repose, ou qu'il se meuve; & que pour exemple j'ay insinué ce que l'Histoire Sainte rapporte de Josüé. Car il n'y a certes perſonne qui comprenne qu'il n'ait point coulé de temps pendant que Joſüé combattoit avec les Amorrhéens (quoy que le Ciel fuſt pour lors arreſté) & qu'il ne ſe ſoit paſſé preſque autant d'heures qu'il en faudroit pour un jour entier ; veu que la Sainte Ecriture nous marque *qu'il n'y avoit point eu de jour ſi long ni devant, ni apres*, & il n'eſt pas poſſible d'entendre autrement cette longueur que par le flux du temps.

En effect, ſuppoſez maintenant que le Ciel ſoit en repos (puiſqu'il eſt vray que Dieu le pourroit arreſter) ne voyez-vous pas que le temps couleroit comme ſi le Ciel ſe mouvoit ? Que ſi vous demandez comment il y auroit donc des heures ſi le mouvement du Ciel ne les diſtinguoit? Je repons qu'il y en auroit, non pas qu'elles fuſſent en effet diſtinguées par le mouvement du Soleil, mais parce qu'elles le pourroient eſtre par le mouvement du Soleil qui ſe pourroit faire pour lors (& elles pourroient meſme eſtre diſtinguées par le mouvement d'une horloge d'eau, ou de quelque autre machine de la ſorte) Ainſi nous diſons que le Monde a pû eſtre creé mil-

se ans auparavant qu'il ne l'a esté effectivement, non pas que les jours fussent
pour lors distinguez par divers circuits
du Soleil semblables à ceux qui se font
apresent ; mais parce qu'il a coulé un
temps dont les circuits du Soleil, tels
qu'ils sont presentement, eussent pû
estre une commode mesure.

CHAPITE IV.

De l'Eternité.

QUoy que l'Eternité semble ne pouvoir estre autre chose que le Temps mesme, entant qu'il n'a ni commencement, ni fin, c'est à dire une certaine durée perpetuelle, ou un certain flux eternel, & uniforme, qu'on imagine estre comme le Temps independant de tout Estre, de tout repos, de tout mouvement ; cependant l'on objecte incontinent qu'il n'en est pas de l'Eternité comme du Temps, en ce que le Temps estant successif, & ayant des parties qui se suivent les unes apres les autres, l'Eternité est toute tout ensemble, n'a ni passé, ni futur, & n'est que le présent, & qu'un certain *Maintenant* immobile, selon cette celebre definition que Boëce nous en donne, *l'Eternité est une possession parfaite, & toute entiere d'une vie sans fin*; c'est pourquoy il faut principalement remarquer deux choses.

L'une, que Platon, que quelques Peres ont imité, & de qui Boëce a tiré sa definition, n'a pas pris l'Eternité abstractivement, ou pour une espece de durée precisement, mais pour la chose eternelle, asavoir la substance Divine, qu'il veut d'ailleurs estre l'Ame du Monde. L'autre, que lors que Platon pretend qu'on ne doit point attribuer le passé, & l'avenir à la Substance eternelle, mais seulement le present, ou ce mot d'*est*, ce n'est que de crainte que si nous disions *elle a esté*, on entedit qu'elle n'est plus, côme lors qu'on dit, *Troye a esté*, & que si nous disions qu'elle *sera*, on ne donnast à entendre qu'elle n'est pas encore, comme lors qu'on dit, *Il y aura quelque jour un autre Typhis*, mais il ne pretend pas qu'on ne puisse bien dire de cette Divine Substance *elle a esté, & sera*; pourveu que nous entendions que presentement elle demeure absolument la mesme qu'elle a toûjours esté auparavant, & qu'elle a toûjours esté, & est presentement telle qu'elle sera à jamais. Car Platon ne veut autre chose, sinon qu'on se donne de garde d'attribuer à l'Estre eternel, qui est Dieu, les changemens des choses qui sont sujettes à la generation, & à la corruption.

Il croit par consequent que ce terme *est* luy convient proprement, parce qu'il est toûjours absolument le mesme, ou a toûjours les mesmes perfections, & qu'il n'y a aucun moment en toute l'etenduë du temps infini dans lequel on puisse dire, il a apresent quelque chose qu'il n'avoit pas auparavant, ou qu'il n'aura pas ensuite, mais qu'il a tout ensemble à chaque moment tout ce qu'il a dans tous les temps pris conjointement ; le progrez des temps ne luy ajoûtant, ni ne luy ostant rien, comme il se fait dans les autres choses qui sont sujettes au changement.

C'est pourquoy nous disons aussi, que quand l'Eternité est dite estre quelque chose qui est toute tout ensemble, ou qui n'a aucune succession, aucun flux, aucun écoulement, elle est decrite alors, non entant qu'elle est une durée, mais entant qu'elle est la Substance Divine, ou la vie de la Substance Divine, comme lors que Plotin la definit *Vne vie sans limites*, & Boëce, *La possession d'une vie sans limites.*

Aussi voyez-vous que Durée dans ces definitions devant estre le Genre, on a apporté tout autre chose; mais ces grands hommes se sont contentez de nous indiquer que la raison pourquoy l'essence de Dieu dure par une durée eternelle, c'est qu'il est immuable, & que tout ce qu'il possede, il le possede sans le pouvoir jamais perdre.

Que si vous demandez maintenant la difference de l'Eternité, & du Temps, j'estime qu'on peut repondre en trois mots, que le Temps, & l'Eternité ne different qu'en ce que l'Eternité est une durée infinie, & que le Temps, selon l'usage ordinaire, en est une certaine partie. C'est ainsi qu'en parle Ciceron. *Le Temps*, dit-il, *est une partie de l'Eternité.* Ainsi l'Eternité sera dite *une durée qui n'a ni commencement, ni fin*, & qui ne convient qu'à Dieu; & le Temps *une durée qui a commence-*

ment, & fin, & qui convient aux choses caduques, & perissables.

Au reste, je ne vois pas comment on ne puisse pas bien dire, Dieu a esté du temps du premier homme, & Dieu sera du temps du dernier ; & comment ce ne soit pas mesme mieux dit, Dieu a autrefois creé le Monde, & un jour il reparera le Monde, que de dire il crée, & repare apresent.

L'on objecte la Sainte Ecriture qui attribue le present à Dieu, comme quelque chose qui luy convient particulierement. *Ie suis qui je suis, & celuy qui est m'a envoyé à vous.* Mais pour passer sous silence que le texte Hebraïque n'exprime pas le temps present, mais le futur. *Ie seray celuy qui sera, & celuy qui sera m'a envoyé à vous*, combien avons-nous de Passages qui attribuënt aussi proprement à Dieu le futur, & le passé, que le present? L'Apocalypse en parle en ces termes, *Celuy qui est, & qui estoit, & qui doit venir.* Et Dieu mesme dit en plusieurs endroits des choses, non qu'il fait, mais qu'il a fait, ou fera.

Il ne s'ensuit neanmoins pas de là ce que nous voyons qu'on objecte aussi ordinairement, aſcavoir que toutes choſes ne ſeroient pas preſentes à l'Entendement de Dieu; car il eſt vray que pluſieurs choſes ont effectivement eſté, ou ſeront: Mais parce que Dieu ne perd pas la memoire des choſes paſſées, & que l'obſcurité des choſes à venir ne le trouble point, & qu'ainſi il enviſage toûjours toutes choſes tres diſtinctement; pour cette raiſon nous diſons que toutes choſes ſont toûjours preſentes à ſon Entendement, non qu'il connoiſſe toutes choſes eſtre preſentes enſemble, mais parce qu'il a devant ſoy toutes les diverſitez des temps, & qu'il voit auſſi parfaitement les choſes futures, & les paſſées, que celles qui ſont actuellement preſentes; car il ne connoit pas les choſes à la façon des hommes tantoſt l'une, & tantoſt l'autre ſucceſſivement; mais il connoit tout enſemble, & dans le meſme moment tout ce qu'il a jamais pû, & pourra connoitre.

L'on objecte deplus quelques-uns des Peres, comme S. Auguſtin, S. Gregoire de Nazianze, & S. Jean Damaſcene, qui nient qu'il y ait eu aucun temps avant la creation du Monde, quoyque Dieu fuſt ſubſiſtant dans l'Eternité ; mais nous pouvons oppoſer S. Baſile, S. Ambroiſe, S. Hieroſme, & quelques autres qui reconnoiſſent qu'il y a eu un temps, & des ſiecles avant que le Monde fuſt creé.

CHAPITRE V.

Si le Monde eſt Eternel, ou s'il a eu commencement.

IL n'y eut jamais chez les Anciens de queſtion plus celebre, ni plus ſolemnelle que celle-cy, quoyque la reſolution en ait paru tellement difficile à Manile, que deſeſperant de la pouvoir reſoudre, il a dit que toûjours on en diſputeroit, & qu'on en demeureroit toûjours en doute, comme eſtant une choſe tout à fait abſtruſe, & au deſſus de la connoiſſance des Hommes, & des Dieux.

Semper erit genus in pugna, dubiúmque manebit,
Quod latet, & tantum ſupra eſt hominémque, Deúmque.

Cependant Aristote semble n'avoir nullement douté de l'Eternité du Monde, & il a toûjours esté tellement attaché à ce sentiment qu'il ne s'en est jamais departy, quoy qu'en plusieurs autres opinions on l'ait veu pancher tantost d'un costé, & tantost d'un autre; Aphrodisée mesme nous apprend que de toutes les Opinions c'estoit celle qui plaisoit d'avantage à ce Philosophe, & celle qu'il avoit defendüe plus constamment, & l'on sçait d'ailleurs qu'il a eu grand nombre de Sectateurs qui apportant pour exemple, *Qu'il estoit impossible de decouvrir si les Oyseaux estoient engendrez avant les Oeufs, ou les Oeufs avant les Oyseaux*, soûtenoient consequemment *qu'il y avoit eu un certain cercle infiny de choses engendrantes, & de choses engendrées.*

Or quoy qu'Aristote ait la reputation d'estre le principal Autheur de cette Opinion, neanmoins il y a lieu de s'étonner qu'il ait osé écrire que tous les autres Philosophes ont tenu que le Monde a eu naissance, comme s'il avoit esté le seul qui l'eust fait non engendré ou eternel ; car il est constant au rapport de Plutarque, & de

Stobeé, que c'eſtoit le ſentiment de Parmenides, de Meliſſus, des Chaldéens, de Pytagore, d'une infinité d'autres, & de Platon meſme dont il ne pouvoit pas ignorer la penſée.

L'Opinion contraire, qui veut que le Monde ait commencé, a auſſi eu de tres celebres Defenſeurs, Empedocle, Heraclite, Anaximander, Anaximenes, Anaxagore, Archelaus, Diogene Apolloniate, Leucippe, Democrite, Epicure, Zenon, & tous les Stoiciens, ou du moins la pluſpart; pour ne rien dire des Egyptiens dont parle Laerce, des Bragmanes dont parle Strabon, & d'un nombre innombrable d'autres.

Quant à nous, la Raiſon, & l'Authorité ne nous permettent pas de douter que cette derniere Opinion ne ſoit la varitable, & celle que nous devons ſuivre; puiſque la Sainte Ecriture l'enſeigne au premier Chapitre de la Geneſe où il eſt dit, *Qu'au commencement Dieu crea le Ciel, & la Terre.* Il eſt vray qu'il y a une grande différence entre cet Article de Foy, & l'Opinion de ces derniers Philoſophes; en ce que la Foy nous enſeigne que c'eſt Dieu qui a donné le commencement au Monde, comme l'ayant creé de rien ; au lieu que plusieurs de ces Philosophes veulent qu'il ait commencé par une suite fatale de causes, ou par un concours aveugle des premiers Principes, & que tous soûtienent que la matiere dont il a esté formé doit avoir preexisté ; mais comme les lumieres de la Foy nous ont tiré de ces erreurs, la Question consiste uniquement à sçavoir si le Monde peut avoir esté produit par quelque vertu que se puisse estre, soit que quelque matiere ait preexisté, ou non ; la Question, dis-je, consiste à sçavoir si la contemplation du Monde, & de ses parties, & la raison naturelle peuvent nous faire voir, & nous porter à croire que le Monde ait eu naissance, ou qu'il ne soit pas effectivement eternel.

La premiere raison qui marque que le Monde a eu naissance, ou qu'il n'a pas esté de toute Eternité, c'est qu'on ne sçauroit considerer la face admirable de ce Monde, qu'il ne viene aussitôt en pensée que cet ordre, & ces vicissitudes regleés, & invariables des choses ne peuvent point estre sans que quelque cause intelligente, & dispositrice l'ait ainsi ordonné, etably, disposé ; car il semble qu'il y auroit de la folie à croire que tout peust suivre ainsi, & aller avec tant de sagesse, & de constance, & cependant que cela ne se fist, & ne se fust fait, que par hazard, & par une conduite aveugle de la Fortune : Pour ne dire point qu'il y a de la temerité à soûtenir, que des choses si differentes s'accordent d'elles-mesmes, & par l'aveugle necessité du Destin à faire ainsi leurs cours, & leurs circuits avec tant d'harmonie, & de regularité; & la raison nous dictera toujours qu'il doit y avoir quelque Agent souverainement intelligent, industrieux, & puissant qui ait decreté, & ordonné que toutes choses se fissent, ou fussent faites, & qu'elles fissent leurs cours de telle & de telle maniere, & non pas d'une autre; d'où l'on doit inferer, que si cet ordre a esté estably par quelque cause, il n'est donc pas eternel ; parceque l'etablissement est une action qui se fait en quelque temps ; au lieu qu'une chose eternelle ne s'etablit en aucun temps, & que telle qu'elle est une fois, telle elle a toujours esté, & telle elle sera dãs toute la suite des temps ; comme n'ayant dans toute cette suite qu'une pure, &

simple subsistance, dureé, ou continuation d'estre.

La seconde raison est, que le Tout suivant la nature de ses parties, & les parties du Monde estant sujettes à la corruption, & à la generation, le Monde entier doit aussi estre sujet à la generation, & à la corruption: Or que les parties du Monde s'engendrét, & perissent, c'est ce que Lucrece prouve par une belle Induction, mais qui se rapportera plus commodement dans le Chapitre suivant. Il suffira cependant de sçavoir que la cause radicale que Lucrece en donne se tire du mouvement continuel, & inamissible de tous les Atomes, ou premiers Principes dont le Monde est formé, en ce que ces principes sont dans un effort continuel comme pour se debarrasser, & se mettre en liberté, & qu'ainsi il est impossible que la masse du Monde qui en est composée, resiste eternellement à leurs efforts, ou qu'elle y eust resisté depuis un temps infiny.

—Neque enim mortali corpore quæ sunt
Ex infinito jam tempore adhuc potuissent
Immensi validas ævi contemnere vires.

Et l'on ne verroit point, dit-il, des pieces de Rocher se detacher tout d'un coup, & se precipiter dans les Vallons, elles qui auroient deja souffert depuis des Siecles infinis toutes les atteintes, & les injures possibles de l'Age sans avoir esté minées.

Neque enim caderent avolsa repentè,
Ex infinito quæ tempore pertolerassent
Omnia tormenta ætatis privata fragore.

Il est vray que l'on pourroit repondre que cette vicissitude ordinaire de generations, & de corruptions qui se remarquent soit dans la Terre, soit dans les Eaux, soit dans l'Air, ne regarde que les parties prises separement, & qu'il en est de la masse du Monde comme d'une masse de Cire qui demeure toujours la mesme, quoy que ses parties puissent estre differemment changées par les diverses impressions de plusieurs Cachets, ce qu'Ovide nous represente dans ses Metamorphoses.

—— *Cùm sint hûc forsitan illa,*
Hac translata illuc, summâ tamen omnia
constant.

Et Manile.
Omnia mortali mutantur Lege creata,
Nec se cognoscunt terræ vertentibus annis,
At manet incolumis Mundus, suaque
omnia servat,

Idem semper erit, quoniam semper fuit idē.
Non alium videre patres, aliumve nepotes
Aspicient. ⸺

Mais l'on pourroit auſſi toujours ſoûtenir avec Lucrece, que la meſme neceſſité qui cauſe la deſtruction d'une partie, peut cauſer celle de deux, & de trois, de dix, de mille, & de toutes, & qu'ainſi il n'y a point de repugnance qu'il n'arrive quelque diſſolution totale, & un renouvellement general du Monde, quoy qu'il n'en arrive dans nos jours que de particuliers ; car de ce que quelque choſe ne ſe faſſe pas aiſement, ni ſouvent, l'on ne doit pas inferer qu'elle ne ſe puiſſe point faire abſolument ; eſtant poſſible qu'il arrive en un moment une choſe qui ne ſera pas arrivée dans des millions d'années.

L'on peut meſme ajoûter que l'exemple de la Cire n'eſt pas juſte ; parce qu'il ne ſe fait de changement dans la Cire que par des cauſes extremes, & que la ruine du Monde peut venir d'une cauſe interne, qui eſt cette agitation inteſtine, & perpetuelle de tous les premiers principes que nous venons d'inſinuer.

La troiſieme raiſon de Lucrece eſt priſe de deux Chefs. Le premier regarde les Histoires dont les plus ancienes, dit-il, ne remontent point au delà de la guerre de Troye. Le second regarde les Arts qui à son jugement doivent avoir esté inventez depuis peu de Siecles; parce qu'ils se perfectionent tous les jours, & que l'on sçait le nom, & le temps auquel ont vescu ceux qui en ont esté les Inventeurs; au lieu que si le Monde n'avoit jamais commencé, les Arts, & principalement ceux qui sont utiles à la vie, devroient estre beaucoup plus anciens, ou avoir toûjours esté.

Præterea si nulla fuit genitalis origo
Terraï, & Cæli, semperque æterna fuere,
Cur supra bellum Thebanum, & funera
  Trojæ,
Non alias alij quoque res cecinere Poetæ?
Quo tot facta Virûm toties cecidere, nec
  usquam
Æternis fama monumentis inclita floret?
Verùm, ut opinor, habet novitatem summa,
  recensque
Natura est Mundi, neque pridem exor-
  dia cepit, &c.
Quare etiam quædam nunc Artes expo-
  liuntur,
Nunc etiam augescunt? Nunc addita
  Navigiis sunt
Multa? &c.

Nous pourriōs ajouter des Inventions de nos temps beaucoup plus admirables que les ancienes, comme l'usage de la Boussole, par le moyen de laquelle nous avons traversé de vastes etendues de Mer, & trouvé un nouveau Monde, de nouvelles Terres, & de nouveaux hommes ; ces Navigations si celebres dans Homere, & dans Hesiode, & celles qui se sont faites depuis n'estant, pour ainsi dire, que des jeux d'Enfans, si on les compare avec les nostres. Que ne doit-on pas dire de la poudre à Canon, de l'Artillerie, & generalement de l'Art Militaire, qui semble enfin dans nos temps estre parvenu à sa perfection ? De l'Imprimerie, qui a cela d'admirable, qu'aucun des Anciens n'auroit jamais crû qu'on eust pû decrire une seule demie fueille entiere en un moment ? Des Lunettes de longue-veüe, qui nous ont decouvert dans le Ciel tant de choses inconnues aux Siecles passez, & qui nous ont beaucoup plus approché des Astres que n'auroient fait les Montagnes de Pelion, & d'Ossa entassées les unes sur les autres ? Des Microscopes, qui nous ont fait voir dans un Ciron tant de choses qui nous estoient invisibles ?
De

De l'ufage de la Monnoye; qui eſtoit inconnu du temps des premiers Ecrivains, & meſme ignoré dans le nouveau Monde, & qui paroit cependant eſtre d'une telle utilité, qu'il ne ſemble pas deſormais pouvoir perir.

Il eſt vray auſſi qu'Ariſtote pretend que l'oubly des choſes paſſées peut venir des tranſmigrations ou paſſages des Natiós d'un pays à un autre, ſoit que ces paſſages ſe faſſent acauſe des guerres, des maladies, & autres ſemblables accidens; ſoit que la Terre devenant aride, & ſterile d'humide, & de fertile qu'elle eſtoit, contraigne les Habitans de chercher d'autres demeures; ſoit parceque tout ce qui eſt maintenant couvert des eaux de la Mer ſe trouve à ſec dans un autre temps, & que tout ce qui eſt maintenant à decouvert ſe couvre enſuite de ces meſmes eaux; ce qui ne ſe fait pas, dit-il, dans une anneé, dans mille, dans quelques milles, mais qui arrive pourtant enfin, le temps ne manquant jamais, ſelon la penſeé d'Anaxagore, qui eſtant interrogé ſur la deſtinée des Montagnes de Lampſaque, ſi elles deviendroient Mer quelque jour, repondit, *Ouy certes cela arrivera, pourveu que le temps ne manque point.*

Il tire mesme la preuve de ces changemens de terre en mer, & de mer en terres, du transport continuel de sables, de terres, de sels, & de pierres que font les Fleuves, & les Torrens ; d'ou il arrive que nous voyons continuellement les Rivages s'avancer, & la Mer se retirer, & qu'il faut de necessité que d'autres terres soient inondeés ; ce qui paroit evidemment dans l'Egypte que le Nil va perpetuellement augmentant par les Sables, & le Limon qu'il apporte, d'ou Herodote a conclu qu'il y a eu un temps qu'il n'y avoit point d'Egypte; Polybe ajoûtant que le Danube en fait autant dans le Pont-Euxin que le Nil dans la Mediterraneé, & l'experience nous faisant voir qu'il en est de mesme du Rhosne, du Rhin, du Po, & des autres Fleuves qui ont fait des progrez fort considerables depuis deux ou trois cent ans. Or Aristote pretend qu'estant vray-semblable que ces amas n'ont pas commencé de se faire depuis le temps de nos Ayeuls, & Bis-ayeuls seulement, mais qu'il s'en est fait de semblables dans tous les Siecles passez ; il est enfin arrivé dans des Siecles innombrables, que tout ce qui est maintenant Terre a autrefois esté Mer, & que tout ce qui est Mer a esté Terre: Ce qui est conforme à ce que dit Strabon lorsqu'il predit avec l'Oracle, que le Pyrame joindra enfin quelque jour le Continent à l'Isle de Chypre.

Tempus erit rapidis olim cùm Pyramus undis

In Sacram veniet congesto littore Cyprum.

Et à ce que dit Pytagore dans Ovide, que les Montagnes s'applanissent enfin par le detachement des Rochers, & par l'eboulement des terres que les Fleuves entrainent dans les cavitez de la Mer.

Quodque fuit campus vallem decursus aquarum

Fecit, & eluvie Mons est deductus in Æquor.

Que le Temps n'ayant jamais manqué, le Tanaïs, & le Nil n'ont pas toujours coulé, que la Nature par les divers tremblemens de terre a icy ouvert de nouvelles Fontaines, que là elle en a fermé d'autres, qu'icy elle a fait couler de nouveaux fleuves, & que là elle en a asseché ou fait disparoitre d'autres.

Hic Fontes Natura novos emisit, & illic Clausis, & antiquis tam multa tremoribus ortis

Flumina profiliunt, aut exsiccata resident.

A quoy l'on pourroit ajoûter qu'en plusieurs endroits qui sont bien avant dans les terres, & mesme fort hauts & elevez, l'on trouve une infinité de Coquilles de Mer tres bien formées, entre lesquelles il y en a qui sont ou entierement, ou à demy ecrasées de vieillesse, comme à Lisy proche de Meaux, & en cent autres lieux, & ce qui est deplus merveilleux qu'en d'autres endroits, comme dans le fond des caves de l'Observatoire de Paris, & entre Vaugirar, & Issy, il se trouve des bancs de petites Coquilles qui sont horisontalement situez, & qui regnent bien avant sous les terres, ces Coquilles se trouvant entremeslées d'arestes de poisson, & quelquefois mesme de petis morceaux de verre que la Mer a apparemment laissé là en se retirant; ce qui semble marquer que dans la masse totale de la Terre il est arrivé des changemens plus considerables que tout ce qu'en a pensé Aristote, pour ne rien dire des Ancres, & des pieces de Navires qu'on trouve souvent en fouillant la terre bien loin des Rivages, ce qui s'est veu dans les Pays bas sur la fin du dernier Siecle, dans la Calabre il y a environ deux cent ans, & dans la Numidie au temps de Pomponius Mela, aussi bien que du temps d'Ovide.

Vidi ego quod fuerat quondam solidissima Tellus,
Esse fretum, vidi factas ex aquore terras,
Et procul à Pelago rocha jacuere marina,
Et vetus inventa est in Montibus anchora summis.

Platon mesme pretend aussi que les Deluges, & les Incendies sont cause que la memoire des choses passeés se perd: Car il introduit un Prestre Egyptien disant que souvent les lieux bas sont noyez, & les lieux hauts bruslez, & que c'est ce qui fait que tantost dans un pays, & tantost dans un autre la memoire des choses qui se sont passeés depuis plusieurs Siecles se perd, & qu'elle peut durer plus longtemps dans des lieux qui ne sont pas sujets à ces accidens, tels qu'il disoit estre les Saïtes: A propos de quoy nous pourrions icy rapporter ce passage de Salomon, *que la memoire des choses passeés n'est plus, mais qu'on ne se ressouviendra aussi plus un jour de ce qui se fait presentement,* & ce que dit Aristote des opinions des hommes, *Que les mesmes opinions sont* revenues, & ont esté renouvelleés, non pas une, ou deux, ou plusieurs fois, mais une infinité de fois.

Cependant Lucrece soûtient, que bien loin que les Deluges, les Incendies, les Tremblemens de Terre, & ces autres changemens particuliers detruisent son Opinion, qu'au contraire ils la confirment ; en ce que de la ruine, & de la corruption des parties l'on est toujours en droit de conclure la corruptibilité du Tout ; & qu'il est tres probable que si ce qui est sujet à de si grandes maladies, & à de si grands accidens, estoit attaqué par une cause plus forte, & plus impetueuse, il seroit entierement ruiné, & detruit.

Quòd si fortè fuisse antehac eadem omnia credis,
Sed periisse hominû torrenti sæcla vapore,
Aut cecidisse Vrbes magno vexamine Mundi,
Aut ex imbribus assiduis exisse rapaces
Per terras Amnes, atque Oppida cooperuisse ;
Tanto quippe magis victus fateare necesse est
Exitium quoque Terraï, Cælique futurû ;
Nã cùm res tantis morbis, tãtisque periclis
Tentarentur, ibi si tristior incubuisset

Causa, darent latè cladē, tristesque ruinas;
Et defait, ajoute-t'il, nous ne nous reconnoissons estre mortels, & corruptibles, que parceque nous-nous voyons atteints des mesmes maladies que ceux qui sont morts.

Nec ratione aliâ mortales esse videmur
Inter nos, nisi quòd morbis agrascimus isaē
Atque illi quos à vita Natura removit.

Pour ce qui est de ces vicissitudes de mer en terre, & de terre en mer, nous dirons en son lieu ce que vray-semblablement on en doit penser, & nous montrerons particulierement a l'egard des Coquillages, qu'il n'est pas impossible qu'ils s'engendrent dans certaines terres, & qu'ainsi il s'en trouve dans les terres par une autre cause que par l'eloignement de la Mer: Ie remarqueray cependant que ces vicissitudes ne semblent pas avoir esté de toute Eternité, comme elles ne semblent pas aussi pouvoir estre à l'Eternité, si le Monde duroit autant; puisque toute la Terre devroit deja depuis longtemps estre couverte d'Eaux; comme il est necessaire qu'elle le soit enfin, & qu'elle devienne par consequent inhabitable, si l'on suppose que cet estat present des choses doive perseverer à l'Eternité. Car il est certain qu'il se separe continuellement quelque chose des Montagnes, soit qu'on les cultive, soit que les Torrens les rongent, soit que les Pluyes en detachent peu à peu quelques petites parties, soit que la chaleur les consomme; c'est pourquoy comme il ne retourne rien sur les Montagnes, il semble que dans une suite eternelle de temps tous les lieux hauts doivent tellement estre abaissez, & tous les lieux bas tellement remplis, & rehaussez, qu'il ne reste enfin aucune partie de terre eminente au dessus de l'eau, mais que toute la Terre doive estre couverte, & inondeé.

Et il ne suffit pas de dire que les feux soûterrains soulevant des masses de terres & des rochers, & que les jettant & les renversant sur la Plaine, il se fait de nouveaux enfoncemens, & de nouvelles Montagnes; car quoy que cela arrive quelque fois dans ces grands, & horribles Tremblemens de Terre, cela est neanmoins tres rare, & n'est presque pas considerable à l'egard des terres que les pluyes detachent, & que les Fleuves emportent continuellement dans la Mer.

Mais quoy qu'il en puisse estre à l'avenir, j'ajoûte qu'il ne semble pas pour cela que la memoire des choses ancienes doive perir, & s'evanoüir; parceque ces Transmigrations de peuples d'un Pays à un autre ne se faisant que peu à peu, & insensiblement, les monumens de l'Antiquité se peuvent conserver comme par une espece de propagation. L'on ne doit pas mesme avoir recours à d'autres sortes d'accidens, comme sont les maladies, & les guerres; car ils ne font point perir les Nations entieres, & il reste toujours des hommes qui peuvent conserver les monumens des Anciens, & les transmettre à la Posterité.

Vous direz peuteftre que je parle toûjours de ce qui peut arriver, & non pas de ce qui arrive en effet, & que cela ne fait pas qu'il y ait des Nations où il se soit conservé des Monumens fort anciens de ce qui s'est passé chez elles, ou chez d'autres: Mais de cela mesme qu'il pourroit y avoir des monumens plus anciens, & que neanmoins il n'y en a pas, j'infere que l'origine des choses ne doit pas estre fort anciene. Ainsi, quoy que les raisons de Lucrece soient seulement probables, neanmoins elles semblent avoir beaucoup plus de poids que celles qu'on apporte au contraire.

Car pour toucher un mot de celles d'Aristote, il dit premierement que le Mouvemét doit estre eternel, & qu'ainsi le Ciel, ou le Monde dans lequel est le mouvement doit aussi estre eternel: Or voicy comme il raisonne pour montrer que le mouvement est eternel. S'il y a eu, dit-il, un premier mouvement, comme tout mouvement suppose un mobile, ou ce mobile est engendré, ou il est eternel, mais neanmoins en repos acause de quelque obstacle; Or de quelque maniere que ce soit il suit une absurdité: Car s'il est engendré, c'est donc par le mouvement, lequel par conséquent sera anterieur au premier, & s'il a esté en repos eternellement, l'obstacle n'a pû estre osté sans le mouvement, lequel aura donc aussi esté anterieur au premier.

Il dit de plus que les Substances separées, comme on pourroit dire les Anges ou Dieu mesme, sont des Actes parfaits, ce qui ne seroit pourtant pas si quelquefois elles estoient sans agir, comme lors que le Monde ne feroit point.

Il ajoûte fpecialement à l'egard du premier Moteur, qu'il ne pourroit pas eftre dit immobile, ou immuable, ou demeurant le mefme faire le mefme, fi le Monde exiftant quelquefois, & quelquefois n'exiftant pas, ce premier Moteur tantoft mouvoit, & tantoft ne mouvoit pas.

Qu'il s'enfuivroit mefme que Dieu, & la Nature ne feroient pas toûjours ce qui eft de meilleur à faire ; puifque le Monde auroit pû eftre fait, & cependant que Dieu ne l'auroit pas fait durant toute l'Eternité anterieure.

A quoy on pourroit ajoûter la queftion pretendue indiffoluble, lequel des deux a efté le premier de l'œuf, ou de l'oyfeau ; l'œuf ne pouvant eftre engendré fans l'oyfeau, ni l'oyfeau fans l'œuf, & generalement ce que ceux qui tienent l'Eternité du Monde croïent eftre incomprehenfible, qu'il y ait eu un premier Homme qui n'ait par confequent pas efté engendré d'un Homme, & qu'il eft bien plus aifé de comprendre ce que Cenforin dit conformement à leur fentiment, *Que puifqu'il eft evi-*

dent que les Hommes engendrez de semences de parens se vont multipliant les uns les autres par une propugnation successive de pere en fils, les Hommes doivent avoir toûjours esté, & toûjours avoir esté engendrez de mesme sans que leur espece ait jamais eu ni origine, ni commencement.

Mais premierement Aristote suppose que rien ne peut estre premier que par le mouvement Physique, ce qui est neanmoins tres-faux, acause de la vertu infinie de la Cause premiere. Secondement, tous les mouvemens se peuvent reduire à un premier Moteur, entant qu'il a creé tous les mobiles, & qu'il leur a imprimé la force par laquelle ils se meuvent. En troisieme lieu, une Substance separée ne laissera pas d'estre un Acte parfait, quoy qu'elle ne meuve pas actuellement les Cieux; d'autant plus que si cette Substance est Dieu-mesme, rien ne luy peut survenir, ni luy estre osté, le Monde, & le mouvement du Monde luy estant une pure relation, ou comme on parle d'ordinaire, une denomination exterieure. Quatriémement, Dieu en creant le Monde, & en le creant en ce temps là,

& non pas dans un autre, a fait ce qui estoit tres bon, aſcavoir ce qui luy a plû, n'eſtant pas poſſible que rien luy plaiſe qui ne ſoit tres bon; & il nous doit ſuffire à l'egard de ce qu'il a fait, ou de ce qu'il a differé de faire, que ça eſté ſelon les veües d'une ſageſſe infinie, & impenetrable à la foibleſſe de l'Eſprit humain. Enfin comme c'eſt luy qui a creé tout le Monde, & qui a premierement formé les Animaux, l'on ne doit pas tenir pour indiſſoluble la queſtion, ſi l'oyſeau eſt avant l'œuf, ou l'œuf avant l'oyſeau; ni comment il y ait pû avoir un premier Homme, lequel n'ait par conſequent point eſté engendré d'un homme.

Ce ſeroit icy le lieu de parler de l'âge precis du Monde; mais nous ſommes bien eloignez d'en pouvoir rien determiner ſans le ſecours unique de la Foy, & de la Sainte Ecriture; car les Hiſtoriens qui nous devroient eclairer, ſont eux meſmes dans une epaiſſe obſcurité, & ne nous racontent preſque que des Fables, dés qu'ils taſchent de rapporter quelque choſe au deſſus des Olympiades, c'eſt à dire au delà de deux mille cinq cent & trente ans ou environ. Car pour ne parler que des Egyptiens qui se glorifient d'estre les plus anciens peuples du Monde, l'on a raison de mettre au nombre des Fables. I. ce qu'ils content de la suite de leurs Rois au delà de quatre mille sept cent ans, comme l'on voit dans Diodore. II. l'entretien de ce Prestre Egyptien que Platon introduit parlant avec Solon, & luy racontant qu'il s'est ecoulé neuf mille ans depuis le temps que Minerve avoit fait bastir Saïs. III. ces âges de treize mille ans, & d'avantage dont fait mention Pomponius. IV. ces quinze mille ans qu'Herodote rapporte avoir esté supputez depuis Bachus jusqu'au Roy Amasis. V. ces vingt trois mille ans qu'ils contoient depuis Osiris, & Isis jusqu'au temps qu'Alexandre fit bastir la ville d'Alexandrie, comme raconte le mesme Diodore. VI. ces quarante neuf mille ans qu'ils contoient depuis Vulcain fils de Ninus jusques à Alexandre, rapportant mesme aussi le nombre des Eclipses de Soleil, & de Lune qui avoient paru dans tout ce temps là, selon le rapport de Laerce. VII. ces cent mille ans dont parle S. Augustin qu'ils pretendoient s'eſtre ecoulez depuis qu'ils avoient commencé de connoitre le cours des Aſtres. Enfin ces cinq cent ſoixante & dix mille ans depuis leſquels ils ſe vantoient d'avoir obſervé les Aſtres, comme il eſt écrit dans Ciceron (les Chaldéens ne ſe vantant que de quarante & trois mille) nombre que Diodore appelle à bon droit incroyable, Macrobe infiny, & Lactance inventé aiſement; parceque comme ils voioient qu'il ne ſeroit pas aiſé de rien verifier contre eux, ils ont cru qu'il leur eſtoit libre de dire ce qu'il leur viendroit en penſée. Ainſi ce n'eſt pas ſans raiſon que nous nous en tenons au temoignage du Divin Moyſe, qui a apris, & écrit la Geneſe par la revelation de Dieu meſme, & de qui nous tenons que le Monde n'eſt creé que depuis ſix mille ans ſeulement ou environ.

Au reſte, ſi l'année du commencement du Monde nous eſt ſi inconnue, ne ſembleroit-il pas ridicule de vouloir determiner la Saiſon de ſon commencement? Car quoy que la Saiſon qui dans une partie de la Terre eſt l'Eſté, ſoit l'Hyver dans une autre, & que celle qui dans celle-cy eſt le Printemps, soit l'Automne dans celle là; neanmoins les Ecrivains veulent que cela s'entende de la partie Septentrionale du Monde, comme celle dans laquelle Dieu ait voulu que les premiers Hommes naquissent, & demeurassent. Il est vray qu'il y a diverses conjectures pour les diverses Saisons, & qu'il semble mesme que l'Automne doive estre preferée, à cause que l'année Civile des Iuifs commence dans cette Saison; neanmoins entre les Sacrez Docteurs il y en a Plusieurs qui donnent la preeminence au Printéps; parce que c'est dans cette Saison que Dieu a fait ses autres principaux Ouvrages, & principalement ceux qui regardent la reparation du genre humain. Et d'ailleurs l'on voit que les Payens favorisent cette derniere Opinion, à cause que l'Automne ressent d'avantage la Vieillesse, & le Printemps l'Enfance. Voicy ce qu'en dit Lucrece.

Principio genus alituum, variaque volucres.

Ovarelinquebant exclusa tempore Verno.
Et dans un autre endroit.

Principio genus herbarum, viridémque nitorem.

Terra dedit circum colles, camposque per omnes
Florida fulserūt viridāti prata colore &c.
Scilicet Hyems frigore, Æstas calore intemperans est;
At novitas Mundi nec frigora dura ciebat,
Nec nimios astus, nec magnis viribus auras.

A quoy se rapporte ce que dit Virgile.
Non alios prima nascentis origine Mundi
Illuxisse dies, aliumve habuisse tenorem
Crediderim: Ver illud erat, Ver magnus agebat
Orbis, & Hybernis parcebant flatibus Euri.

CHAPITRE VI.

Si le Monde perira.

CEtte question n'a pas moins esté debattue entre les Anciens que la precedente, & voicy de mesme deux Opinions directement opposées : L'une que le Monde n'est point sujet à la corruption, & qu'ainsi il sera toujours, ou n'aura point de fin : L'autre qu'il y est sujet, & par consequent qu'il perira un jour. La premiere Opinion a eu pour Defenseurs tous ceux qui ont cru que le Monde n'estoit point engendré, asçavoir Parmenides, Melissus, Xenophanes, & les autres dont nous avons fait mention, mais principalement Aristote, qui au rapport de Philon condamnoit d'impieté tous ceux qui soûtenoient le contraire, *comme ne croyant pas le Soleil, ce grand & visible Dieu, plus excellent que ceux qui sont faits de main d'homme*; & l'on tient qu'il dît un jour en riāt, qu'autrefois il avoit craint que sa maison qui tomboit de vieillesse ne s'eboulast; *mais que maintenāt il avoit bien un autre plus grand accident à craindre des ruines terribles du Monde, dont quelques-uns le menaçoient*. L'on peut mesme dire que ça esté la pensée de Pytagore, de Platon, & de tous leurs Sectateurs: Car quoy que ceux-cy donnassent un commencement au Monde, & qu'ils le crussent mortel de sa nature, neanmoins ils le faisoient immortel par la volonté de l'Ouvrier; comme n'estant pas seant à un si grand, & si sage Architecte de souffrir la ruine de son Ouvrage, & d'un Ouvrage si beau, & si accomply.

La seconde Opinion a esté suivie de tous les autres qui ont fait le Monde engendré ; car ils pretendent la loy de la Nature estre telle, que tout ce qui est sujet à la generation, *est sujet à la corruption*; c'estoit le raisonnement d'Empedocle, d'Heraclite, de Democrite, & de plusieurs autres, qui ont eu pour Successeurs les principaux des Stoiciés; d'où vient que Seneque predit que la Terre sera un jour submergée ; *fatum inundationibus quidquid habitatur obducet, necabitque omne Animal Orbe submerso*: Et Ovide, que le Monde entier perira par le feu.

Esse quoque in fatis reminiscitur affore tempus
Quo Mare, quo Tellus, correptaque Regia Cœli
Ardeat, & Mundi moles operosa laboret.

Pource qui est des Epicuriens, on les voit par tout soûtenir que tous les Mondes sont sujets à la corruption, & Lucrece semble craindre que la Terre ne se derobe un jour de dessous ses pieds, & que le Ciel, & le reste du Monde ne se dissipe, & ne s'evanoüisse dans l'immensité du Vuide.

Ne volucrum ritu flammarum mœnia Mundi

Diffugiant subitò magnū per Inane soluta,
Et ne cætera consimili ratione sequantur,
Neve ruant Cœli tonitralia Templa supernè,
Terraque se pedibus raptim subducat, & omnes
Inter permistas Terra, Cælique ruinas
Corpora solventes abeant per Inane profundum,
Temporis ut puncto nihil exstet relliquiarum,
Desertum præter Spatium, & primordia cæca.

Le premier argument d'Epicure est, comme il a deja esté indiqué dans le Chapitre precedent, que tout estant composé d'Atomes qui sont dans un mouvement continuel, tres rapide & inamissible, ces Atomes doivent enfin causer la dissolution de quelque composé que ce soit. Et c'est ce qui a fait dire à Velleius dans Ciceron, *qu'il n'est pas d'un Physicien de croire que ce qui a eu naissance puisse estre eternel ; comme s'il pouvoit y avoir quelque assemblage indissoluble !*

Le second argument qui a aussi deja esté insinué est, que toutes les parties du Monde estant mortelles ou sujettes à la corruption, toute sa masse doit aussi estre censée mortelle, & dissoluble.

Debet tota eadem Mundi natura putari,
Ne voyons-nous pas, dit Lucrece, que le temps vient à bout des Marbres, que les Tours les plus solides tombent en ruine, que les pierres se pourrissent, que l'Age ne pardonne pas mesme aux Temples, & aux Statues des Dieux, & que des pieces de Rocher minées & rongées par le temps se detachent, & se precipitent enfin dans les vallons ne pouvant plus supporter les forces invincibles du temps.

Denique non lapides quoque vinci cernis
  ab avo ?
Non altas Turres ruere, & putrescere
  Saxa ?
Non delubra Deûm, Simulacraque fessa
  fatisci.
Nec sanctum numen fati protollere fines
Posse, neque adversus Natura fœdera niti?
Denique non monumenta Virûm dilapsa
  videmus,
Non ruere avolsos silices à montibus altis,
Nec validas avi vires perferre, patique?

Le troisieme argument est pris du combat continuel des principales parties du Monde ; car comme tantost les la force du feu par les Incendies, & tantoſt les orages de pluyes par les Inondations l'emportent, il croit que ce combat ſe terminera un jour par une deſtruction entiere du Tout.

Ignis enim ſuperavit, & ambens multa peruſſit, &c.
Ignis enim ſuperare poteſt, ubi materiaï
Ex infinito ſunt corpora plura coorta, &c.
Humor item quondam cœpit ſuperare coortus,
Vt fama eſt hominum, multos quando obruit undis.
Ergo tantopere inter ſe cùm maxima Mundi
Pugnent membra, pio nequaquam concita bello,
Nonne vides aliquam longi certaminis ollis
Poſſe dari finem; vel cùm Sol, & vapor omnis
Omnibus epotis humoribus exſuperârint
Quod facere intendunt, neque adhuc conata patrantur?

Or puiſque nous voions, conclut-il, que les principaux membres du Monde ſont ſujets à de ſi grand accidens, & ſont attaquez par de ſi grandes maladies, il eſt à croire que s'il ſurvenoit une cauſe plus forte, & plus puissante, comme il en peut survenir quelqu'une, elle causeroit une ruine totale, ce qui a aussi deja esté dit plus haut.

*Ergo cùm tantis morbis, tantisque periclis
Res tentarentur, si tristior incubuisset
Causa, darent latè cladem, tristesque ruinas.*

Et peuteſtre, ajoute-til, qu'il surviendra quelque grand, & horrible tremblement de Terre, qui en un moment bouleversera toutes choses, & qu'un jour ruinera toute cette grande Machine du Monde, qui s'eſt soûtenue, depuis tant de Siecles.

*Forsitan & graviter terrarū motibus ortis
Omnia conquassari in parvo tempore cernes.*

Hæc tria Corpora, Memmi,

Il entend parler des Elemens, de l'Air de l'Eau, & de la Terre.

*Vna dies dabit exitio, multisque per annos
Sustentata ruet moles, & machina Mundi.*

Il semble mesme, auroit-il pû ajoûter, que nous n'habitions presentement que des ruines, & les restes de quelque grand & terrible fracas qui soit autrefois arrivé, temoins ces Gouftres horribles des Mers ; temoins ces longues suites de Montagnes d'une hauteur prodigieuses, les Alpes, les Pyrenées, & principalement celles de l'Amerique, qui sont tellement haut elevées, dit Acosta, que les Pyrenées auprés d'elles sont comme de petites Cabanes auprés de quelque grand Chasteau ; temoins ces longues & larges couches ou tables de Rochers, dont les unes sont situées horisontalement, les autres transversalement, les autres de haut en bas, & ainsi de toutes sortes de manieres ; temoin cette grande inegalité du dedans de la terre, tous ces fleuves souterrains, tous ces lacs, toutes ces cavernes ; temoin enfin cette merveilleuse inegalité de la surface de la terre qui se trouve entrecoupée de Mers, de Lacs, de Detroits, d'Isles, de Montagnes, &c.

Le dernier argument qui a de l'affinité avec le premier est, qu'il n'y a, dit-il, que trois choses exemptes de generation, & de corruption ; asçavoir les Atomes, qui estant tres solides ne peuvent estre endommagez par aucune force, le Vuide qui ne pouvant ni toucher, ni estre touché, ne peut recevoir aucun coup, ou aucune blessure, & l'Vnivers,
qui

qui comprenant toutes choses n'a point de lieu au delà de soy dans lequel il se puisse dissoudre, ou d'où il puisse venir quelque agent qui le choque, & le dissolve.

Praeterea quacumque manent aeterna necesse'st,
Aut quia sunt solido cum corpore respuere ictus,
Nec penetrare pati sibi quidquam quod queat arctas
Dissociare intus partes, ut materiai
Corpora sunt, &c.

Cela estant, les portes de la Mort, & de la dissolution ne sont donc point fermées ni à la masse entiere de la Terre, ni aux eaux profondes de la Mer, ni au Ciel, ni au Soleil, mais elles leur sont ouvertes, comme de grands, & vastes Gouffres toujours prests à les engloutir.

Haud igitur lethi praeclusa'st janua Caelo,
Nec Soli, Terraeque, nec altis Aequoris undis,
Sed patet immani, & vasto respectat hiatu.

Ce sont là les raisons d'Epicure, lesquelles ne sont veritablement pas telles qu'on n'y puisse contredire, mais neanmoins elles ont leur probabilité, & sont mesme d'autant plus considerables,

TOME II. D

qu'elles etabliſſent une Opinion que la Sainte Ecriture nous enſeigne. Joint que tout ce que l'on repond, ou que l'on objecte au contraire n'a pas plus de force: Car à l'egard de ce qui ſe dit de plus fort, que le Monde n'a aucune cauſe ſoit interne, ſoit externe par laquelle il puiſſe eſtre diſſous ou detruit; l'on peut repondre premierement, que la cauſe interne, aſcavoir le mouvement inamiſſible des premiers principes, ne manque pas; & quoy qu'on diſe que la diſcorde, & les changemens des parties ne font pas que le Monde ſelon toute ſa maſſe ſoit ſujet au changement; neanmoins ce n'eſt pas un mauvais argument de dire, qu'un Tout dont toutes les parties priſes ſeparement ſont ſujettes au chāgement, doive ſelon toute ſa maſſe eſtre auſſi ſujet au changement, & puiſſe eſtre diſſous : Autrement un Animal, ou quelque autre Tout de la ſorte ne pourroit pas eſtre cenſé ſujet à la diſſolution, encore qu'on fiſt voir qu'il n'y auroit aucune de ſes parties qui n'y fuſt ſujette. L'on peut dire auſſi que la cauſe externe, aſcavoir Dieu, ne manque pas. Car quoy qu'ils objectent qu'il n'eſt pas de la bien-ſeance de Dieu, de sa Sagesse, & de sa bonté de detruire son propre Ouvrage si grand, & si beau; neanmoins cela n'a pas lieu dans un Ouvrier qui estant & tres puissant, & tres libre, se peut proposer des fins qui surpassent l'intelligence humaine, & qui regardent une Sagesse,& une Bonté incomprehensible.

Dieu se repentiroit, disent-ils, s'il detruisoit ce qu'il a fait. Mais pourquoy se repentiroit-il, luy qui a pû faire qu'il durast tant de temps, & non pas davantage? Il seroit sujet au changement. Mais pourquoy; puisque tout le changement se trouveroit dans le Monde, & non pas dans la volonté de Dieu, qui a pû constamment vouloir de toute Eternité que le Monde fust sujet au changement? Mais pourquoy l'a-t'il voulu faire sujet au changement ? Luy seul le sçait, cependant de cela mesme nous devons reconnoitre qu'il n'y a que Dieu seul d'immuable.

Ce qui se doit remarquer icy, c'est que les mesmes choses qu'on objectoit à Epicure ont esté objecteés aux Saincts Peres par les Payens, qui se plaignoient des Chrestiens, qui fondez sur ces paroles de la Sainte Ecriture. *Les Cieux* passeront avec un grand fracas, & les Elemens seront dissous par la chaleur, annoncoient la ruine future du Ciel, & des Astres ; d'ou vient que Minutius Fœlix repliqua aux Payens, qu'ils ne devoient pas trouver cela si fort etrange, & que l'opinion des Stoïciens, & des Epicuriens estoit, que toute l'humidité estant consommeé le Monde periroit par un Embrasement general.

A l'egard de la demande qu'on pourroit faire, s'il faut de longues années pour porter le Monde à sa ruine derniere, ou si peu de temps pourroit suffire ; l'on ne scauroit rien dire de plus à propos que ce qu'en a dit Seneque. La Nature dans la generation, & dans l'accroissement des choses, epargne, pour ainsi dire, ses foces, & va d'un progrez insensible, mais quand elle tend à sa fin rien ne luy est difficile. *Nihil difficile est Naturæ, utique in finem sui properat. Ad originem rerum parcè utitur viribus, dispensatque se incrementis fallacibus ; subitò ad ruinam toto impetu venit. Quàm longo tempore opus est ut conceptus ad puerperium perducatur Infans? Quantis laboribus tener educatur? Quàm diligenti nutrimento obnoxium novissimè corpus adolescit? At quàm nullo negotio solvitur? Urbes constituit ætas, hora dissolvit. Momento fit cinis, diu Sylva. Magnâ tutelâ stant, ac vigent omnia, citò, ac repentè dissiliunt.*

Mais le temps de cette derniere, & totale ruine est-il proche? Pour pouvoir dire quelque chose sur ce sujet, il faut remarquer que cette revolution generale qui fera que tous les Astres retourneront au mesme lieu d'où ils seront partis, est ce que Platon appelle *l'Anneé du Monde*, ou *la grande Anneé* ; parce qu'on luy donne un plus grand nombre d'Anneés que le Monde n'en a eu jusques apresent ; les uns l'ayant fait de sept mille sept cent soixante & dix sept anneés Solaires ; les autres de six vingt mille, & davantage : Pour ne dire point que ceux qui prenent la grande Anneé pour une Revolution du Firmament, ou du Ciel des Etoiles, luy donent avec Tycho, & Copernic vingt cinq à vingt six mille ans, ou en suivant les Tables d'Alphonse, quarante & neuf mille ans. Ces remarques supposeés, les Platoniciens, qui ne vouloient point que le Monde perist, estimoient que sa dureé perpetuelle estoit composeé d'une infinité de grandes Anneés, qu'ils appelloient *la revolution des Destineés*, s'imaginant qu'a chacune de ces Anneés les mesmes choses arrivoient, desorte qu'un commencement d'Anneé revenant, la suite des mesmes choses revenoit. C'est ainsi que Plutarque le rapporte du Timeé. *Apres donc que la premiere Cause sera retourneé, nous retournerons les mesmes, faisants les mesmes choses, & de la mesme maniere; ce qui se doit entendre de tous les hommes, & de toutes les autres choses.* Mais ceuxlà qui estimoient que le Monde perissoit de fois à autre, ont cru que cela arrivoit à la fin de chaque grande Anneé, ceux qui commençoient l'Anneé du Solstice pretendant que le Monde perissoit par le Deluge, lorsque toutes les Planetes se trouvoient ensemble dans le Capricorne, & par le feu lorsqu'elles se trouvoient dans le Cancer. Mais la difficulté est de determiner quand cette Anneé qui nous enveloppe a commencé, & supposé qu'on en demeurast d'accord, quand la mesme position des Astres, veu la multiplicité changeante de leurs mouvemens, retournera ; & supposé mesme encore qu'on demeurast d'accord que ce retour se fist apres des Siecles innombrables, pourquoy le Monde devroit pour lors perir. C'est pourquoy le Sage se doit mocquer de tout cela, aussi bien que de toutes ces autres conjectures des Astrologues, qui ayant bien osé sans fondement aucun, & sans raison faire l'Horoscope du Monde, ont bien aussi demesme osé determiner son âge, & le temps de sa destruction.

CHAPITRE VII.

Si le Monde est Animé.

L'ON demeure assez d'accord que le Monde est une espece de grand Tout, dont les parties, la Terre, la Lune, le Soleil, & ainsi des autres, sont ordonnées, & ont quelque rapport entre elles, quelque liaison, sympathie, communication; mais on est en peine de sçavoir si c'est un Tout à la maniere d'une Plante, ou d'un Animal, c'est à dire s'il y a une certaine force repanduë dans le Monde qui en vivifie les parties, & en entretiene la liaison, comme il y a en nous, & en nos membres une certaine force, ou vigueur qui maintient toute l'economie de noſtre Corps, par laquelle nous vivons, nous ſentons, nous imaginons, nous-nous mouvons, & dont l'abſence fait ceſſer toutes ces fonctions.

Pytagore, & Platon admettent dans le Monde cette ſorte de force, que pour cette raiſon ils appellent l'Ame du Monde, & l'on peut dire que les Stoïciens, *avec leur Feu qui penetre toutes choſes*, n'eſtoient pas eloignez de ce ſentiment, & meſme qu'Ariſtote a eu cette penſée, du moins à l'egard des Cieux, qu'il dit eſtre animez, & vivans ; je dis du moins à l'egard des Cieux, car pour ce qui eſt des Elemens, il ne leur donne point d'Ame, quoy qu'il ait neanmoins reconnu un Intellect Agent univerſel, ſi l'on s'en doit rapporter à l'interpretation des Grecs, & des Arabes.

Les Cabaliſtes, & leurs imitateurs les Chymiſtes donnent auſſi dans ce ſentimēt, & meſme ces derniers font de leur party les Philoſophes, & les Poëtes qui diſent que la Nature Divine eſt par tout, comme ſi c'eſtoit une Ame generale dont les Ames particulieres soit des hommes, soit du reste des Animaux fussent des particules; ce que quelques Heretiques ont bien osé dire tout de bon.

Mais quelque chose qu'en ayent pensé les autres Philosophes, comme Pytagore & Platon sont les principaux Autheurs de cette Opinion, voyons si nous pourrons tirer de leurs Ecrits, quoy que tres obscurs, & difficiles, quelque lumiere pour pouvoir bien decouvrir quelle a esté leur pensée, & leur dessein. Pour cet effet, nous pouvons, ce semble, supposer qu'ils conçoivent l'Ame du Monde comme une certaine Substance tres deliée repanduë par toute la Terre, & comme composée de deux parties, l'une tres pure, & ne tenât rien de la masse grossiere du corps, l'autre impure veritablement, mais pure toutefois, si on la compare avec les corps grossiers; de sorte que celle là ne pouvant estre d'elle-mesme associée à la nature corporelle, celle-cy, comme une espece de milieu, luy serve d'enveloppe, & soit comme le vehicule pour l'introduire dans le corps; d'où vient que cette premiere, & tres pure partie estant simplement appellée Entendement, & la seconde Ame particulierement, Platon dit que *l'Entendement est dans l'Ame, & l'Ame dans le Corps*, comme si l'Entendement estoit d'un costé, le Corps ou la matiere de l'autre, & l'Ame un certain milieu par le moyen duquel les deux extremes fussent unis.

D'ailleurs, l'on voit bien qu'ils disent que Dieu a engendré l'Ame du Monde avant le Corps du Monde; mais les plus celebres Interpretes n'entendent pas une Priorité de Temps, comme si le Monde n'avoit pas toûjours esté, mais seulement une Priorité de Nature, suivant laquelle les parties sont dites estre avant le Tout : Ils veulent demesme que lors qu'il est dit que la Matiere a eu des mouvemens desordonnez, cela ne signifie autre chose sinon que la matiere estant de sa nature une chose vague, & indeterminée, elle soit determinée, fixée, & arrestée par l'Ame du Monde qui l'informe : Car nous voyons que Plutarque en parlant des plus anciens Successeurs de Platon, dit expressement *qu'ils ne tenoient pas que l'Ame eust esté faite, ou qu'elle eust eu une origine, mais qu'estant* doueé de plusieurs facultez, Platon la divisoit, & la supposoit neé, & composée. Et il a eu, ajoûte-t'il la mesme pensée à l'egard du Monde ; car quoy qu'il le crust eternel, & non-engendré, neanmoins parce qu'il estoit difficile de comprendre comment il pouvoit estre composé, & gouverné, si on ne luy donnoit une origine, & un commencement il l'à supposé fait, & composé dans le temps: Voila à peu pres l'idée, & la descriptió qu'ils ont fait de l'Ame du Monde.

Pour dire maintenant ce qui les a portez à soutenir que le Monde estoit animé ; j'estime eu premier lieu, que ça principalement esté pour pouvoir indiquer la source d'ou toutes les les Ames particulieres estoient tirées: *Comme nostre Corps*, disoient ils, *est une partie du corps du Monde, ainsi nostre Ame est une partie de l'Ame du Monde* ; & c'est par cette mesme raison que les Stoïciens apres Pytagore, disoient que le Monde estoit animé, raisonnable, intelligent, & que Virgile tient que dans tout ce grand corps du Monde il y a interieurement un certain Esprit, & un Entendement diffus, & repandu qui soutient, nourrit, meut, & vivifie toutes choses, & que c'est de là que se tirent les Ames soit des Hommes, soit des Brutes, des Oyseaux, ou des Poissons.

Spiritus intus alit, totamque infusa per artus

Mens agitat molem, & magno se corpore miscet,

Inde hominum, pecudumque genus vitaque volantum,

Et quæ marmoreo fert Monstra sub æquore Pontus.

Mais il est aisé de voir la foiblesse de cette raison, & on leur peut dire, que tout ce qui prend vie dans le Monde, la prend veritablement de quelque chose qui est dans le Monde, mais qu'il ne s'ensuit pas qu'il la prene d'une chose qui soit ainsi diffuse par tout de la façon qu'ils le pretendent. Car le Monde estant un amas qui contient tous les genres des choses, il contient par consequent les inanimées, & les animées, & quand il s'engendre un Cheval, ou quelque autre Animal purement sensitif de la sorte, il tire son Ame, non pas de l'Ame generale du Monde, mais d'une Ame qui preexiste dans les Peres, & les Meres,

& en est détachée avec la semence, comme nous verrons ensuite : L'on en doit dire autant d'une pierre qui s'engendre, cette pierre tire de mesme sa forme, non pas d'une forme lapidifique qui soit diffuse par tout le Monde, mais d'une semence lapidifique qui est ou tirée d'ailleurs, ou nouvellement formée, comme nous dirons aussi dans la suite.

L'autre Raison qui les a portez à introduire l'Ame du Monde, a esté pour pouvoir expliquer la fabrique, & le gouvernement, ou la providence du Monde, & comment le Monde, & le Soleil, la Lune, & les autres Astres pouvoient estre pris pour des Dieux. Car comme ils tenoient que l'Ame estoit l'Architectrice de son Corps, & qu'elle le conduisoit, & gouvernoit, ils ont cru que s'ils faisoient le Monde un Animal, l'on entendroit qu'il auroit une Ame, que cette Ame l'auroit construit, & qu'en suite elle pourroit le gouverner, & pourvoir à sa conservation : Pour ne dire point qu'ils ont pris l'Ame du Monde, ou du moins l'Entendement pour Dieu mesme, soutenant generalement que toutes les

Ames particulieres estoient des parties de l'Ame du Monde, ou de Dieu; ce qui a encore fait dire à Virgile que dans les Abeilles il y a des parcelles de l'Entendement divin, que Dieu penetre toutes choses, la Terre, la Mer, & les Cieux, & que c'est de là que les Hommes, & les autres Animaux tirent leur vie, & l'Ame qui les anime.

Esse Apibus partem Divinæ mentis, & haustus
Æthereos dixere, Deum namque ire per omnes
Terrasque, tractusque Maris, Cælumque profundum;
Hinc pecudes, armenta, viros, genus omne ferarum
Quemque sibi tenues nascentum arcessere vitas.

Mais il n'estoit pas necessaire de recourir à l'Ame du Monde; puisqu'elle est partie de l'Ouvrage, & qu'il faut reconnoitre un Autheur qui en soit distinct.

Si vous me demandez maintenant ce que l'on peut croire de l'Ame du Monde, & si le Monde est effectivement animé. Je vous diray en premier lieu, que si quelqu'un pretend que par le mot d'Ame du Monde, l'on doive entendre Dieu, en ce que Dieu eſtant comme repandu en toutes choſes par ſon Eſſence, par ſa Preſence, & par ſa puiſſance, il entretient toutes choſes, gouverne toutes choſes,& anime ainſi en quelque façon toutes choſes ; rien, ce me ſemble, n'empeſche qu'on ne tiene cette Opinion,& qu'on ne diſe en ce ſens là que le Monde eſt animé ; pourveu que l'on entende que Dieu ſoit une Ame aſſiſtante,& non pas informante; c'eſt à dire qu'il ſoit, non pas partie compoſante du Monde, mais le Moderateur, & le Gouverneur du Monde, comme celuy qui commande dans un Navire n'eſt pas partie, mais Directeur du Navire.

En ſecond lieu, que tous les Philoſophes demeurans d'accord qu'il y a une Chaleur diffuſe, & repandue par tout le Monde (ſoit que cette chaleur ſoit naturelle aux parties, comme celle qui eſt contenue dans la Terre, ſoit qu'elle derive de ſes parties principales, telle qu'eſt celle que le Soleil comme le cœur du Monde repand de tous coſtez) rien n'empeſche auſſi que cette chaleur ne puiſſe en quelque façon eſtre dite Ame. Et certes, c'est en ce sens que Plutarque a dit que Democrite croyoit *qu'il n'y avoit rien dans le Monde qui ne fust participant de quelque espece d'Ame* ; entant qu'il y a *de certaines Semences de chaleur*, c'est à dire *des Atomes spheriques qui sont les semences mesmes du Sentiment, & de l'Ame, repanduës dans les divers corps de la Nature*; d'où vient qu'il y a sujet de croire qu'il a eu la mesme penseé qu'Hypocrate, qu'Aristote, & plusieurs autres, lorsqu'ils ont reconnu *une certaine Chaleur diffuse, & repanduë par tout le Monde, qui lorsque toutes les dispositions requises sont presentes, se tourne en Ame, & peut engendrer des choses vivantes*, desorte qu'elle peut estre dite, non pas absolument, mais en quelque façon Ame.

En troisieme lieu, qu'encore que de ces des deux manieres, ou de quelque autre maniere semblable l'on puisse dire que le Monde est animé, ou qu'il y a une Ame dans le Monde, c'est à dire improprement, en quelque façon, & par quelque Analogie ; il ne paroit neanmoins pas que l'on puisse admettre qu'il y ait dans tout le Monde une Ame proprement prise, qui soit telle que celle que nous comprenons ordinairemét sous ce mot d'Ame, & qui soit ou Vegetative, ou Sensitive, ou Raisonnable ; puisque ce Monde n'engendre point d'autre Monde, que nous sçachions, ni son semblable, comme font la Plante, & l'Animal ; puisqu'il ne se nourrit point, ni ne croist point, comme font les Plantes, & les Animaux ; puisqu'enfin il ne voit, ni n'entend, & qu'on ne sçauroit pas mesme feindre qu'il soit capable de ces sortes de fonctions.

Voila à peu pres comment il semble qu'il pourroit estre permis de prendre, & de deffendre l'Ame du Monde. Car de pretendre, comme nous avons deja insinué, qu'il puisse y avoir une Ame universelle du Monde, qui soit Incorporelle, qui soit la mesme chose que la Substance Divine, qui soit une forme non pas seulement assistante, mais informante, ou qui entre comme partie dans la composition du Monde, & dont les Ames des Hommes, & des Animaux soient des particules; ensorte qu'il n'y ait aucun Animal qu'on ne puisse dire estre participant de la Divine Essence, & ne puisse consequemment estre dit Dieu, & ainsi du reste ; c'est assurement une folie, & une impieté insupportable.

Aussi ne scaurois-je trop m'etonner comment cette Opinion a pû si generalement s'emparer de l'Esprit des hommes, & que pour ne rien dire de nos Cabalistes, & de plusieurs de nos Chymistes qui ont de la peine à en revenir, elle ait infecté une bonne partie de l'Asie : Car je me suis apperceu en voyageant dans ces Pays là, que la plufpart des Derviches des Turcs, & des Souphis, ou des Scavans de Perse en sont entestez ; & j'ay appris de personnes dignes de foy qu'elle a penetré jusques à la Chine, & au Iapon; desorte que presque tous ceux qui passent pour Doctes en Asie font gloire, quoy qu'en particulier, de dire qu'ils sont des parcelles de la Substance Divine, & en quelque façon de petis Dieux: Mais voyez je vous prie, jusques ou les Bragmanes ont poussé la fiction, & la reverie.

Ces Docteurs veulent que Dieu ait non seulement produit, ou tiré les Ames de sa propre Substance, mais generalement encore tout ce qu'il y a de materiel, & de corporel dans l'Vnivers, s'imaginant d'ailleurs que cette production ne s'est pas faite simplement à la façon des Causes Efficientes, mais à la façon d'une Aragneé qui produit une toile qu'elle tire de son nombril, & qu'elle reprend quand elle veut; d'ou vient, disent-ils, que la Creation, ou Generation des choses n'a esté qu'une extraction, & une extension que Dieu fait de sa propre Substance, de ces Divins filets qu'il tire comme de ses entrailles, & le dernier jour du Monde, dans lequel toutes choses seront detruites, ou plutost disparoitront, ne sera qu'une reprise generale de tous ces filets que Dieu a ainsi tiré de luy mesme: Il n'est donc rien, concluent-ils, de Reel, & d'Effectif de tout ce que nous croyons Voir, Ouir, ou Flairer, Gouster, ou Toucher, tout ce Monde n'est qu'un Phantosme, & qu'une Illusion, toute cette multiplicité, & diversité de choses qui se presentent à nos yeux n'estant qu'une seule, unique, & mesme chose qui est Dieu mesme, comme tous ces nombres divers de dix, de vingt, de cent, de mille, & ainsi des autres, ne sont enfin qu'une mesme Vnité repeteé plusieurs fois.

Mais pressez-les de vous donner quelque raison de cette Imagination, ou de vous expliquer comment se fait cette sortie, & cette reprise de Substance, cette extension, cette diversité apparente; ou comment il se peut faire que Dieu n'estant pas corporel, mais une Substance simple, comme ils l'avoüent, & incorruptible, soit neanmoins divisé en tant de portions de Corps, & d'Ames, & transporté çà & là? Ils ne vous payeront jamais que de belles comparaisons : Que Dieu est comme un Ocean immense dans lequel se mouvroient plusieurs fioles pleines d'eau, que ces fioles quelque part où elles pûssent estre portées se trouveroient toujours dans le mesme Ocean, dans la mesme eau, & que venant à se rompre, leurs eaux se trouveroient en mesme temps unies à leur Tout, à ce grand Ocean, dont elles estoient des portions : Ou bien ils vous diront qu'il en est de Dieu comme de la Lumiere qui est la mesme par tout l'Vnivers, & qui ne laisse pas de paroitre de cent façons differentes selon la diversité des objects où elle tombe, ou selon les diverses couleurs, & figures des verres par où elle passe; ils ne vous payeront, dis-je, jamais que de ces sortes de Comparaisons qui n'ont aucune proportion avec la simplicité, & indivisibilité de Dieu ; & si on leur dit que ces Fioles se trouveroient veritablement dans une eau semblable, mais non pas dans la mesme, & que c'est bien une semblable lumiere par tout le Monde, mais non pas la mesme, & ainsi du reste ; il ne faut pas esperer qu'ils vous donnent jamais aucune reponse solide ; ils en revienent toujours aux mesmes Comparaisons, ou, comme les Souphis, aux belles, & magnifiques Poësies de leur grand Cabaliste, qu'ils ont intitulé comme par excellence *Goul-t-chen-raz*, c'est à dire *le Parterre des Mysteres*.

Au reste, pour laisser là les Fables des Asiatiques, des Chymistes, & des Cabalistes, & finir ce Chapitre par quelque chose de serieux, voyons ce que nostre Autheur avoüe luy estre souvent venu dans l'Esprit. *J'ay toûjours eu*, dit-il, *beaucoup de peine à ne me pas persuader qu'il n'y eust une certaine force repandue dans toute la Terre, qui comme une espece d'Ame en liast, & attachast ensemble les parties : Car qui est-ce qui n'admire pas la resistance que font les choses pesan-*

tes lorsqu'on les veut separer de la Terre, & le desir, la pente, l'inclination qu'elles ont à y retourner lorsqu'on les en a separées ? Ne diroit-on pas qu'elles auroient quelque espece de sentiment, & de connoissance, que naturellement instruites elles connoistroient que leur bien, & leur conservation consiste à estre jointes à leur Tout, & qu'elles y retourneroient portées par cette connoissance, demesme qu'un Animal retourne á sa maison où il sçait qu'il sera bien, & qu'il trouvera sa pasture, & son entretien, ou de mesme qu'il se porte au boire, & au manger, quand il a faim, & quand il a soif ? Ou si vous vou- voulez changer d'idée, ne diroit-on pas que la Terre, demesme que tout autre Animal, auroit une inclination à sa propre conservation, & que connoissant que la separation de ses parties luy seroit pernicieuse, elle l'empesche autant qu'elle le peut, tenant ses parties liées, & serrées ensemble & les attirant, ou ramenant à elle quand quelque force les en a separées, soit que cette espece d'attraction se fasse par de certains rayons Magnetiques, qui comme autant de petis crochets, ou de petites mains imperceptibles les ramenent, soit qu'elle leur envoye quelque *chose qui excitant, & reveillant en elles le sentiment naturel qu'elles ont, les porte à se mouvoir vers elle, à la maniere d'un Animal qui se porte vers le pain, ou la viande dont il a receu l'espece ?*

Or il concevoit cette Ame, non pas comme une chose spirituelle, & incorporelle, & qui fust divisée en particules pour faire les Ames particulieres, à la maniere des Pytagoriciens, ou de ces Docteurs Asiatiques, mais à la maniere de Democrite, d'Hipocrate, & d'Aristote; c'est à dire comme une espece de feu, ou de petite flamme tres subtile, tres mobile, & tres active, qui se trouvant temperée, meslée, agitée, & disposée d'une certaine maniere dans les diverses fibres de la Terre, devenoit en quelque façon sensible, devenoit en quelque façon connoissante, devenoit en quelque façon Ame, asçavoir une Ame à sa maniere, & d'un genre different des trois genres ordinaires Vegetatif, Sensitif, Raisonable, comme nous verrons plus au long, lorsque nous traitterons en particulier de l'Animation de la Terre, de l'Ame des Pierres, & principalement de celle de l'Ayman, de l'Ame des Metaux, de celle des Plantes, & generalement de celle de toutes les Semences que nous montrerons estre aussi animées à leur maniere.

CHAPITRE VIII.

Que de Rien il ne se fait rien, & que rien ne retourne dans le Rien.

L'On ne comprend point que les choses puissent estre faites de rien, ou qu'elles puissent estre reduites à rien, & cela surpasse tellement toute nostre intelligence, que tous les anciens Philosophes ont cru que le Monde, ou du moins la matiere du Monde estoit de toute Eternité. *C'est un sentiment universel*, dit Aristote, *que de rien il ne se fait rien, & ceux qui les premiers ont philosophé, se sont toujours sur tout donné de garde de dire, que de rien il se peust faire quelque chose.* De là vient que Ciceron fait cette espece d'interrogation, *Quoy, de rien il se fera quelque chose, ou quelque chose tout d'un coup perira dans le rien; qui est le Physicien qui ait jamais dit cela?*

Epicure

Epicure en apporte une raison dans l'Epistre qu'il adresse à Herodote. *Si de rien il se pouvoit faire quelque chose, toute chose pourroit indifferemment naistre de toute chose, & sortir indifferemment de quelque lieu, ou de quelque endroit que ce soit: Et si ce qui perit s'alloit perdre dans le rien, les choses periroient entierement; comme ne restant rien d'elles apres leur dissolution.* C'est pourquoy Lucrece ayant entrepris de prouver la premiere partie du Dogme, c'est à dire, *que de rien il ne se fait rien*, il commence par ces Vers.

Nam si de nihilo fierent, ex omnibus rebus
Omne genus nasci posset, nil semine egeret,
E Mare primùm homines, è Terra posset oriri
Squammigerum genus, & volucres erumpere Cœlo,
Armēta, atq; alia pecudes, genus omne ferarū
Incerto partu culta, ac deserta teneret.
Nec fructus ijdē arboribus constare solerēt,
Sed mutarentur; ferre omnes omnia possent;
Quippe ubi non essēt genitalia semina quoiq;
Qui posset mater rebus consistere certa?
At nunc seminibus quia certis quidque creatur, &c.

Comme voulant dire que si les choses se faisoient de rien, toutes ces semences spécifiques, si constantes, & invariables que nous voyons estre necessaires pour la production, & pour la conservation des Especes seroient inutiles ; l'on verroit toutes sortes d'Animaux, & toutes sortes de Plantes naistre indifferemmẽt de toutes sortes de Semences, & sortir de toutes sortes de lieux, & toutes choses se changeroient indifferemmẽt en toutes choses; la production qu'on supposeroit se faire du Neant ne demandant ni matiere, ni dispositions, ni lieux particuliers : Or puisqu'il n'arrive rien de tout ce que nous venons de dire, conclut-il, & que nous voyons au contraire que toutes choses demandent leurs semences, leur matiere, leurs meres, leurs lieux, & leurs dispositions specifiques, propres, & convenables ; c'est un signe manifeste que les choses ne se font pas de rien.

Que si le Printemps, dit-il encore, nous donne les Roses, l'Esté les bleds, le froment, les autres grains, & l'Automne les Raisins ; si les Plantes, & les Animaux croissent peu à peu ; si nous ne passons point tout d'un coup de l'Enfance à la Jeunesse, & si nous ne voyons point que les Arbres entiers sortent tout d'un

coup de la Terre ; n'est-ce pas encore
une marque que rien ne se fait de rien,
ou plutost que la Nature demande de
certaines Saisons, & de certaines dispo-
sitiõs, & que chaque chose croist, & se
nourrit de la matiere qui luy est propre
& specifique?

Præterea, cur vere rosam, frumenta calore,
Vvas autumno fundi sudante videmus;
Si non, certa suo quia tempore semina rerũ
Cùm confluxerũt, patefit quodcunq; creatur,
Dum tempestates adsunt, & vivida tellus
Tutò res teneras effert in luminis oras ?
Quòd si de nihilo fierent, subitò exorerentur
Incerto spatio, atque alienis partibus anni;
Quippe ubi nulla forent primordia, qua ge-
  nitali
Concilio possent arceri tempore iniquo.
Nec porrò augendis rebus spatio foret usus
Seminis ad coitũ, è nihilo si crescere possent.
Nã fierẽt juvenes subitò ex infãtibu parvis:
E terráque exorta repente arbusta salirent.
Quãtũ nihil fieri manifestũ est, omnia quã de
Paulatim crescunt, ut par est, semine certo,
Crescendóq; genus servant; ut noscere possis
Quaque suâ de materiâ grandescere alique.

A l'egard de la Seconde partie du
Dogme, asçavoir que rien ne retourne
dans le rien, il ne faut, ce me semble, que

E 2

considerer qu'il doit y avoir autant de difficulté à reduire un estre dans le Rien, qu'a l'en tirer, & que la production du Rien estant naturellement impossible, il en est de mesme de la reduction dans le Rien. D'ailleurs, si comme remarque encore Lucrece, les Pluyes, & toutes les choses qui disparoissent à nos yeux perissoient entierement, il y auroit desja long-temps que la Nature seroit epuisée, & qu'elle ne trouveroit plus de matiere pour toutes ses productions.

Postremò ....at imbres ubi eos pater Æther
In gremium matris Terraï præcipitavit ?
At initida surgunt fruges, ramiq; virescunt.
Arboribus, crescũt ipsa, fœtuque gravantur
Hinc alitur porrò nostrũ genus, atq; ferarũ;
Hinc latas Vrbes pueris florere videmus,
Frondiferasque novis Avibus canere undique Sylvas;
Hinc fessa pecudes pingues per pabula lata
Corpora deponũt, & candens lacteus humor
Vberibus manat distentis; Hinc nova proles
Artubus infirmis teneras lasciva per herbas
Ludit, lacte mero mentes perculsa novellas.

Rien ne se reduit donc à Rien, rien ne se perd dans le Monde, la matiere n'y fait que rouler, que circuler, que changer de place, & la generation, la nutrition, & la perfection d'une chose ne se fait que de la corruption, du debris, & des ruines d'une autre.

Haud igitur pereunt penitùs quacumque videntur,
Quando aliud ex alio reficit Natura, nec ullam
Rem gigni patitur nisi morte adjutâ alienâ.

Cependant, encore que les Philosophes demeurant dans le principes ordinaires de la Nature, puissent admettre cette espece d'Axiome, *De Rien il ne se fait rien, rien ne retourne dans le rien*; neanmoins on ne le doit pas etendre jusques à la Toutepuissance Divine : Car l'Autheur de la Nature n'est pas obligé, ou indispensablement attaché aux loix de la Nature, & il est doüé d'une force, & d'une vertu infinie par laquelle il surmonte cette espece de distance infinie qui est entre le rien, & quelque chose; d'ou vient que ce n'est pas sans raison que quelques-uns des Saints Peres condamnent ces Philosophes, qui à l'imitation d'Hermogene, croyoient que le Monde avoit esté produit d'une matiere antecedente. Lactance entre autres, à l'occasion de ce passage de Ciceron, & de Seneque, *De mesme qu'un Ouvrier ne* fait pas, mais doit avoir sa matiere preste pour s'en servir, ainsi la Divine Providence doit avoir eu la matiere du Monde preste & antecedende pour son Ouvrage; Lactance, disje, replique merveilleusement bien. L'Ouvrier ne sçauroit rien faire sans bois, parcequ'il ne peut pas faire le bois; mais Dieu fait luy-mesme la matiere, parcequ'il le peut; avec une simple parole tout se fait, il commande, & le Neant luy obeit, dixit, & facta sunt, mandavit & creata sunt.

CHAPITRE IX.

De l'Essence de la Matiere.

L'On sçait que l'Etendue se conçoit presque, & s'explique par rapport à l'Espace, ou au Lieu. En effet, lorsque l'on dit de quelle etendue, ou de quelle grandeur est une chose, l'Entendement la rapporte incontinent au lieu dans lequel elle est, ou peut estre, & auquel elle est commensurable. La raison de cecy est, que selon la Loy de la Nature chaque corps occupe son lieu qui luy est proportioné, qui est de mesme grandeur, ou de mesme etenduë que luy.

L'on sçait aussi que l'etendue totale d'un corps n'est autre chose que les etendues particulieres des parties, ensorte qu'on entend qu'autant qu'il a esté osté, ou ajoûté de parties à un corps, autant luy a-t'il esté osté, ou ajoûté d'etendue; d'ou il s'ensuit que l'Etendue est le Mode de la Matiere, ou, si vous voulez, la Matiere mesme entant qu'elle n'est pas dans un poinct, mais qu'elle a ses parties les unes hors des autres qui font qu'elle est diffuse, ou etenduë. Car comme chaque partie par sa solidité naturelle, & par sa masse impenetrable resiste tellement à une autre partie, qu'elle l'exclut de son lieu, n'en admettant aucune autre au dedans d'elle, ou avec elle, cela fait que chacune occupe son lieu proportioné à sa grandeur, d'ou il resulte cette suite de parties, qui s'appelle diffusion, extension, quantité, ou etendue de la Matiere.

L'on sçait enfin qu'y ayant dans la Matiere trois ou quatre choses, solidité, dureté, resistance, impenetrabilité, & etendue, qui au fond sont une seule & unique chose conceuë differemment, la Solidité doit estre consideréé comme ce qui eſt de premier dans la Matiere, & comme la cauſe primitive, & originaire de l'Etenduë, demeſme que le Raiſonnable eſt conſideré comme ce qui eſt de premier dans l'Homme, & comme le principe, & l'origine du Riſible, & des autres proprietez de l'Homme. La raiſon de cecy eſt, que nous concevons que ce qui fait que deux parties de Matiere gardent leur Etenduë, ou demeurent de ſuite l'une hors de l'autre ſans ſe reduire, & ſe confondre dans un ſeul & meſme lieu, c'eſt parce qu'elles ſe reſiſtent mutuellement l'une à l'autre, & qu'elles ſe reſiſtent parcequ'elles ſont dures, & ſolides. D'où il faut inferer que l'on doit plutoſt faire conſiſter l'Eſſence de la Matiere dans la Solidité qui eſt premiere, que dans l'Etendue, ou ſi vous voulez, que dans l'impenetrabilité qui ſuive, quoyque neceſſairement, de la Solidité.

Il y en a qui objectent avec quelques Modernes, que l'air, l'eau, du limon, & cent autres choſes materielles de la ſorte paroiſſent ſans ſolidité, ſans dureté, & ſans reſiſtance, ce qui eſt une marque que l'Eſſence de la Matiere ne conſiſte pas dans la Solidité. Mais il eſt conſtant qu'il n'y a aucun corps, quelque mol qu'il paroisse, qui n'ait toujours quelque solidité, & quelque peu de dureté; & d'ailleurs nous ferons voir dans la suite que si nous jugeons que quelques corps soient mols, cela ne vient pas de ce que leurs parties, ou leurs principes materiels soient mols, mais de ce qu'entre leurs parties, qui sont tres solides, & tres dures de leur nature, il y a de petis Vuides interceptez, qui font que le corps cede au toucher, & paroit mol; ce qui est visible dans de la poudre de diamant qui paroit tres molle, & dont chaque petit grain ne laisse pas d'estre tres dur.

Ils objectent de plus, que nous pouvons bien concevoir la Matiere sans la concevoir comme solide, ou sans penser à sa solidité, mais que nous ne sçaurions la concevoir sans Etendue; ce qui est encore, disent-ils, une marque que l'essance de la matiere consiste plutost dans l'Etendue, que dans la Solidité. Je repons en un mot, que lors que l'on conçoit la Matiere sans penser distinctement, & expressement à la Solidité, l'on ne considere pas alors la Matiere comme matiere, ou selon sa propre, & constitutive difference qui est la Soli dité, mais selon ce qui suit necessairement de cette difference, comme nous avons montré plus haut.

Au reste, il faut bien prendre garde à ce que nous avõs aussi deja touché plus haut, que tout cecy se doit entendre *selon le cours ordinaire de la Nature*; parceque si on regarde la Divine Puissāce, il nous faut avoir d'autres sentimens. Car comme Dieu est l'autheur de la Nature, il l'a crée & establie telle qu'il a voulu, & n'a pas prescrit à sa Puissance la Loy qu'il a prononcée à la Nature. Ce que j'insinue à cause des Sacrez Mysteres dans lesquels nous sommes enseignez, & professons que le Corps est sans etenduë, & que l'etenduë du Corps subsiste sans le Corps mesme, Dieu faisant voir en cela qu'il n'est point attaché aux Loix de la Nature, & que les ayant etablies luy mesme, il ne s'est pas osté le pouvoir de faire toutes les fois qu'il le veut ce qui semble leur repugner.

Et l'on ne doit point nous objecter que c'est une chose inconcevable, & que partant il est absurde, & mesme absolument impossible, ou qu'un Corps subsiste privé d'etenduë, ou une etenduë privée de Corps: Car au contraire, il n'appartient qu'à un Esprit mal reglé de vouloir mesurer la Divine Puissance à la petitesse de nostre Entendement, comme si cette puissance n'estoit pas infinie, & n'estoit pas elevée jusques là où la foiblesse humaine ne sçauroit atteindre! Et certes, elle seroit bien petite & bien limitée si elle n'avoit pas plus d'etendue que nostre Entendement!

Qu'il est bien plus raisonnable lorsqu'il s'agit de ce que Dieu peut, de ne luy denier rien, & de ne prononcer jamais sous pretexte de contradictions dans lesquelles l'Esprit s'embarasse, que Dieu ne peut pas faire quelque chose, & cela, à mon avis, peu religieusement, & avec peu de respect, & de reverence! Car que faisons-nous autre chose en parlant de la sorte, sinon temoigner avec trop de confiance, pour ne dire pas de temerité, que nous sommes persuadez que nostre Entendement est autant etendu que la Divine Puissance? S. Augustin en use bien plus religieusement, lors qu'il nous exhorte *d'avoüer que Dieu peut quelque chose que nous ne pouvons pas comprendre, & dont toute la raison de l'effet est la propre Puissance de celuy qui fait.* Mais cecy soit dit en passant, nous traiterons plus au long la chose en parlant spécialement de la Quantité.

CHAPITRE X.
De l'Existence des Atomes.

ENcore que ce ne soit pas Epicure qui a le premier introduit dans la Philosophie l'Opinion des Atomes, ou Principes indivisibles, puis qu'il est constant qu'il l'a tirée de Democrite, que Democrite mesme l'avoit tirée de Leucipe, & Leucipe d'un certain Moschus Phenicien qui vivoit avant la guerre de Troye ; neanmoins il faut remarquer que ce n'est pas sans raison qu'il a la reputation d'estre comme l'Autheur de la Doctrine des Atomes, tant parce que selon Theodoret, il est le premier inventeur du mot d'Atome, que parce qu'estant un homme de grand Esprit, & de grande invention, il a extremement enrichy, & perfectionné la chose.

Il faut aussi remarquer qu'on ne dit pas *Atome*, parceque ce soit un corps qui n'ait ni parties, ni grandeur, en sorte que ce ne soit qu'un poinct Mathemarique, ou parce qu'il soit d'une petitesse extreme, & par consequent une portion de matiere si petite qu'il ne s'en puisse point donner de plus petite ; mais parcequ'il est tellement solide, dur, & compacte, qu'il ne donne aucune prise sur luy, & qu'il ne peut estre ni divisé, ni coupé, ni aucunement endommagé : Philoponus s'en est clairement expliqué. *Leucipe*, dit-il, *Democrite*, & *Epicure ont veritablement cru les Atomes invisibles, acause de leur petitesse, mais indivisibles acause de leur solidité.* Plutarque, & quelques autres en disent presque autant. *L'on dit Atome, c'est à dire grandeur indivisible, ou insecable, & incapable d'estre percée, pliée, rompue, non parcequ'il soit de la derniere petitesse comme un poinct, ou tellement petit qu'il ne soit pas possible de l'atteindre, & de le diviser ; mais parcequ'il est solide, plein, & sans vuide.* Aussi est-ce pour cela qu'on definit l'Atome, une certaine nature pleine, ou sans aucun vuide, & par consequent solide, & indivisible ; comme si une masse corporelle n'estoit divisible, & dissoluble, que parce qu'elle a de petis vuides qui en interrompent la liaison, & la continuité, & qui donnent entrée à quelque corps étranger qui ecarte & separe ses parties les unes des autres. C'est ce que Lucrece entend lors qu'il enseigne que les premiers Principes ne peuvent estre ni brisez par le choc des corps etrangers, ni pliez, ni rompus, ni fendus par la moitié, ni coupez en deux, ni enfin penetrez par la chaleur, ou par l'humidité, parce que cela ne se peut faire sans vuide.

*Hæc nec dissolvi plagis extrinsecus icta
Possunt, nec porro penitùs penetrata retexi
nec ratione queunt aliâ tentata labare :
Nam neque conlidi sine Inani posse videtur
Quidquam, nec frangi, nec findi in bina
 secando;
Nec capere humorem, neque item mana-
 bile frigus,
Nec penetralē ignē quibus omnia cōficiūtur.*

Et afin qu'on ne niast pas les Atomes a cause qu'estant separez les uns des autres ils ne tombent point sous les sens, voicy coment il poursuit, apportāt pour exemple les Vents, qui quoy qu'imperceptibles à la veue, troublent la Mer, excitent des tempestes, bouleversent les Navires, portent les Nuës çà & là, & forment de furieux tourbillons qui arrachent, ou jettent par terre les plus gros Arbres; ce qui ne se feroit indubitablement pas si ce n'estoit des corps, conformement à ce grand Principe de Physique, *Que rien ne peut ni estre touché, ni toucher que ce qui est corps.*

Ne qua forte tamen cœptes diffidere dictis,
Quòd nequeunt oculis rerum primordia cerni,
Accipe præterea quæ corpora tute necesse 'st
Confiteare esse in rebus, nec posse videri.
Principio Venti vis verberat incita Pontum,
Ingentesque ruit Naves, & Nubila differt.
Interdum rapido percurrens turbine campos,
Arboribus sternit magnis, &c.
Sunt igitur Venti nimirum corpora cæca.
Tum porrò varios rerum sentimus odores,
Nec tamen ad nares venientes cernimus unquam.
Nec calidos æstus tuimur, nec frigora quimus.
Usurpare oculis, nec voces cernere suemus,
Quæ tamen omnia corporeâ constare necesse 'st
Naturâ, quoniam Sensus impellere possunt;
Tangere enim, & tangi, nisi corpus, nulla potest res.
Corporibus cæcis igitur Natura gerit res.

Cecy presupposé, la premiere & generale Raison qui a porté Democrite, Epicure, & les autres à soutenir qu'il doit de necessité y avoir des Atomes, est la mesme que celle par laquelle Aristote prouve que dans les choses il y a une Matiere premiere, ingenerable, & incorruptible, de laquelle toutes choses sont engendrées, & dans laquelle toutes choses se dissolvent. Car ils pretendent que les Atomes sont cette Matiere qui preexiste avant la generation, & qui subsiste apres la dissolution, comme n'estant pas possible qu'elle soit ou engendrée, ou corrompue, & il n'y a de difference entre eux, & Aristote, qu'en ce qu'ils veulent que la resolution naturelle se termine enfin à des corpuscules, ou petis corps indivisibles, & qu'Aristote ne sçauroit expliquer quelle est sa Matiere dans laquelle les choses se resolvent en dernier lieu, ni nous en faire la description ; mais sans nous arrester à cecy, voicy cette premiere & generale raison. *Comme de rien la Nature ne fait rien, & ne reduit aucune chose à rien, il faut que dans la dissolution des composez il demeure quelque chose d'in-*

dissoluble, & d'inalterable, ou incapable de changer de nature: Et de fait, quoy que la Nature resolve les corps en parcelles tres petites, ce qui est visible dans la dissolution des viandes qui se distribuent jusques aux plus petites parties du corps, neanmoins comme sa force est finie ou bornée, elle en demeure enfin à un certain poinct, & ne diminue pas les corps à l'infiny, de façon que la derniere resolution estant faite, il doit demeurer de petites parcelles qui soient indissolubles, indivisibles, & inalterables.

Et parce que l'on pourroit repondre, qu'encore que la Nature n'aille pas à l'infiny, il ne s'ensuit pas pour cela qu'elle en vienne à la derniere resolution, comme pouvant y avoir des molecules, ou petites masses qui demeurent en leur entier sans estre dissoutes, pour cette raison Lucrece presse, & soutient que si ces molecules n'estoient pas entierement dissoutes, la matiere des choses seroit inepte à tous ces divers changemens qu'elle doit souffrir, & à tant de differentes formes qu'elle doit recevoir.

Non possent ea quæ debet genitalis habere
Materies, varios connexus, pondera, pla-
 gas,
Concursus, motus per qua res quæque ge-
 runtur,

Joint que ces molecules, dit-il, ayant esté exposées à une infinité de rencontres, de coups, & de percussions violentes, il n'est pas possible que depuis si longtemps qu'elles sont battues & rebattues, elles n'ayent enfin esté entierement dissoutes; mais sans nous arrester à cette derniere difficulté qui sera examinée ailleurs, venons aux deux raisons principales & fondamentales de l'Opinion des Atomes.

La premiere qui regarde principalement la divisibilité à l'infini, se trouve ordinairement chez les Anciens proposée en ces termes. *Du moment qu'on est demeuré d'accord que dans quelque grandeur il y a des parties infinies, ou autant qu'on veut, il n'y a plus moyen de concevoir comment cette grandeur soit finie: Car soit qu'on suppose ces parties Aliquotes, c'est à dire estre egales entre elles, ou à une certaine determinée; soit qu'on les suppose Proportionelles, ou toujours plus petites, & plus petites de moitié les unes que les autres, il est evident que la grandeur qui en resulte doit estre infinie.* C'est ainsi que raisonnent les Autheurs des Atomes, & cette raison est assurement d'une telle consideration, que pourveu que l'on vueille se donner la peine de la bien examiner, l'Opinion contraire paroitra tout à fait eloignée du bon Sens, & l'on s'etonnera qu'il puisse y avoir des Philosophes qui soutiennent un tel Paradoxe. Car, je vous prie, peut-il tomber dans la pensée d'un homme raisonnable qu'une certaine grandeur bornée, & limitée de tous costez que nous tenons dans nos mains, puisse contenir entre ses bornes que nous voyons une infinité de parties, & qu'ainsi elle soit divisible en toutes ces parties ? Quoy n'est-ce pas une contradiction evidente, qu'un Tout soit finy & borné de tous costez, & cependant qu'il contienne des parties infinies ? Comme si le Tout estoit autre chose que l'Amas mesme des parties, & comme si toutes les parties prises ensemble pouvoient estre plus grandes que le Tout ? Quand mesme on apporteroit des Argumens qui semblassent prouver cette infinité, ou divisibilité de parties à l'infiny, & qui fissent de la peine, ne devroit-on pas soupçonner qu'il y auroit quelque Sophisme caché, aussi bien que dans ceux par lesquels Zenon, cette divisibilité du Continu à l'infiny estant supposée, entreprenoit de prouver qu'il n'y avoit point de mouvement? D'ailleurs, qui est l'homme qui puisse comprendre que l'extremité du pied d'un Ciron soit tellement feconde en parties, qu'elle puisse estre divisée en mille-millions de parties, dont chacune puisse ensuite estre divisée de mesme en autant de parties, & une de celle-cy en autant d'autres, sans qu'on puisse jamais parvenir aux plus petites ou dernières, quoyque cette division se fasse consecutivement à tous les momens qui se peuvent distinguer dans des millions de millions d'années ?

De mesme, quel moyen y a-t'il de concevoir que tout le Monde ne soit pas divisible en plus de parties qu'un Ciron ; puis qu'ayant divisé le Monde en autant de parties, & autant petites qu'on voudra, l'on en peut autant prendre dans le pied du Ciron, le nombre en estant autant inepuisable, & ne pouvant jamais estre terminé par aucune division?

Enfin quel moyen de comprendre, dit l'Autheur de la Logique ordinairement appellée la Logique du Port-Royal, *que l'on ne puisse jamais arriver à une partie si petite, que non seulement elle n'en enferme plusieurs autres, mais qu'elle n'en enferme une infinité ; que le plus petit grain de bled enferme en soy autant de parties, quoy qu'à proportion plus petites, que le Monde entier; que toutes les figures imaginables s'y trouvent actuellement, & qu'il contienne en soy un petit Monde avec toutes ses parties, un Soleil, un Ciel, des Etoiles, des Planetes, une Terre dans une justesse admirable de proportiõs; & qu'il n'y ait aucune des parties de ce grain, qui ne contienne encore un Monde proportionel ; ni aucune des parties de ce Monde qui ne contienne encore de mesme un autre Monde, & ainsi à l'infiny, sans qu'il s'en puisse jamais trouver aucune dans laquelle il ne se trouve toujours un nouveau, & puis un nouveau Monde proportionel.* C'est ainsi que raisonne cet Autheur ; mais ce qui est surprenant, c'est qu'au lieu de rejetter une Opinion d'où il avoüe qu'il suit des choses si fort incomprehensibles, & si étranges, pour ne dire pas extravagantes, il l'approuve,& croit cette infinité de Mondes actuels, & effectifs dans la millieme, ou si vous voulez dans la mille-millieme partie de l'extremité du pied d'un Ciron.

Aristote tasche de se tirer de ce mauvais pas, en disant que ces parties ne sont pas actuellement infinies, mais en puissance seulement, & qu'ainsi elles ne font pas un infiny actuellement, mais seulement un infiny en puissance, lequel est finy actuellement. Mais il est visible que c'est une pure defaite. Car si vous appellez parties actuellement celles qui sont actuellement divisées, il n'en a pas seulement deux, pas seulement trois, puis qu'il n'en a effectivement aucunes d'actuellement divisées, mais s'il est vray qu'il en ait seulement deux actuellement, parcequ'il puisse estre divisé en deux actuellement, il faut que vous disiez qu'il en a actuellement d'infinies, parcequ'il peut demesme estre divisé en infinies actuellement.

Et ne dites point que cette division ne se fait, ou ne s'acheve jamais actuellement, & qu'on n'entend autre chose par là, sinon que jamais le Continu n'est divisé en tant de parties qu'il ne le puisse estre en davantage ? Car de mesme qu'on ne nie pas que dans le Continu il n'y ait deux parties, quoy qu'il ne doive peuteſtre jamais eſtre divisé en deux parties, demesme auſſi il ne faut pas nier qu'il n'y en ait d'infinies, quoy qu'il ne doive jamais eſtre divisé en parties infinies.

Deplus, puisque par ces diviſions, & ſouſdiviſions l'on decouvre toûjours un plus grand nombre de parties actuellement; je vous demande, ſi vous croyez que celles qui ſe peuvent decouvrir ſont en un certain nombre determiné, ou non ? Si vous dites qu'elles ſont en un certain nombre determiné, elles n'auront pas de quoy ſuffire à la diviſion à l'infiny ; ſi vous dites que non, elles ſont donc actuellement infinies ?

Et defait, comment un Continu ne s'epuiſeroit-t'il pas enfin, s'il ne poſſedoit actuellement des parties infinies, ou qui le rendiſſent inepuiſable par leur infinité ? Car de meſme que les parties qu'on en tire y ont deu eſtre actuellement, autrement comment auroient-elles peu en eſtre tirées ? Ainſi celles qui reſtent à tirer y doivent eſtre actuellement, autrement comment pourroient elles en estre tirées ? Or ces parties qui en peuvent estre tirées sont infinies, puisque l'on demeure d'accord qu'on en peut toujours tirer de plus en plus sans qu'on puisse les epuiser, ou qu'on puisse jamais parvenir à la derniere.

Un de nos Modernes s'est avisé d'une autre defaite qu'il a prise de Crysippe, & croit se bien tirer d'affaire en disant que les parties dans lesquelles un continu peut estre divisé, ne sont ni finies, ni infinies, mais *Indefinies*. Mais on luy peut dire Premierement ce que Plutarque repondoit a Crysippe, que cela repugne à la notion commune, parceque par la loy des Côtradictoires un membre estant nié, l'autre doit estre affirmé, ce qui ne se fait neanmoins pas icy, en ce que finy, & infiny sont contradictoires, & que cependant apres avoir nié le premier membre, asçavoir que les parties sont finies, l'on n'affirme pas aussitost le dernier, asçavoir qu'elles soient infinies, qu'au contraire, on nie de mesme qu'elles soient infinies. Secondement, que ce n'est pas repondre à la question. Car il ne s'agit pas icy de sçavoir en quel nombre sont les parties

parties d'un continu eu egard à nostre connoissance, ou à nostre ignorance; mais la difficulté consiste à sçavoir comment elles sont en elles mesmes, & absolument, c'est à dire si elles sont finies, ou infinies, veu qu'il faut de necessité qu'elles soient l'un ou l'autre, & que nostre connoissance, ou nostre ignorance n'empesche, ni ne fait rien pour cela.

Troisiémement, qu'il en est demesme que si ayant demandé à quelqu'un, si les Ecus qu'il a dans un certain coffre sont en nombre pair, ou impair, il nous repondoit qu'ils ne sont ni en nombre pair, ni en nombre impair, mais en nombre *Indepair* ; car asseurement, demesme que ce ne seroit qu'un jeu de paroles qui n'empescheroit pas que le nombre de ces Ecus ne fust pair, ou impair, demesme il semble aussi que ce soit se mocquer de nous quand on nous dit que les parties ne sont ni finies, ni infinies, mais *Indefinies* ; puisqu'il est certain qu'elles n'en sont pas moins finies, ou infinies, & que le mot d'Indefiny ne peut pas plutost estre un milieu entre deux contradictoires, que celuy d'*Indepair*.

La seconde Raison qui est tirée de Lucrece, a toujours paru si forte & si puissante, que plusieurs à bon droit luy donnent le nom de Demonstration Physique. Comme il est constant, dit ce celebre Poëte apres tous les Deffenseurs des Atomes, que dans la Nature il y a des corps durs, & des corps mols, si l'on fait les premiers Principes solides, durs, inalterables, indivisibles, il s'en pourra non seulement faire des choses dures, comme il est evident, mais il s'en pourra aussi faire de molles; parceque ce qui se formera de ces Principes pourra devenir mol par le meslange des petis vuides : Mais si on les suppose mols, ou toujours, & toujours divisibles, il s'en pourra veritablement bien faire des choses molles, mais on ne montrera jamais par aucune raison qu'il s'en puisse faire de dures, telles que sont le fer, les cailloux, le diaman, &c. puis qu'on ne mettra point dans la Nature de solidité, & de dureté fondamentale, c'est à dire point de corpuscules qui estant essentiellement durs, & solides, fassent la dureté des choses.

PRINCIPES. 125

Hûc accedit, uti solidissima materiâï
Corpora cùm constant, possint tamen omnia reddi
Mollia, qua fiant aër, aqua, terra, vapores;
Admixtum quoniam simul est in rebus Inane.
At contrà, si mollia primordia rerum,
Vnde queant validi silices, ferrumque creari,
Non poterit ratio reddi. Nam funditùs omni
Principio fundamenti Natura carebit.

Il y a donc, conclut-il, des corpuscules simples, pleins, & solides, qui selon qu'ils sont ou plus ou moins serrez entre eux, font paroitre les choses plus, ou moins dures, & plus, ou moins difficiles à diviser.

Sunt igitur solida pollentia simplicitate,
Quorum condenso magis omnia conciliari
Arctari possunt, validasque ostēdere vires.

Pour confirmer cecy, & faire voir que les Atomes, ou les premiers Principes des choses doivent estre solides, simples, incapables de changement, & par consequent indivisibles, Lucrece apporte cette constance, & invariabilité admirable que la Nature garde dans ses differens ouvrages, comme à porter tou-

F 2

jours les Animaux à de certains poincts determinez soit de force, soit de grandeur, soit de durée, & à imprimer toujours à chaque espece les mesmes inclinations, & les mesmes marques qui les distinguent des autres ; ce qu'assurement, dit-il, elle ne feroit pas, si elle ne se servoit de Principes certains, & constans, & par consequent incapables de division, de dissolution, ou d'aucun autre changement.

—Nam si primordia rerum
Commutari aliquâ possent ratione revicta,
Incertum quoque jam constet quid possit
oriri
Quid nequeat, &c.—
Nec toties possent generatim sæcla referre
Naturam, victum, mores, maculasque parentum.

Il auroit mesme pû ajouter, qu'autant qu'il est indubitable que dans la Nature il y a quelque chose d'impenetrable, ascavoir tout ce qui est corps, autant semble-t'il estre indubitable qu'il y a quelque chose d'indivisible, ascavoir tout ce qui est purement Corps, ou sans aucun meslange de vuides, tels que sont les Atomes, ou les dernieres parties d'un corps ; puisqu'une chose semble n'estre impenetrable, qu'entant qu'elle eſt extremement ſolide, dure, reſiſtante, & par conſequent indiviſible ; mais les deux premieres raiſons ſuffiſent, voyons ſeulement ce qu'on a accoûtumé d'objecter.

L'on dit ordinairement que pour diviſer ce qui ſeroit purement corps, comme pourroit par exemple eſtre quelque pretendu Atome, ou corpuſcule cubique de la groſſeur d'un Dé ordinaire, ſuppoſé qu'il y en euſt d'auſſi gros, il ne faudroit que preſſer fortement la partie du milieu avec quelque pointe d'acier tres ſolide, & tres dure, & que cette partie cederoit, ou s'enfonceroit. Mais, je vous prie, ſi ce corpuſcule cubique eſtoit comme on le ſuppoſe, entierement ſolide, ou ſans aucuns vuides ſoit au deſſous, ſoit aux environs de la partie touchée, comment eſt-il poſſible de concevoir que cette partie puſt ceder ou s'enfoncer ; puiſque n'y ayant aucuns vuides, il n'y auroit endroit où elle puſt ſe retirer, ni rien qui pûſt ceder ?

L'on dit auſſi ordinairement qu'il eſt impoſſible de concevoir comment une choſe puiſſe eſtre etendue, telle qu'eſt un Atome, ou quelque petit corps que ce soit, & neanmoins estre indivisible. Il est vray qu'on a de la peine à concevoir qu'une chose soit etendue, & ne puisse pas estre divisée ; mais j'ose bien dire que c'est une pure prevention d'Esprit, & en voicy le fondement. Comme les Atomes ne tombent point sous les Sens, & que leur extreme petitesse les derobe à la veüe la plus subtile, & qu'ainsi on ne les connoit que par l'Entendement, & par la Raison, il arrive que n'ayant jamas veu que des choses, qui estant composées de plusieurs Atomes, se sont trouvées estre divisibles, ou separables, tout ce que nous concevons avoir quelque grandeur ou etendue, est en mesme temps conceu, ou du moins accordé comme divisible, à moins que la Raison ne surviene, & que nous n'ayons en veue les argumens qui establissant la solidité, la dureté, & la resistance des premiers Principes, en etablissent l'indivisibilité ; mais voicy l'Objection la plus importante.

Il n'y a, dit-on, point de Corps, quelque solide, & quelque petit qu'il puisse estre, qui n'ait plusieurs parties ou faces differentes, Orientale, Occidentale, Septentrionale, Meridionale, &c. Il est vray, & c'est ce qu'un Physicien ne sçauroit nier, parcequ'il est de l'essence du Corps d'avoir quelque etendue, & que tout ce qui a de l'étendue a de necessité ces sortes de parties ; mais je soûtiens qu'il ne s'en suit pas pour cela que ces parties soient separables entre elles, de façon qu'un corps solide, ou sans vuides, & continu, comme on suppose estre un Atome, puisse estre divisé, & ses parties separées ; parce qu'afin qu'elles pûssent estre separées, il faudroit ou qu'il y eust du Vuide entredeux, ou qu'elles ne fussent que contigues, au lieu que dans un Atome il n'y a aucun vuide, & que ses parties sont absolument continues, ou parties d'un Tout qui est absolument continu, c'est à dire sans interruption, ou discontinuation quelconque, *& qui est* par consequent *compris sous une seule & unique superficie*, à la difference d'un amas, ou d'un tas par agregation, qui estant composé de parties qui ne sont que contigües entre-elles, est compris sous autant de superficies qu'il a de parties.

D'où vient que quand on me presse, & qu'ô me dit que la partie A d'un Atome n'est pas la partie B, je l'avoüe sans hefiter, mais si l'on vient à inferer, donc elles sont separables ? C'est ce que je nie absolument, non seulement parcequ'elles sont essentielles à l'Atome; n'estant pas possible, comme je viens de dire, qu'un corps soit sans etendue, & par consequent sans ces sortes de parties ou faces differentes ; mais parcequ'elles ne font qu'une seule & unique entité, & elles ne font qu'une seule & unique entité, parceque, comme je viens aussi de dire, elles font un Tout qui est absolument continu, sans aucun vuide, sans aucune interruption, compris sous une seule & unique superficie, & qui est par consequent tout corps, tout solide, tout impenetrable, tout indivisible.

Remarquez cependant, que c'est peut-estre parler improprement, que de donner le nom de parties aux faces Orientale, & Occidentale d'un Atome; parceque ce nom ne s'attribue proprement qu'a ce qui est separable. Lucrece les appelle *Minima naturalia*, comme s'il vouloit dire ce qui est naturellement tres petit, ce qu'il y a de plus petit dans la Nature, ou ce qui est autant petit qu'il puisse estre, comme ne pouvant estre plus petit, & conserver sa nature d'Estre, mais l'on ne doit pas s'arrester à une question de nom.

Souvenons-nous plutost que tout ce que nous venons de dire plus haut estant supposé, il est inutile d'objecter, que si trois, ou quatre petis cubes extremement solides, & polis estoient mis l'une sur l'autre, ils feroient une masse tres solide, & sans aucun vuide, laquelle cependant seroit divisible au moindre coup qu'on luy pourroit donner par le costé; puisque pour qu'une masse soit absolument indivisible, il ne suffit pas qu'elle soit corps, solide, dure, impenetrable, & sans vuide, mais il faut de plus qu'elle ne soit qu'une seule & unique Entité, c'est à dire qu'elle soit absolument, & entierement continue ou pour le dire encore une fois, *sans aucune interruption, ou discontinuation, & comprise sous une seule & unique superficie*, & non pas un amas de plusieurs entitez, & non pas un Tout par aggregation, & qui soit compris sous autant de superficies qu'il a de parties, ou d'entitez.

Joint que cette espece de division en cubes ne seroit pas à proprement parler une division, mais une simple sepa-

F 5

ration, ou un simple ecartement de parties, qui n'estant que contigues, sont desunies, ou deja divisées. Car la division propre, ou celle dont il est icy question, se devroit faire par l'intromission d'un corps au dedans d'un cube, dont la matiere cedast dans l'endroit où se fait le contact, ce qui est impossible; n'y ayant aucuns vuides qui en cedant donnasset lieu à la partie touchée de ceder, & de se retirer, mais tout estât plein alentour d'elle, & egalement resistant.

Disons en passant que Democrite ne se mettoit pas fort en peine de cecy; car lorsqu'on luy demandoit la différence qu'il y avoit entre un corps qui est continu, tel qu'est l'Atome, & qui ne peut par consequent point estre divisé, & une masse qui n'est pas continue, tel qu'est un amas de plusieurs Atomes simplement contigus entre-eux, & qui est par consequent divisible, il repondoit tout simplement en trois mots, *Atomus: ita est ex conjunctis, ut nunquam fuerit ex disjunctis, unde non est mirum si nunquam possit abire in disjuncta: Molecula verò ita est ex disjunctis, ut nunquam fuerit ex conjunctis*; c'est à dire qu'un Atome, ou ce Tout qu'on appelle

Vn, Simple, & Continu, est tellement de choses continues qu'il n'a jamais esté de disjointes, & qu'ainsi ce n'est pas merveille s'il ne peut jamais estre separé, ou dissous en choses disjointes ; au lieu qu'une Molecule, ou un Amas est tellement de choses disjointes, qu'il n'a jamais esté de conjointes, ou continues, & qu'ainsi ce n'est pas aussi merveille s'il ne peut jamais devenir continu : Mais la pensée de Democrite, aussi bien que celle d'Aristote, & de tous les Anciens estoit, que les premiers Principes sont eternels, & sur ce fondement il disoit qu'un Atome ayant toujours esté tel, c'est à dire qu'ayant toujours esté un, & jamais deux, il devoit estre tel de sa nature, & devoit par consequent de toute necessité demeurer toujours tel. C'est pourquoy, sans nous arrester davantage à Democrite, venons aux autres Objections.

Je veux, dira quelqu'un, qu'une particule de matiere, telle que vous pretedez étre vostre Atome, soit tres dure, & mesme tres solide, ou sans vuides, & qu'elle soit par consequent indivisible par l'introduction d'un corps estranger ; du moins ne sera-t'elle pas absolument indivisible, en ce que ses extremitez, asçavoir les parties Orientale, & Occidentale se pourront aisement diviser, comme deux Cubes tres polis, & tres durs qui se toucheroient, & cela en les prenant, & en les tirant l'une d'un costé, & l'autre de l'autre. Je repons selon ce qui a deja assez esté insinué, qu'il n'en est pas de ces deux parties comme de deux cubes, en ce que ces parties sont continues, ou parties d'un Tout purement, & absolument continu, comme nous venons de dire plus haut, au lieu que les deux cubes sont simplement contigus, & parties d'un Amas ou d'un Tout interrompu, & discontinué.

Il n'y a rien, disent nos Modernes, que de contigu dans la Nature. Mais Premierement, s'il n'y a rien que de contigu, & qu'ainsi il n'y ait rien que de separable, il n'y a donc point de corps fini, quelque petit qu'on le fasse, qui ne soit divisible à l'infini, qui n'ait par consequent des parties infinies, & qui ne soit ainsi par consequent & fini, & infini, ce qui implique contradiction, comme nous avons demontré plus haut. De plus, s'il n'y a rien que de contigu dans la Nature, tous les corps, quels qu'ils soient, seront donc egalement aisez à diviser, ou comme dit Lucrece, *Vis eadem dissolvet corpora quæque*, une mesme force pourra indifferemment dissoudre quelque sorte de corps que ce soit, du fer, des cailloux, des Diamans, &c.

Et il leur est inutile de repondre que les uns seront mieux liez, ou auront de plus forts liens les uns que les autres ; parce que ces pretendus liens ne seront que contigus, & que n'y ayant rien que de contigu, toutes leurs parties seront contigues, & ne feront par consequent point de liens.

Il leur est de mesme inutile de dire, que ces corps là seront plus aisez à dissoudre dont les parties seront plus en mouvement, & que c'est pour cela que le beurre est plus aisé à estre divisé que le fer. Car je leur demanderois volontiers d'ou ils ont tiré ce Principe general, que le plus ou le moins de mouvement des parties d'un corps, est la cause que le corps soit plus ou moins aisé à estre divisé ? Peuvent-ils dire par aucune Experience qu'une poignée de poudre de Diaman soit plus en mouvement que tout un Diaman, ou qu'apres qu'on a broyé un Diaman, & qu'on l'a reduit en poudre, chaque petit grain de cette poudre soit plus en mouvement qu'il n'estoit auparavant lorsque le Diaman estoit en son entier? Si nous concevons donc qu'un petit tas de poudre de Diaman soit facile à estre divisé, ou ecarté, ce n'est pas que ses parties soient plus en mouvement qu'elles n'estoient, mais c'est qu'elles ne sont pas si bien arangées, ni autant pressées, ou serrées qu'elles estoient auparavant dans le Diaman, ou ce qui revient toûjours au mesme, c'est qu'entre les parties il y a plus de petis vuides qu'il n'y en avoit dans le Diaman, qu'il y a plus, dis-je, de petis vuides qui ne font aucune resistance, & dans lesquels les parties poussées, ou pressées se peuvent aisement retirer, & se mieux aranger. Revenons donc à ce que l'on ne sçauroit trop inculquer, & avoüons qu'il faut que dans la Nature il y ait quelque chose de plus que de contigu, qu'il y a des corps entierement, & absolument continus, & par consequent indissolubles, tels que sont les Atomes, ou les premiers Principes, & ce qui a deja esté dit par Lucrece, que selon que les corps sont plus ou moins estroitement serrez, liez, entre-laissez, ils sont des Composez qui sont plus ou moins aisez à dissoudre, à couper, à separer.

Sunt igitur solida pollentia simplicitate, Quorum condenso magis omnia conciliatu

Arctari possunt, validasque ostendere vires.
Du moins ne scauroit-on nier, nous direz vous, que Dieu ne puisse diviser vôtre Atome, quelque solide & continu que vous le fassiez, & separer, par exemple la partie Orientale de l'Occidentale? Il est vray que rien ne s'oppose à la Toute-puissance Divine, & que l'Entendement humain ne voyant souvent que fort obscurement ce qui implique, ou n'implique pas contradiction, il ne doit pas inconsiderement determiner ce qui est, ou ce qui n'est pas possible ; d'où vient que je repons simplement, que si dans un corps solide & continu, tel qu'est l'Atome, Dieu separoit la partie Orientale de l'Occidentale, il le feroit par une voye qui ne seroit pas moins surnaturelle, inconcevable, naturellement impossible que la penetration, & par consequent que cette voye seroit

hors de la consideratiõ de la Physique. Je dis inconçevable ; car quel moyen de concevoir qu'un Ciseau, ou un Poinçon, quelque solide, ou tranchant, ou pointu qu'il soit, puisse ou couper, ou percer, ou en aucune maniere endommager ce qui est pur corps ou sans vuide, ce qui est purement, & absolument continu? Pour moy je ne scais si c'est prevention, mais je tiens cela autant impossible par les forces de la Nature, & autant incõcevable que la penetration. Si vous voulez donc que Dieu agisse d'une extraordinaire maniere, & que pour couper, ou percer il se serve de sa Toutepuissance sans introduction d'aucun corps, je n'ay rien à repondre à cela, si ce n'est ce que j'ay deja dit, que cette maniere sera surnaturelle, inconcevable, hors de la sphere du Physicien.

L'on fait encore ordinairement trois, ou quatre autres Objections. La Premiere, que si toutes choses estoient composées d'Indivisibles, il s'ensuivroit qu'une ligne de poincts impairs en nombre, par exemple, de cinq ou de sept, ne pourroit pas estre divisée en deux parties egales ; ce qui est contraire à la Geometrie, qui demontre que cela se peut à l'egard de quelque ligne que ce soit. La Seconde, que de deux cercles concentriques l'exterieur ne seroit pas plus grand que l'interieur ; parceque toutes les lignes tirées de tous les poincts du grand cercle au centre devroient passer par autant de poincts distincts du petit cercle. La Troisieme, considerez, dit-on, deux

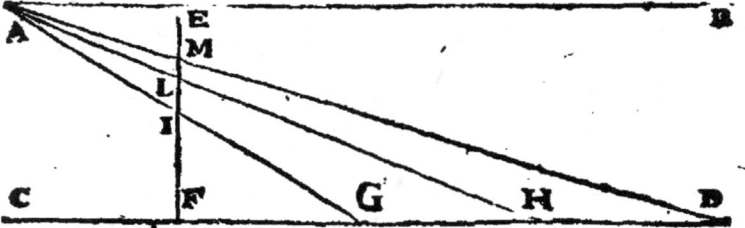

lignes parallèles, & infinies A B, C D, & distantes d'un pouce l'une de l'autre, & concevez que du poinct A il parte des lignes droites qui aboutissent aux poincts GHD. Cela estant, il est evident que la ligne A G passera par le poinct I de la ligne E F, que la ligne AH passera par le poinct L qui est plus haut, & que la ligne AD passera par le poinct M qui est encore un peu plus haut, & ainsi de suite ; & d'autant que la ligne CD est infinie, & qu'on y peut prendre un nombre infiny de poincts semblables à G, H, D, il s'enſuit que les lignes qu'on tirera du poinct A à tous ces poincts, marqueront dans la ligne EF qui n'eſt que d'un pouce, un nombre infiny de poincts differens les uns des autres, & qui approcheront de plus en plus de l'extremité E, ſans que de toutes ces lignes il y en puiſſe jemais avoir une qui paſſe par le poinct E, acauſe que la ligne CD eſt ſuppoſée parallele à AB. Il faut donc avoüer qu'on peut aſſigner un nombre infiny de poincts dans quelque portion determinée de matiere que ce ſoit, & par conſequent que toute quantité eſt diviſible à l'infiny.

Mais il eſt aiſé de voir que tous ces Argumens ne font aucune peine à ceux qui tienent les Atomes ; l'Indiviſible qu'ils admettent eſtant Phyſique, & tout autre que le Mathematique, ou celuy que les Mathematiciens ſuppoſent. Car le Phyſicien ne conſidere que les choſes ſenſibles, & qui ſont effectivement en nature ; au lieu que le Mathematicien conſidere la Quantité comme abſtraite de la matiere : Et cela eſt ſi vray, que ſi les Mathematiciens n'en uſoient de la ſorte, & s'ils ſuppoſoient que dans le Continu il y euſt un certain nombre determiné de parties poſſibles, & de poincts, ils ne pourroient jamais faire leurs Demonſtrations Geometriques avec l'exactitude requiſe. C'eſtpourquoy nous ne devons point nous arreſter à reſoudre ces difficultez; puiſqu'elles ne regardent que les ſeuls Geometres, dont les Indiviſibles ſont ſans parties, ſans longueur, & ſans largeur, au lieu que chez les Phyſiciens il n'y a aucun Indiviſible, ou Atome qui n'ait ſes parties, quoy qu'inſeparables, & qui n'ait ſa longueur, ſa largeur, & ſa profondeur. Auſſi quelques fines & deliées que pûſſent eſtre des lignes phyſiques, & quelque petite largeur, ou epaiſſeur que nous leur pûſſions donner, bien loin que du point A de la ligne A C il s'en peut tirer une infinité à la ligne C D qui ſans ſe confondre paſſaſſent par la ligne E F qu'on ſuppoſeroit eſtre finie, & de la longueur d'un pouce, il ne s'en tireroit ſeulement pas deux qui ne ſe confondiſſent, du moins en partie au poinct A, ni pas une centaine ſeulement qui ne ſe confondiſſent auſſi de meſme ſur la ligne E F, ce qui ſe doit dire des li-

lignes qui seroient tirées de tous les poincts du grand Cercle au centre commun, elles se confondroient, demesme en passant sur le petit cercle, tant il est vray que ces Argumens supposent des poincts, & des lignes purement Mathematiques, & qui par consequent ne sont point de la consideration du Physicien: Qu'il y ait donc dans quelque quantité que ce soit des parties infinies Mathematiques, ou telles que les Mathematiciens supposent : Que toute quantité soit aussi divisible à l'infiny Mathematiquement, ou Mentalement, & si vous voulez, ce que l'Esprit fait d'ordinaire, par une certaine designation confuse; cela ne nous regarde point, nous, dis-je, qui ne disputons que des choses qui sont effectivement en nature, asçavoir de l'Infinité, & de l'Indivisibilité, ou divisibilité reelle, & Physique.

Quoy, direz-vous, n'est-il pas permis de transporter à l'usage, & dans la Physique, ou dans une matiere sensible les choses que les Geometres demontrent, & supposer leur divisibilité à l'infiny? Ouy; pourveu que ce ne soit qu'en veüe de parvenir par cette divisibilité, & infinité supposées à une plus grande justeſſe. Ainſi Archimede ſuppoſa le diametre d'un grain de pavot compoſé de dix mille parties, non que l'induſtrie humaine pûſt dans une ſi petite maſſe diſtinguer tant de parties, mais afin que tranſportant ſon raiſonnement ſur une plus grande maſſe dont il ſuppoſeroit ce grain de pavot eſtre une partie, il pûſt eſtimer la grandeur de cette maſſe avec plus de juſteſſe, car dans une pareille Suppoſition le plus, ou le moins d'une, ou de quelques-unes de ſemblables parties ne peut pas cauſer une grande erreur.

Et pour montrer qu'il faut toujours avoir ces egards, & que ſans cela il n'eſt pas toujours permis de tranſporter en Phyſique tout ce que les Geometres demontrent en faiſant des abſtractions; il ne faut que conſiderer que les Geometres meſmes, lors qu'ils traittent ces parties de Mathematique qui ont quelque liaiſon avec la Phyſique, ſont le plus ſouvent contraints de demander des Suppoſitions entierement oppoſées. Car Euclide, entre autres, demande qu'on luy accorde dans l'Optique le dernier, ou le plus petit angle ; & deuxieſme Vitellio demãde la plus petite de toutes les lumieres, qui ne seroit plus lumiere du moment qu'on la concevroit divisée; d'où il est visible que les Mathematiciens qui supposent dans l'Optique que la division se fait jusques à la plus petite, ou derniere partie, veulent qu'en Geometrie l'on suppose qu'elle va à l'infiny.

Mais pour dire ce qui est de vray; lorsqu'un Geometre commande, & demontre une chose en apparence tres aisée, asçavoir la division d'une ligne en deux parties egales, croyez-vous que dans la Physique, ou dans l'experience cela soit aussi facile qu'en Geometrie, ou dans la Speculation ? Representez-vous premierement, ce que nous ferons voir dans la suite, qu'il n'y a aucune superficie parfaitement polie, ni par consequent aucune ligne qui ne soit toute raboteuse, & comme entrecoupée d'une infinité de petites montagnes, & de petites vallées ? Representez-vous encore qu'il n'y a tranchât si fin, & si subtil qui n'ait toujours quelque largeur, & qui ne soit comme une scie tres inegale, acause des innombrables petites fosses que les petites dens de la lime, ou de la meule y ont faites, & laissées en l'aiguisant, comme nous dirons aussi dans la suite? Représentez-vous de mesme qu'il n'y a burin si subtil avec lequel on puisse tirer une ligne sans largeur, & qu'il n'y a compas si pointu qui estant appliqué sur cette ligne, n'en touche au lieu d'un poinct indivisible, une partie qui dans son circuit en comprend pour ainsi dire, une infinité d'autres? Représentez-vous enfin que le pied d'un Ciron est composé, & tissu de plusieurs millions de petites parties, ou Atomes, comme nous ferons aussi voir ailleurs plus au long, représentez-vous, disje, tout cela par avance, & jugez s'il est possible de couper, ou diviser une ligne en deux parties qui soient exactement, & parfaitement egales, & s'il n'est pas vray que cette partie qui fait le milieu, quelque petite, & imperceptible qu'elle puisse estre, est composée de tant de millions de parties, que quand on se tromperoit d'un million tout entier, l'on ne s'en appercevroit pas; d'où il est aisé de voir qu'on ne coupe jamais une ligne en deux, qu'il ne reste toujours un nombre innombrable de parties d'un costé plus que de l'autre, encore que les Sens ne les puissent pas appercevoir. C'est pourquoy l'on ne doit pas craindre que si un Ciseau tombe sur un Atome, il le coupe en deux; puis qu'au regard de la subtilité, ou petitesse d'un Atome, le tranchant le plus subtil est toujours tellement grossier, qu'il ne sçauroit ne pas tomber, non sur un seul Atome, mais sur plusieurs; desorte que ce qu'il peut faire, n'est pas d'en couper un en deux, mais d'en remuer, & ecarter plusieurs de part & d'autre.

CHAPITRE XI.

Des Proprietez des Atomes & premierement de leur Grandeur.

IL faut prendre garde à une chose dont la raison ne nous permet aucunement de douter, asçavoir que les Atomes sont non seulement au dessous de toute la portée de nos Sens, mais qu'il n'y a mesme aucune chose sensible, quelque petite qu'elle puisse estre, qui ne soit composée de plusieurs milliers d'Atomes. Il est vray que cecy paroit tout à fait admirable, & comme une espece de Paradoxe; mais il faut s'accoutucoutumer à reconnoistre la grossiereté de nos Sens, & la subtilité incomprehensible de la Nature ; il est certain que ce qui paroit tres petit à nos yeux, est tres grand à son egard, & là où finit l'industrie, & la subtilité humaine, c'est là que commence l'industrie, & la subtilité de la Nature.

Cecy pouvoit sembler plus incroyable à nos Predecesseurs avant l'invention des Microscopes ; mais maintenant comment pourroit-on en douter, lorsque nous voyons qu'un petit grain de poussiere tres subtile paroit plus gros qu'un pois, & que dans sa superficie l'on distingue clairement quantité de petites facetes, & de petis angles qu'on n'auroit jamais soupçonné y devoir estre ?

Pour mieux reconnoitre la chose, il ne faut que s'appliquer à considerer un Ciron, ce petit Animal que l'on prendroit pour un poinct. Car en premier lieu l'on decouvre avec le Microscope, non seulement qu'il a une petite bouche, ou un petit museau, avec une espece de petite trompe pour percer la peau, & succer le sang, mais qu'il a mesme un petit trou au derriere par où on l'a

TOME II.   G

veu quelquesfois estant exposé au Soleil, rejetter des excremens qui paroissent à peu pres de la couleur, & de la grandeur d'une puce veuë sans Microscope. L'on decouvre aussi, outre les differentes inegalitez de sa peau, qu'il a deux petites cornes rameuses, & six pieds, deux dans le devant, & quatre dans le derriere, avec de petites cuisses longuettes, blanchatres, & comme veluës. Apres cela, considerez non seulement combien de parties sont necessaires pour la contexture de la peau, mais quelle innombrable quantité de parties doivent estre renfermées sous cette peau; car comme il faut qu'il y en ait de destinées pour sa nourriture, & pour ses autres fonctions, il faut de necessité qu'il ait un estomac, & des boyeaux, un foye, un cœur, un cerveau, ou du moins quelque chose d'analogue à ces parties ; il faut mesme qu'il ait des veines, des arteres, & des nerfs pour porter la nourriture, & les esprits par tout le corps ; il doit aussi avoir des muscles avec leurs fibres, & leurs tendons, & des parties plus solides comme sont les os, avec leurs articulations propres & convenables ; il faut, en un mot, qu'il ait un nombre innombrable d'autres choses sans lesquelles on ne sçauroit comprendre qu'un Animal puisse se nourrir, sentir, se mouvoir. De plus, considerez de combien de petites parties chacune de ces parties doit estre composée, & sur tout de quelle extreme petitesse doivent estre les esprits qui meuvent, qui vivifient, & qui animent ce petit Corps, ces petis nerfs, ces petites parties, & vous admirerez sans doute combien subtile, & industrieuse est la main de la Nature, qui pour former un Animal si petit, a distingué, separé, choisi, & assemblé en ordre, & sans confusion une si innombrable multitude de parties.

Nous pourrions presentement depuis l'invention de ces nouveaux Microscopes qui sont incomparablement meilleurs que les premiers, encherir sur l'exemple du Ciron que nostre Autheur apporte; puisque dans une petite goutte d'eau où l'on a laissé quelque temps tremper du poyvre, l'on voit une infinité de petis animaux qui se remuent, qui vont & vienent çà & là, & qui nagent dans cette petite goutte d'eau comme dans une espece d'Etang,

G 2

quoy qu'elle ne soit guere plus grosse qu'un Ciron. Lucrece sans l'aide des Microscopes, & par la seule lumiere de sa raison, devoit aussi avoir reconnu des animaux d'une petitesse extreme, lors qu'ayant dit qu'il y en a de si petis que l'on ne sçauroit voir la troisieme partie de leur Corps, il demande de quelle petitesse doit donc estre chaque intestin, le cœur, le foye, & enfin les premiers principes dont l'Ame de ces petis animaux est formée.

Primum Animalia sunt jam partim tantula, eorum
Tertia pars nulla ut possit ratione videri.
Horum intestinum quodvis quale esse putandum 'st !
Quid cordis globus, aut oculi? Quid membra? Quid artus !
Quantula sunt? Quid præterea primordia quæque
Vnde Anima, atque Animi constet natura necessum 'st !

Pour mieux encore reconnoitre la petitesse étonnante & incomprehensible des Atomes, l'on n'a qu'à remarquer combien d'eau se trouve teinte d'un petit morceau de couleur rouge, combien de pages en peuvent estre colorées, & combien dans chaque page l'on peut deſigner de poincts avec la pointe d'une aiguille. L'on pourroit auſſi remarquer de quelle incomprehenſible petiteſſe doit eſtre ce qui s'exhale d'un tiſon de bois vert dans l'eſpace d'un demy quart d'heure; puiſque ſi la fumée qui en ſort pouvoit eſtre renfermée en un endroit, elle rempliroit & pluſieurs chambres, & pluſieurs maiſons: Enfin l'on pourroit conſiderer le peu d'huile qui ſe diſſipe d'une lampe pendant un quart d'heure qu'elle eſt allumée; puis qu'il n'y a aucun moment qu'il ne ſe faſſe de nouvelle flamme, & que ſi cette flamme pouvoit auſſi eſtre conſervée, elle rempliroit demeſme des chambres & des maiſons: Mais ce qui a eſté dit plus haut de ces petis animaux ſuffit pont faire comprendre que la plus petite de toutes les choſes qui tombent ſous nos Sens, telle que pourroit eſtre un de ces petis corps que le rayon du Soleil qui paſſe par une feneſtre dans une chambre nous fait appercevoir, doit eſtre compoſée de pluſieurs millions d'Atomes.

Cependant la Raiſon nous oblige de croire qu'encore que les Atomes ſoient d'une admirable petiteſſe, il y en a neanmoin de diverse grandeur, parceque, comme nous verrons ensuite, cette diversité estant supposeé, l'on explique aisément quantité d'effects naturels dont il seroit autrement difficile de rendre raison.

CHAPITRE XII.
De la Figure des Atomes.

Pour parler maintenant de la Figure, c'est à dire de la Proprieté qui suit, ou accompagne necessairement la grandeur comme son Terme, & son Mode, ou s'a maniere d'estre, il y a principalement trois ou quatre choses à remarquer. La premiere, *que rien n'empesche que les Atomes, quelques petis qu'ils soient, ne puissent estre diversement figurez entre-eux:* Car du moment qu'ils gardent quelque grandeur, l'on peut concevoir que leurs surfaces peuvent estre plates, spheriques, angulaires, regulieres, irregulieres, &c.

La Seconde, *qu'effectivemēt les Atomes sont diversement figurez;* soit parceque le nombre en est si grand qu'il n'est pas vray-semblable qu'ils soient tous de mesme figure, soit acause que cette diversité de figures supposeé, l'on peut aussi expliquer certains effects particuliers de la Nature, comme à l'egard de l'entreé plus ou moins facile des Atomes dans les corps denses, & à l'egard du plaisir, & de la douleur qu'on ressent dans la perception des objects des Sens, ce que nous dirons plus commodement ensuite; soit parceque toutes les choses naturelles qui en sont formeés, les hommes, les bestes, les poissons, les grains mesme les plus petis, les fueilles d'un mesme Arbre qui paroissent si fort semblables, & ainsi du reste, sont diversement figurées. Et qu'on ne dise point que c'est une chose bien etrange, & bien difficile à croire que jamais deux grains de Moutarde, par exemple, ou deux poils soient entierement semblables; mais celuy qui ne le croit pas ne doit jamais y avoir pris garde; aussi cõbié y en a-t'il seulement qui y pensent, ou qui ayent eu la patience d'en faire l'experience? Il est vray qu'a l'egard des grains leur petitesse, ou la grossiereté de la veüe pourroiét estre un empeschemét, mais un homme d'Esprit, & de raisonnement doit par proportion trouver la mesme diversité entre deux grains qu'entre deux Animaux d'une mesme espece, & inferer avec les Stoïciens qui avoient reconnu la chose, *qu'il n'y a pas un poil semblable à un autre poil, ni pas un grain semblable à un autre grain.*

J'ajoûte une conjecture tres considerable, & qui se tire d'une experience fort aiseé. Si vous laissez evaporer au Soleil de l'eau saleé, le sel restera tout formé en figures cubiques, si c'est de l'eau alumineuse en octahedriques, & ainsi des autres, ce qui se fait avec cette circonstance remarquable, que ces cubes formez du sel, seront d'autant plus ou moins grands, qu'il y aura plus ou moins d'eau, & qu'elle aura plus ou moins de profondeur, defacon que si d'un grand chaudron vous en tirez des cubes egaux à des Dez ordinaires, ceux qui se formerôt dans un petit verre n'auront qu'une ligne de grandeur, & ceux d'une eau superficielle (comme si vous laissez couler une petite goutte d'eau sur du verre) seront presque insensibles, & ne se pourront distinguer qu'avec le Microscope : A quoy il faut ajouter, qu'entre ces cubes on voit que les plus grands sont faits d'autres cubes plus petis, & ces derniers d'antres encore plus petis; d'ou l'on doit comprendre que ceux qui nous sont insensibles sont encore formez d'autres cubes, & ces derniers encore d'autres, jusques à ce qu'on en vienne, sinon à la petitesse des Atomes, du moins à celle des petites masses seminales qui constituent la nature du sel, & qui vray-semblablement doivent estre ou quarreés, ou de triangles isocelles. Et comme le mesme se peut dire à proportion de l'alun, du sucre, & autres semblables, pourquoy ne pourra-t'on pas etendre la conjecture a toutes les autres choses, & principalement à celles dont la configuration naturelle est certaine, & determineé?

Quelqu'un dira peuteſtre qu'il les faut tous enfin imaginer ronds, comme on s'imagine ordinairement les petis grains d'une poussiere tres subtile estre autant de petis poincts ronds? Cependant, si l'on regarde ces petis grains avec des Microscopes, l'on decouvre incontinent que bien loin d'estre ronds, & polis, ils sont de figures angulaires, & tres differentes entre-elles, les uns represen-

G 5

tant des pyramides, les autres des pentahedres, des cubes, des trapezes, des heptahedres, des octahedres, en un mot l'on remarque un si grand nombre de figures differentes, qu'il y a sujet de s'en estonner : Mais sans nous arrester davantage à cecy, qui n'auroit cru qu'un Ciron seroit de figure ronde, & tres polie ? Cependant le Microscope le fait voir tel que nous venons de le decrire plus haut; & il y a mesme sujet de croire, que comme dans les grands Animaux tous les Individus de chaque Espece sont differens non seulement à l'egard de la peau, ou de la superficie, mais encore à l'egard des parties interieures, puisque nous ne voyons jamais deux hommes avoir les mesmes lineamens soit du visage, soit de la main, soit des autres parties du corps ; il y a, dis-je, sujet de croire qu'il en est de mesme des Animaux les plus petis, ensorte qu'il y a aussi difference de Ciron à Ciron, non seulement quant à la peau, mais encore à l'egard de la moindre de ses parties.

La troisieme, *que les especes de figures sont veritablement incomprehensibles, mais non pas infinies* ; c'est à dire

PRINCIPES. 155

que l'Esprit humain ne scauroit veritablement pas comprendre la grande diversité de figures qu'on doit donner aux Atomes; puis qu'on est obligé d'en admettre de rondes, d'oblonques, d'enfoncées, de plates, de bossues, de crochues, de pointues, de polies, de raboteuses, de rameuses, de veluës, de tetrahedriques, de pétahedriques, d'hexahedriques, &c. tant regulieres qu'irregulieres; mais que toutes ces diversitez, ou especes differentes de figures ne sont pas pour cela absolument infinies. Or la raison pourquoy les especes de figures sont incomprehensibles est evidente, ascavoir pour pouvoir suffire à cette incomprehensible diversité de figures qu'on voit dans les choses naturelles; mais celle que Lucrece apporte pour montrer qu'elles ne sont pas infinies, est un peu obscure, neanmoins en voicy le sens. Comme les Atomes, dit-il, sont d'une grandeur limitée, il est impossible que sur cette grandeur il se fasse des figurations infinies; car chaque figuration demande une position particuliere de parties, & cependant les parties d'une grandeur finie peuvent estre transposées, & composées, ou jointes, & arrangées eu tant de manieres, qu'il ne reste plus aucune maniere de position possible.

La quatrieme, que selon Lucrece *les Atomes sous chaque figure sont simplement infinis en nombre.* La raison qu'il en donne est, que les especes de figures estant finies, si les Atomes qui sont contenus sous ces especes estoient en nombre finy, il ny auroit dans l'Vnivers aucune infinité d'Atomes, & par consequent il ne se seroit fait aucune generation, parce qu'un nombre fini de principes iepandu par l'infinité de l'Espace n'auroit jamais pû s'assembler.

Nam tibi, si finita semel primordia quadam
Constitues, œvum debebunt sparsa per omne
Disjectare œstus diversi materiaï,
Numquam in concilium ut possint compulsa coïre,
Nec remorari in concilio, nec crescere adaucta;
Quorum utrumque palàm fieri manifesta docet res,
Et res progigni, & genitas procrescere posse.

Mais comme les Atomes ne sont point

repandus, ni errans dans l'immenſité de l'Eſpace, qu'au contraire ils ſont retenus, & renfermez dans l'enceinte du Monde, & qu'ils ne s'aſſemblent pas par hazard, un nombre finy peut ſuffire pour engendrer, nourrir, faire croiſtre les choſes, & il ſuffit à un Phyſicien qui veut defendre les Atomes, d'admettre qu'ils ſont figurez, & que non ſeulement le nombre des figures, mais de plus que le nombre des Atomes contenus ſous chaque figure eſt incomprehenſible.

Du reſte ſi on luy objecte que ſi les Atomes eſtoient figurez, ils ſeroient ſujets à eſtre rompus, il luy ſera facile de repondre, que les Atomes eſtant de petis corps pleins, & ſolides, & que leurs crochets, & angles eſtant de meſme nature qu'eux, ou egalement ſolides, & adherans au corps de l'Atome par une continuité parfaite, ou qui n'eſt interrompue par aucun vuide, les crochets, & les angles doivent autant reſiſter aux coups, & aux impreſſions eſtrangeres, que le milieu meſme de l'Atome, & de la meſme façon que ſi l'Atome eſtoit tout rond : Et c'eſt à raiſon de cette ſolidité, plenitude, &

continuité parfaite que nous avons dit plus haut.

Hac quæ sunt rerum primordia, nulla potest vis
Stringere, nam solido vincunt ea corpore demùm.

Qu'il n'y a force qui puisse resserrer un Atome, le faire ceder, ou faire rentrer ses parties les unes dans les autres, ni qui puisse par consequent faire plier, ou rompre ses anses, ses pointes, & ses crochets ; leur solidité les rendant victorieux de toutes les atteintes etrangeres.

CHAPITRE XIII.

Du Mouvement des Atomes.

JE ne m'arresteray pas à la fiction d'Epicure, qui supposant la surface de la Terre toute plate, s'imaginoit que les Atomes dans l'Immensité de l'Espace, où il ne reconnoissoit ni centre, ni circonference, ni haut, ni bas, tomboient perpendiculairement eu egard à cette surface, & que taschant de prevenir les difficultez qu'on luy pouvoit justement faire sur la possibilité du concours, il s'avisa de dire que les Atomes dans un temps incertain, & dans un endroit indeteminé de l'Espace se detournoient tant soit peu de cette ligne perpendiculaire, ce que Lucrece appelle *Clinamen Principiorum*, & qu'ainsi ils pouvoient se rencontrer, & se prendre ou s'accrocher les uns aux autres pour faire les masses de l'Vnivers.

Je diray seulement que Democrite, qui ne reconnoissoit point d'autre Mouvement que le Local, qu'il a defini *Le Passage d'un lieu à un autre*, a cru que les Atomes estoient doüez d'une certaine faculté, force, vigueur, ou Energie interieure par laquelle ils se pouvoient d'eux mesmes exciter, & mouvoir, ou si vous voulez d'autres termes, qu'ils estoient doüez de pesanteur, c'est à dire d'une certaine propension, & inclination naturelle, & inamissible au mouvement, & que par là ils estoient excitez, & meüs d'une telle maniere dans l'immensité de l'Espace, que leur mouvement ne cessoit jamais, comme leur estant naturel ; qu'ils ne changeoient jamais de route s'ils n'en rencontroient d'autres qui estant tres durs, les detournassent vers un autre endroit; qu'estant detournez, & obligez de reflechir çà ou là, ils continuoient perpetuellement dans cette autre nouvelle route, jusqu'a ce qu'ils se rencontrast de nouveau quelque autre obstacle qui les fit detourner; qu'ainsi ils n'estoient jamais en repos, & enfin qu'ils se mouvoient presentement de la mesme maniere qu'ils avoient jamais fait, & feroient.

—*Nam cita supernè*
Obvia cum flixere fit ut diversa repentè
Dissiliant ; neque enim mirum, durissima quæ sint,
Nihilque sit imum in summa ubi corpora prima
Consistant ; quoniam Spatium sine fine, modóque ;
Quapropter quo nunc in motu principiorum
Corpora sunt, in eodem anteacta ætate fuere,
Et posthac simili ratione ferentur.

Ce qui l'obligeoit à donner un mouvement perpetuel aux Atomes, c'est ce changement continuel qui s'observe dans les choses, ce qui ne peut venir que du detachement continuel des Atomes dont elles sont formées, & du choc continuel de ceux qui leur viennent des autres corps circonvoisins : Et sur la difficulté qu'on luy faisoit à l'egard de ces compositions solides au dedans desquelles toutes choses semblent estre en tres grand repos, il soûtenoit que dans ces mesmes compositions il y a des mouvemens intestins, qui bien qu'ils ne paroissent pas au Sens, se prouvent neanmoins de ce qu'il n'y a aucun corps, quelque compacte qu'il puisse estre, qui sans avoir egard aux causes externes, n'ait en soy le principe de sa ruine, & de sa dissolution; ce qui ne pouvoit aussi venir que de ce que tous les corps sont tissus, & formez de Principes qui ne demeurant jamais en repos, sont comme dans un perpetuel effort pour sortir, les petis espaces vuides qui se trouvent repandus dans les corps les plus solides, favorisant cette agitation, de façon que ne cessant jamais de se tourner, & retourner, & de chercher, pour ainsi dire, leur liberté, ils l'emportent enfin, dissolvent le corps, & le reduisent comme à rien.

Nam certè non inter se stipata cobæret
Materies ; quoniam minui rem quamque videmus,
Et quasi longinquo fluere omnia cernimus ævo,
Ex oculisque vetustatem subducere nostris ;
Cùm tamen incolumis videatur Summa manere,
Propterea, quia quæ decedunt corpora quoique,
Vnde abeunt, minuunt, quò venere, augmine donant ;
Illa senescere, at hæc contrà florescere cogunt ;
Nec remorantur ibi. Sic rerum Summa novatur
Semper, & inter se mortales mutua vivunt:
Augescunt aliæ gentes, aliæ minuuntur,
Inque brevi spatio mutantur Sæcla animantum,
Et quasi cursores vitaï lampada tradunt.

Pour nous représenter comme par une espece de ressemblance cette agitation perpetuelle qui exerce, pour ainsi dire, les Atomes dans le Vuide hors des compositions, il a comparé les Atomes à ces petis corps qu'on apperçoit dans un rayon de Soleil qui passe par une fenestre ; car on les voit dans un trouble,

& dans une agitation continuelle, se mouvoir deça, delà, haut, & bas, de tous costez, s'entre-choquer, changer de route, & se reflechir de cent façons differentes; ainsi de la consideration d'une tres petite chose, il elevoit son Esprit à une tres grande, à sçavoir que le trouble, & les mouvemens divers que nous appercevons dans ces petis tas, nous devoient estre des signes des mouvemens obscurs & clandestins des premiers Principes, & nous faire conjecturer qu'ils sont la source & l'origine de tous les mouvemens que nous voyons dans les corps sensibles, comme nous dirons ensuite parlant des causes, & du mouvement des choses composées.

At tales turba, motus quoque materiaï
Significant clandestinos, cæcosque subesse,
Scilicet hic à Principiis est omnibus
 error.

Si Democrite avoit eu la connoissance que nous a donné la Chymie, il se seroit bien plutost servi de l'Exemple de l'esprit de Salpetre, ou de celuy qui se tire du Mercure, de l'Estain, & du Sublimé preparez; car ces petis corps ou esprits ne sont jamais en repos, & quand ils sont enfermez dans des vaisseaux de Verre bien bouchez, on les voit dans un trouble continuel, & se mouvoir perpetuellement haut, & bas, sans cesse, & sans repos.

Pour ce qui est de la Vitesse des Atomes, *il faut*, disoit-il, *prendre & considerer le mouvement de l'Atome dans l'Espace vuide, où il ne se rencontre rien qui le reflechisse ou le detourne, & concevoir qu'il est tellement rapide qu'il parcourt quelque espace imaginable que ce soit, dans une brieveté de temps inimaginable.* Remarquez qu'il dit *dans un Espace vuide*; parceque lorsque l'Espace n'est pas libre, la frequente reflection paroit comme une espece de retardement; quoyque la longueur de quelque petit espace vuide qui se rencontre entre les reflections, soit toujours parcouruë d'une egale vitesse.

Or il attribuë cette grande vitesse aux Atomes par plusieurs considerations, & principalement afin de pouvoir rendre raison de cette rapidité incroyable avec laquelle les Images ou Especes visibles, & la lumiere du Soleil & des Etoiles parcourent des Espaces d'une si prodigieuse etendue dans un temps imperceptible : Je dis dans un temps imperceptible, car quoyque le mouvement de la lumiere soit successif, comme nous demontrerons ensuite, il est neanmoins tellement rapide, que pour une distance de trois mille lieües, telle qu'est à peu prés la grandeur du Diametre de la Terre, la lumiere n'a pas besoin d'une Seconde de temps.

Il montre ensuite que les Atomes doivent tous estre d'une egale vitesse; parceque si on les considere, dit-il, comme estant libres dans l'Immensité de l'Espace vuide, & hors de toute composition, il est constant que le Vuide cedant egalement à tous, & les laissant tous passer avec une egale liberté, ils doivent se mouvoir egalement viste: Que si on les considere comme estant pris, joints, & embarassez les uns avec les autres au dedans des Composez, ils se meuvent encore tous alors d'une egale vitesse: Et ce n'est, dit-il, pas merveille, parcequ'ils sont tres durs, & par consequent tres propres à se faire reflechir les uns les autres, & que dans l'immensité de l'Espace il n'y a ni bas, ni centre où ils puissent s'arrester.

—*Neque enim mirum durissima quæ sint,*
Nilque sit imum in summa ubi corpora
prima

Consistant, quoniam Spatium sine fine
  modoque'st
Immensum —

Encore donc que dans les compositions leurs allées & venües se fassent entre des termes, & des bornes tres etroites, neanmoins cela n'empesche pas que selon la condition & l'etenduë du petit espace, ils ne soient toujours & tres vistes, & egalement vistes, tout de mesme que si les allées & venües se faisoient entre des bornes & des limites tres eloignées les unes des autres: Car quoy qu'ils soient emportez avec toute une masse, toutefois ce mouvement particulier de la masse ne retarde point leurs allées & venües par sa lenteur, ni ne les haste point par sa vitesse; de façon que s'il arrive que le mouvement de la masse se fasse dans un moment de temps insensible, il se fait en ce mesme temps des allées & venües innombrables.

¶ Voicy un exemple qui bien que grossier, peut en quelque façon faire concevoir la chose. Considerez du Plomb fondu, ou quelque autre Metal de la sorte; encore qu'en apparence il n'y ait rien de plus en repos, & de plus immobile, pensez-vous qu'il ne se fasse pas au dedans de ce plomb des mouvemens, ou des allées & venuës d'une vitesse incomprehensible dans des espaces tres etroits, & tres serrez ? pour moy je conçois que cela se fait de cette sorte. Lorsque par un feu continué les corpuscules de feu ont penetré au travers du Creuset, & de là jusques dans le plomb, & qu'ils se sont insinuez dans ses pores; comme il ne leur est pas permis alors de retourner sur leurs pas, à cause qu'ils sont continuellement pressez, & poussez par ceux qui suivent immediatement & consecutivement, cela fait qu'ils sont contraints d'avancer plus avant, & que s'insinuant de tous costez, ils desassocient jusques aux moindres petites parcelles de plomb, & empeschent par leur motion ou motitation continuë, qu'elles ne se reprenent l'une l'autre, ce qui fait que le plomb de compacte devient fluide, demeurant dans cette fluidité tant que le feu demeure dans sa vigueur, & fournit de nouveaux petis corps qui estant substituez en la place de ceux qui s'echappent, & s'exhalent, continuent la motion sans permettre qu'elle cesse.

Cela estant, comme il semble qu'on le peut expliquer avec quelque vray-semblance, de quelle rapidité pensez-vous que les petis corps de feu vont & vienent entre deux petites parcelles de plomb les plus proches l'une de l'autre qui puissent estre, & de quelle vitesse ils doivent estre agitez pour les pouvoir tenir desassociées, & empescher qu'elles ne s'affaissent, & ne se reprenent ?

D'ailleurs, n'y ayant aucune petite partie de plomb qui ne soit fortement battuë, choquée & rechoquée de tous costez par les petits corps de feu de quelle maniere, je vous prie, doivent-elles toutes estre tourmentées, & agitées, & en quelle etrange agitation faut il que soit toute cette bruslâte masse, quoy qu'en apparence, côme j'ay dit, il n'y ait rien de plus tranquille ? Cet exemple pourra peuteſtre auſſi ſervir à nous faire connoitre qu'il n'eſt pas tout à fait improbable, qu'encore que les corps compoſez paroiſſent tranquilles, & ſans mouvement, les Atomes neanmoins puiſſent conſerver au de-dans d'eux des agitations, ou des allées & venües tres rapides, & tres frequentes.

La

La doctrine des Atomes, disent quelques-uns, ne demande pas absolument qu'on soutiene que tous soient generalement dans un mouvement continuel & inamissible, mais qu'il suffit que ceux qui sont ronds, par exemple, tres polis, & tres subtils, se meuvent perpetuellement, & que ceux-cy meuvent tous les autres, asçavoir ceux dont les figures sont angulaires, & moins propres au mouvement. Il est vray que ce n'est pas une necessité absoluë que tous les Atomes soient dans une agitation continuelle ; puis qu'il dependoit de Dieu d'imprimer le mouvement aux uns, & de laisser les autres en repos ; Cependant il y a sujet de croire qu'ils y sont tous, non seulement parce qu'ils sont tous de mesme nature, tous durs & solides, tous propres à se faire reflechir les uns les autres quand ils se rencontrent, & qu'ils se meuvent dans une espace qui n'a aucune resistance, aucun Centre, aucun endroit où ils puissent s'arrester ; mais aussi parce qu'il pourroit arriver que ceux qui sont les plus propres au mouvement, & principalement destinez à agir, deviendroient lents, & paresseux en rencontrant ceux qui seroient en repos, & en leur communiquant de leur mouvement, & qu'au contraire ceux qui seroiët ineptes au mouvement pourroient enfin devenir tres actifs, ce qui feroit une merveilleuse confusion dans les differentes generations.

Joint que si les corpuscules dont la Poudre, par exemple, est composée, n'estoient en mouvement, il seroit tres difficile d'expliquer comment un petit nombre de corpuscules de feu dont une etincelle est formée, pûssent en un moment communiquer leur mouvement, c'est à dire un mouvement aussi rapide que le leur, à une infinité de corpuscules qui font un gros tas de poudre, comme il arrive tous les jours dans les Mines : Car si vous dites que ceux de la poudre sont en mouvement, j'en diray autant de ceux qui composent la Cire, la Graisse, la Paille, le Souffre, le Bois, & puis enfin des choses les plus dures, comme la pierre à fusil, &c.

CHAPITRE XIV.

De la necessité des petis Vuides entre les Corps.

L'On ne demande presque pas si entre les parties des Corps qui composent le Monde, il y a quelques espaces vuides sensibles, parce qu'encore que dans le Chapitre suivant nous devions môtrer qu'il y en peut avoir en faisant quelque violence aux corps fluides, à l'eau par exemple, ou à l'air, neanmoins cela est contre la nature, ou la naturelle constitutiô de ces corps; mais l'on demande icy s'il y en a d'insensibles, ou de tres petis, dont ces mesmes corps fluides n'ayent aucune aversion, ou plutost sans lesquels ils ne puissent point estre fluides. La chose ne sçauroit, ce semble, se mieux expliquer que par l'exemple d'un monceau de bled: Car demesme que la main qu'on fourre dans du bled occupe un certain espace sensible, qui en retirant la main ne peut pas demeurer vuide de grains, acause que les grains estant pesants, &

H 2

fluides ils se portent de necessité à le remplir, quoy qu'il y ait cependant divers petis espaces vuides interceptez entre ces grains, comme ne se touchant pas mutuellement, & selon toutes leurs superficies : Ainsi lors qu'un corps est entré dans l'Eau, ou dans l'Air, & qu'il y occupe quelque espace sensible, cet espace, le corps se retirant, ne peut veritablement pas demeurer vuide, acause de la fluidité des parties de l'Eau, ou de l'Air qui les fait incontinent retomber ; mais cependant la difficulté est, si de mesme qu'entre les grains de bled il y a divers petis espaces vuides de grains; ainsi entre les corpuscules d'Eau, ou d'Air il y a de petis espaces, qui n'estant remplis ni d'Eau, ni d'Air, ni d'aucun autre corps, soient absolument vuides.

Or qu'il y ait dans le Monde de ces sortes de petis Vuides repandus entre les corps, c'est ce que les Autheurs des Atomes prouvent admirablement bien par la raison qui se tire du Mouvement. Empiricus la propose en trois mots. *S'il y a du mouvement*, dit-il, *il y a du Vuide ; or il y a du mouvement ; donc il y a du Vuide* ; & voicy comme Lucrece l'explique

Quod si non esset (Supple Inane) *nulla ratione moveri*

Res possent, namque officium quod corporis exstat

Officere, atque obstare, id in omni tempore adesset

Omnibus. Haud igitur quidquam procedere posset,

Principium quoniam cedendi nulla daret res.

C'est à dire, que s'il n'y avoit point de Vuide, rien ne se pourroit mouvoir, parceque toutes les fois qu'une chose seroit sur le poinct de commencer à se mouvoir, il se rencontreroit toujours des corps qui feroient obstacle, & qui resisteroient; desorte que n'y ayant rien qui cedast, il n'y auroit aussi rien qui pûst avancer, ou qui pûst en aucune maniere commencer de se mouvoir.

Mais pour mieux entendre cecy, representez-vous que tout le Monde, s'il n'a aucuns Vuides repandus entre ses parties, doit estre une masse extremement serrée, & compacte, & qui ne sçauroit par consequent recevoir de nouveau le moindre petit corps; parceque n'y ayant rien qui ne soit plein, il ne reste aucun lieu à remplir, à moins que vous ne veuillez que les corps se penetrent, ce que vous ne direz pas estre naturellement possible; representez-vous, dis-je, la chose de la sorte, & vous reconnoitrez si de tous les corps qui seront compris dans cette masse, il y en aura aucun qui puisse sortir de son lieu pour s'emparer de celuy d'un autre : Certainement, comme le corps qui doit se mouvoir trouvera le lieu plein, il faudra qu'il en chasse le corps qui y est; mais où est-ce que celuy-cy pourra se retirer si tout est plein? En chassera-t'il un autre ? Mais la mesme difficulté retournera, & ne cessera jamais. C'est pourquoy si ce premier corps ne peut point ceder, ni quitter sa place, le mouvement ne commencera point, & ainsi rien ne se mouvra; ce qui fera que chaque chose sera d'une telle maniere prise entre les autres, qu'elle ne pourra non plus sortir de sa place, que ces petites Coquilles qui naissent, ou se trouvent prises au milieu des rochers.

La reponse à cecy touchant l'Eau, l'Air, & tout autre corps fluide est ordinaire ; car on dit qu'encore que tout soit plein, ou qu'il n'y ait aucuns petis vuides repandus, soit entre les particules d'eau, soit dans l'air voisin, un Poisson ne laissera pas de se mouvoir, parce qu'au moment & à proportion qu'il avancera, il laissera en derriere un lieu où l'eau ira se rendre en circulant par les costez, conformement à ce que Lucrece s'objecte à luy-mesme.

Cedere squammigeris latices nitentibus aiunt,

Et liquidas aperire vias, quod post loca pisces

Linquant, quò possint cedentes confluere undæ.

Mais en verité, ce n'est pas sans suject que Lucrece ajoûte que tout cela est fondé sur une fausse raison.

Scilicet id totum falsâ ratione receptū ß;

Parceque n'y ayant pas la moindre particule d'eau qui puisse commencer à ceder, ou qui puisse quitter sa place, la difficulté n'est point ostée, & l'on ne voit point comment le Poisson puisse commencer à se mouvoir, ni l'eau à circuler ; au lieu que si l'on conçoit qu'il y ait de petis vuides repandus soit dans l'eau, soit dans l'air, l'on conçoit en mesme temps comment les corpuscules d'eau peuvent ceder en s'arrangeant, &

H 4

en se retirant dans les petis espaces voisins, qui estant vuides, ne font aucune resistance, & ainsi donnent moyen au mobile de commencer son mouvement.

Nam quò squammigeri poterunt procedere tandem
Ni spatium dederint latices ? Concedere porrò
Quò poterunt unda, cùm pisces ire nequibunt ?
Aut igitur motu privandum est corpora quaque,
Aut esse admistū dicendū in rebus Inane,
Vnde initium primum capiat res quaque movendi.

Et il est inutile de dire que l'on conçoit aisement dans le Systeme de Ptolomeé, comment un Ciel solide peut tourner entre deux autres Cieux qui l'environent, & qui luy estant parfaitement contigus, n'admettent aucun Vuide; car il ne s'agit pas icy du mouvement d'un cercle distinct, & detaché du reste de la masse, & dont les parties soient lieés, & adherantes entre-elles, mais du mouvement progressif d'un mobile libre, & detaché, tel qu'est un poisson dans l'eau, un oyseau dans l'air, ou un homme, au travers de l'air, mais du mouvement circulaire de l'eau, & de l'air dont les parties ne sont point liées ensemble comme sont celles d'un cercle de fer, ou celles des spheres solides de Ptolomée.

D'ailleurs, pourquoy veut-on que l'eau qui est premierement poussée en droite ligne par le poisson, gauchisse, & quitte la ligne droite pour se mouvoir en cercle ? Parceque, direz-vous, le premier corpuscule poussé par le Mobile deplacant le second, le second le troisieme, le troisieme le quatrieme, & ainsi de suite sur la mesme ligne, il faudroit que le deplacement des corps allast à l'infiny, ce qui est impossible, & ridicule. Je sçais bien certes que cela est impossible, & ridicule, & c'est pour cela mesme que nous ne nous engageons pas à soutenir une chose d'où il devroit suivre un tel inconvenient; mais cette reponse ne resout pas la question; elle ne nous fait point voir pourquoy le poisson poussant en droite ligne, il se doive faire un mouvement circulaire, ou pourquoy estant impossible que ce mouvement droit soit continué, il doive gauchir, & se faire en cercle ; cela nous fait bien plutost voir qu'y ayant de tous costez une resistance infinie à surmonter, le corps demeureroit là aresté sans pouvoir le moins du monde se mouvoir, ou remuer ; d'autant plus qu'on peut supposer que le mobile qui fait effort pour se mouvoir sera cubique, & qu'il aura au devant de soy une suite infinie de corps cubiques. Voila à peu pres en quoy consiste la force de cette premiere raison qui est tireé du mouvement ; si ce n'est peuteftre que le mouvement de Condensation, & de Rarefaction semble rendre encore la chose plus evidente.

Car en premier lieu, prenez une Arquebuze à vent dont la partie du Canon où est l'Air qui doit estre reserré, soit de la longueur de deux doigts : S'il n'y a aucuns espaces vuides entremeslez dans cet Air, la masse de l'Air est donc pareille à la capacité du canon qui le contient, il n'y a donc aucune partie de lieu, quelque petite qu'elle soit, dans laquelle il n'y ait une partie d'Air qui luy soit egale, & proportionneé, & le nombre des parties de l'Air est donc egal au nombre des parties du lieu: Demeurons donc d'accord que ce nombre soit de mille parties d'Air, & refferrons l'Air de maniere qu'il soit reduit à l'espace d'un doigt? Dites-moy, je vous prie, comment se comporteront alors les mille parties d'Air dans cet espace, puisqu'il n'y a plus que cinq cent parties de lieu? N'y en a-t'il point deux dans chaque lieu, & ainsi deux corps ne sont-ils point dans un mesme lieu? Et si maintenant il n'y en a pas deux dans le mesme lieu, un n'estoit-il donc pas auparavant en deux lieux? Mais il suffit d'avoir indiqué la chose, & d'avoir insinué, que demesme que les grains de bled qu'on a negligemment versé dans un boisseau qui en est remply, peuvent, le boisseau estant remué, & secoüé, estre reduits dans un moindre espace, & par consequent faire une masse bien plus serreé qu'elle n'estoit avant ce secoüement, ce qui fait que ces grains s'estant mieux arrangez, & ajustez entre eux par leurs pointes, & leurs costez, ils n'ont plus de si grands espaces interceptez: Demesme aussi les petis corps d'Air qui sont dans le canon peuvent estre reduits par la compression à un espace plus etroit, leurs petis angles, & leurs petis costez s'ajustant mieux

entre-eux, & rempliſſant plus exactement les petis vuides qui y eſtoient
interceptez.

Prenez auſſi une Eolipile dont la capacité ſoit remplie en partie d'eau, &
en partie d'air; ſi vous croyez qu'il ne
ſe puiſſe faire au dedans de cette capacité aucun eſpace vuide par la Rarefaction, dites-moy, je vous prie, comment
il eſt poſſible que lorſque l'on met l'Eolipile dans le feu, & que l'eau en s'e-
chauffant & ſe rarefiant en vapeur, ſort
avec impetuoſité par le petit orifice,
cette meſme capacité demeure toujours
pleine? Car ſi avant que l'Eolipile fuſt
echauffeé, le nombre des parties de l'air,
& de l'eau egaloit celuy des parties de
la capacité; je vous demande encore, ſi
quand il ſort un ſi grand nombre de
parties d'eau, & d'air, chacune de celles
qui demeure ne doit pas occuper en
meſme temps pluſieurs parties de la capacité, & ainſi eſtre en pluſieurs lieux?
Que ſi cela n'eſt pas, il y avoit donc auparavant pluſieurs parties dans un meſme lieu? Il eſt donc plus vray-ſembla-
ble, que demeſme qu'un petit amas de
pouſſiere qui eſt excité par le Vent ſe
rarefie en forme de Nueé, & occupe

beaucoup plus de place, parcequ'entre les grains de poussiere il y a de plus grands espaces d'air interceptez ; ainsi les parties d'air, & d'eau qui demeurent dans l'Eolipile occupent tout cet espace; parcequ'elles ont aussi entre elles de plus grands espaces vuides interceptez; ce qui se fait par l'action des petis corps de feu, qui estant entrez vont, & viennent avec une tres grande rapidité entre les costez de l'Eolipile, & ne laissent pas reposer les parties d'air un seul moment, mais plutost les contraignent de telle maniere d'estre çà & là, que l'espace par cette rapidité de mouvement semble estre toujours tout occupé : Et c'est ce que le bout d'un Tison ardent qu'on tourne en rond avec une grande vitesse nous fait voir sensiblement ; en ce qu'il nous paroit toujours remplir tout le cercle, quoy qu'il ne soit neanmoins jamais que dans un certain endroit particulier du cercle.

Le mesme raisonnement se peut faire d'un vase d'airain plein d'eau qu'on auroit enfoncé en divers endroits à coups de marteau ; & cet exemple semble d'autant plus convenable, que de mesme que dans l'Arquebuze à Vent, du moment que l'Air a la liberté de sortir, les corpuscules d'air sortent avec une merveilleuse impetuosité, comme pour se mettre en liberté, & se tirer de cet estat où ils estoient contraints, & serrez les uns contre les autres; ainsi du moment que vous ferez un petit trou au vase enfoncé, l'eau sortira demesme avec beaucoup d'imperiosité, jusques à ce que les parties de l'eau qui reste dans la capacité se trouvent autant au large qu'elles estoient avant l'enfoncement du vase. Mais ne passons pas sous silence cette belle Experience qui n'a pas peu contribué à faire croire à nostre Autheur qu'il y a dans l'eau de petis espaces vuides.

Comme je sçavois, dit-il, depuis longtemps, que l'eau ne pouvoit dissoudre qu'une certaine quantité de sel, & qu'en estant une fois comme rassasiée, le reste demeuroit sans estre dissous, il me vint en pensée que le Sel se reduisant en particules tres petites, il devoit y avoir dans l'eau de petis espaces capables de les recevoir, & que ces espaces estant remplis la dissolution cessoit. Il me vint deplus en pensée, que les corpuscules de Sel estant cubiques, car je sçavois cela d'ailleurs, ils pourroient veritablement remplir les petis espaces qui seroient aussi cubiques, mais que puisque la mesme eau pouvoit non seulement dissoudre du Sel commun, mais aussi de l'Alun qui est de figure octahedrique, & mesme du Nitre, du Sel Ammoniac, du Sucre, & autres qui ont diverses figures, il y auroit donc aussi dans l'eau de petis espaces octahedriques, & ainsi des autres, ensorte que l'eau estant rassasieé de l'un des sels, elle ne laisseroit pas de dissoudre les autres. En effect, ma conjecture reussit ; car ayant jetté un morceau d'Alun dans de l'eau qui depuis quelques jours étoit impregnée de Sel commun, il fust dissous de mesme que s'il n'y eust point eu de ce Sel, & non seulement l'Alun, mais encore quelques autres sels que j'y jettay furent dissous ; ce qui me fit voir que dans l'eau il doit y avoir plusieurs petis espaces insensibles de differentes figures, & me fit comprendre en mesme temps, comment de l'eau rassasieé des teintures de Rubarbe, de Séné, & de quelques autres qui se tirent d'ordinaire par infusion, elle ne demeure pas tellement rassasieé de l'une, qu'elle ne reste encore propre à en recevoir une autre.

L'on pourroit ajoûter à cecy d'autres Experiences, & particulierement celle de la Lumiere, qui estant corporelle, ne passe au travers de l'air, de l'eau, du verre, & des autres corps que l'on appelle Transparens, que parceque dans ces corps elle rencontre de petis espaces, ou petis pores, & passages vuides; car il n'y a point d'autre raison pourquoy une partie des rayons passant, l'autre est reflechie, que parce qu'estant de tres petis corpuscules, les uns tombent dans de petis passages vuides, & les autres sur les corpuscules de la contexture mesme, ce qui les empesche de passer outre, & les fait rejaillir; mais nous examinerons cecy plus particulierement en parlant de la Lumiere.

L'on pourroit encore ajoûter que toute la pesanteur, & la legereté, ou le plus & le moins de poids des choses, ne vient que de ce qu'entre leurs parties il y a ou moins, ou plus de vuides repandus; mais comme cecy doit aussi estre renvoyé à son lieu, nous-nous contenterons de dire icy un mot du systeme de Descartes, qui pour se distinguer par une nouvelle Genese, & substituer quelque chose, asçavoir une certaine Matiere tres subtile, à la place des Atomes, & des petis Vuides de Gassendi, s'est avisé de dire que le Monde estant infini, ou pour n'oser pas dire la chose si crûment, Indefini, il y avoit premierement eu une masse de matiere qui occupoit tous les Espaces, ou estoit plutost elle-mesme l'Espace, que Dieu au commencement par un effet de sa Toutepuissance, divisa cette masse en quarrez qu'il mit tous, & tout d'un coup en mouvement, les faisant tourner sur leur centre, & les faisant frotter rudemment les uns contre les autres, d'ou il arriva que leurs angles s'estant mutuellement ecornez, il se fit de ce qui resta des globules dont il se sert à cent usages, & de la raclure d'une certaine matiere subtile dont il se sert aussi à toutes rencontres, & a toutes sortes d'effects, la faisant d'ailleurs tellement fine, tellement deliée, & tellement mobile qu'elle penetre les corps les plus solides, & qu'estãt de figure indeterminée, à la maniere d'une eau bien pure, elle va remplissant exactemẽt tous lespetis lieux qui autrement pourroient demeurer vuides entre les globules, & cela à tout moment, & à toutes les occurrences, changeant ainsi continuellement de figure selon les differens lieux qui se font, selon les differens mouvemens, les differentes figures, & les differens meslanges de corpuscules differement figurez, desorte que jamais dans la Nature il ne se trouve le moindre petit lieu qu'on puisse dire estre vuide.

Mais premierement, je ne sçais s'il a pris garde que la Contiguité estant selon luy la Cole ou l'union la plus forte qui soit, la division de la masse en quarrez auroit esté inutile; parceque ces quarrez demeurant tous contigus, ils auroient demeuré autant inhabiles au mouvement qu'ils estoient avant la division.

Secondement, que la raison de l'impossibilité du mouvement dans le Plein revient toûjours, & qu'il est toûjours inconcevable qu'aucun de ces quarrez puisse commencer à se mouvoir ; comme n'y en ayant aucun qui ne soit pris, serré, & enchassé au milieu d'une masse solide, & infinie ; d'autant plus que selon ses mesmes Principes il n'y auroit encore pour lors aucune Matiere, qui eſtant plus ſubtile, & plus en mouvement que l'autre, pûſt, comme il dit, ceder à la plus groſſe, & faciliter ſon mouvement.

Troiſiemement, qu'encore qu'on ſuppoſe que les quarrez ayent pû par des voyes inconcevables, & reſervées à la Toutepuiſſance de Dieu, commencer à ſe mouvoir, il ſera toûjours inconcevable qu'en ſe frottant les uns contre les autres ils ayent pû s'ecorner, ou ſe briſer; parceque tout eſtant plein de corps egalement ſolides, d'egale groſſeur, & egalement en mouvement, leurs angles auront eſté fortement & egalement ſoutenus de tous coſtez, de façon qu'ils n'auront pû recevoir plus d'impreſſion que le reſte, & n'auront pû ni ceder, ni eſtre briſez; & c'eſt une difficulté ſi grande dans l'Opinion de cet Autheur, que pluſieurs de ſes Sectateurs ſs trouvant obligez de l'abandonner en ce poinct, diſent que c'eſt une fiction qu'on luy attribue.

Quatriemement, qu'il eſt impoſſible que ces quarrez venant tous à tourner tout d'un coup ſur leurs centres, ils n'ayent occupé plus de lieu que lors qu'ils estoient en repos ; d'où l'on doit inferer qu'au delà de cette pretendue masse indefinie, il y avoit donc des espaces vuides, ou qui n'estoient pas occupez, ce qui est contre la supposition du Plein.

Cinquiemement, je luy demanderois volontiers s'il y a moyen de concevoir qu'une matiere soit plus rare, ou plus dense, plus au large, ou plus serrée, plus subtile, ou plus grossiere, & plus ou moins mobile, ou fluide qu'une autre, qu'on ne conçoive en mesme temps qu'elle a des parties plus petites, ou plus grosses, que ces parties ne sont que contigues, qu'elles ont chacune leur figure particuliere, & que si elle est fluide, ces figures doivent mesme estre polies, approcher de la figure ronde, & avoir entre elles de petis vuides interceptez qui facilitent leur fluidité, & mobilité, & à l'occasion desquels elles puissent devenir plus ou moins presseés en remplissant ces vuides, & s'y arrangeant plus ou moins exactement ?

Je pourrois presser cecy davantage, mais il suffit d'observer que de mesme qu'ayant brisé un caillou, & l'ayant reduit en poussiere autāt subtile qu'il vous plaira, chaque grain ne devient point de figure indeterminée, mais demeure toujours & tres dur, & d'une certaine figure tres constante, & tres inegale, comme il est facile de voir avec le Microscope; ainsi quoyque par le brisemét des angles, ou par le frottement mutuel des globules de Matiere, l'on suppose qu'il se soit fait une poudre, ou si vous voulez, une Matiere tres subtile; neanmoins chaque grain ne sera pas devenu de figure indeterminée, mais comme il aura demeuré tres dur, il aura aussi demeuré d'une certaine figure particuliere, & constante, & tres inegale. Et demesme qu'on ne scauroit comprendre comment dans de la poudre de caillou il ne demeure pas un nombre innóbrable de petis espaces vuides, les petis grains estant de diverses, & tres inegales figures; ainsi par la mesme raison on ne scauroit comprendre comment au dedans de la poudre de cette premiere Matiere, c'est à dire au dedans de cette Matiere subtile dont il est question, il n'ait demeuré un nombre innombrable de petis espaces vuides.

La Matiere subtile, dit-il, est fluide comme de l'eau. Mais comment conçoit-on que de l'eau soit fluide, & coulante, si ce n'est entant qu'elle n'est pas comme une glace quelque chose de continu, mais qu'elle a des parties qui ne sont point acrochées, ni adherantes entre elles, & qui d'ailleurs approchent de la figure ronde, comme nous dirons ensuite, pour pouvoir rouler, ou couler? Il est vray que les figures particulieres des parties de l'eau ne paroissent pas au Sens; mais les figures des parties d'un caillou reduit en poussiere tres subtile, & mesme coulante, ou fluide, ne paroissent pas aussi ordinairement à la veüe, & cependant le Miscrocope nous fait clairement voir qu'elles y sont.

CHAITRE XV.

Que l'on peut trouver le moyen de faire un Vuide considerable.

Nous ferons voir ailleurs une chose que nous avons deja insinuée en passant, asçavoir que ces grands Espaces qui sont au dessus de l'Air, à prendre depuis l'extremité de nostre Atmosphere, qui n'a que quelques peu de milles de hauteur, jusques aux Astres, sont non seulement fluides, mais presque entierement vuides, si ce n'est aux endroits qui sont diversement coupez, & traversez par les rayons des Astres: Mais pour nous en tenir presentement à ce qui nous peut estre mieux connu, & parler principalement de nostre Air, comme d'une chose qui nous est familiere, il est vray, qu'estant naturellement fluide, il n'y a pas de vuides sensibles entre ses parties, & que mesme selon l'estat ordinaire de la Nature il ne s'i en peut pas faire ; mais comme ces parties dans la position naturelle de toute la masse de l'Air ne sont pas tellement pressées, & serrées qu'elles ne le puissent estre davantage, comme l'exemple de l'Arquebuze à vent nous le fait assez voir, peutestre n'y a-t'il rien qui empesche que faisant violence aux corps fluides, l'on ne puisse faire au dedans de ces corps quelque Vuide sensible, & considerable, & c'est ce que maintenant nous-nous proposons d'examiner.

Pour c'est effect, il faut sçavoir que l'Air est pesant de sa nature, & qu'il n'est dit leger que par comparaison, ou entant qu'il est moins pesant que l'Eau, & les autres corps qui tendant vers le bas, le contraignent de retourner vers le haut. Aristote mesme n'est pas eloigné de cette Opinion; car il enseigne que tous les Elemens hormis le Feu, pesent dans leur propre lieu,& pour prouver cela à l'egard de l'Air particulierement, il apporte l'exemple d'un Balon qui pese plus estant enflé, que lors qu'il est vuide.

Et il ne faut pas s'etonner que l'Air soit pesant, parceque comme l'Air n'est autre chose qu'une contexture d'exhalaisons, ou de corpuscules qui sortent de la Terre, & de l'Eau, & qui se tenant alentour de nostre Globe comme un amas de duvet, ou de fin coton alentour d'un Coin, font ce que nous appellons l'Atmosphere, il est constant que l'Air est de nature terrestre, & qu'ainsi il doit peser, ou faire effort vers la Terre depuis le haut ou l'extremité de l'Atmosphere, jusques à la surface de la Terre, quelle que soit d'ailleurs sa pesanteur ou une certaine qualité naturelle, comme l'on tient d'ordinaire, ou ce qui semble estre plus vray-semblable, l'attraction

traction de la Terre, qui fait que toutes ses parties sont pressées les unes sur les autres, & que toute la masse est pesante.

Il ne faut pas aussi s'etonner que nous ne sentions point le poids de l'Air; car si estant au fond de la Mer à peine sentons-nous le poids de l'Eau, combien moins devons-nous sentir le poids de l'Air qui est incomparablement plus leger, & au dedans duquel nous sommes nez, nourris, & accoûtumez?

Tout cecy presupposé, je dis que l'on conçoit qu'il se fait deux sortes de Vuide, l'un Momentanée, & l'autre Permanent; le Momentanée, comme lorsque nous concevons que la flamme qui sort d'un Canon poussant tout d'un coup l'Air en devant, & contraignant ses parties à se resserrer, & à se mieux arranger dans les petis vuides, il demeure en derriere au dedans du Canon un espace vuide, qui du moment que la flamme est sortie est rempli par l'Air comprimé, qui se relache aussi tout d'un coup comme une espece de Ressort, & retourne au dedans du Canon avec une rapidité incroyable, & qui par la violence du coup ebranle toute la ma-

TOME II. I

chine, & cause ce grand bruit qui se fait entendre de si loin.

Pour ce qui est du Permanent ; si l'on prend un tuyau de verre de trois, ou quatre pieds de longueur, dont un des bouts soit fermé, comme on dit, hermetiquement, & l'autre ouvert ; si l'on prend, dis-je, un tuyau de cette sorte, & que l'ayant rempli de Vif-argent, & fermé l'orifice avec le doigt, on le dispose perpendiculairement à l'Horison, ensorte que l'orifice bouché soit en bas, & plongé deux ou trois doigts dans d'autre Vif-argent contenu dans un vaisseau ; du moment qu'on retire le doigt de l'ouverture, le Vif-argent du tuyau descend de maniere qu'estant parvenu à la hauteur de deux pieds trois pouces & demy, ou environ, il s'arreste, & cesse de couler dans le vaisseau.

Si apres avoir de mesme rempli d'eau un tuyau qui ait plus de trente & deux pieds de longueur, & dont on tienne de mesme l'orifice bouché avec le doigt, l'on dispose aussi ce tuyau perpendiculairement à l'horison, ensorte que l'orifice bouché soit plongé dans d'autre eau contenue dans un vaisseau ; l'on n'a pas plutoſt retiré le doigt de l'orifice, que l'eau deſcend de meſme que le Vif-argent, avec cette difference neanmoins qu'elle s'arreſte à la hauteur de trente & deux pieds, ou environ.

Si deplus on diſpoſe une eſpece de Cloche de verre ſur cette machine ordinaire par le moyen de laquelle on tire l'air de la cloche en pompant pluſieurs fois; l'on n'a pas plutoſt commencé de pomper, que la cloche s'affaiſſe ſenſiblement, & s'enfonce dans le ciment.

Or parce qu'il n'y a perſone aujourd'huy qui ne demande Premierement, ſi ſi cet eſpace qui demeure apres la deſcente du vif-argent, & de l'eau, ou celuy qui reſte dans la cloche de verre apres qu'on en a pompé l'air, eſt entierement vuide. Secondement, quelle eſt cette force qui empeſche le vif-argent, & l'eau de couler, & ſortir entierement du tuyau, qui l'arreſte à une certaine hauteur, & qui fait ainſi enfoncer ſenſiblement la cloche dans le ciment, enſorte qu'on ne ſçauroit qu'avec beaucoup de peine la ſeparer de la machine, à moins que d'y laiſſer rentrer de l'air; voyons ſi nous pourrons dire quelque chose de probable là dessus, & qui soit conforme aux principes que nous avons etablis.

A l'egard de la premiere demande, je n'oserois pas asseurer que cet espace fust absolument vuide ; puisqu'en premier lieu, la lumiere, que nous montrerons n'estre qu'un tissu de petis corps tres subtils, penetre au travers du verre, & se repand dans cette capacité. Joint que si l'on faisoit l'experience au fond d'une Cave tres obscure, soit avec un tuyau de metal, ou de quelque autre matiere opacque, soit avec un tuyau de verre ; les corpuscules de chaleur, & de froideur pourroient toujours y penetrer, & s'y repandre comme ils font dans les Thermometres. Enfin il est vray-semblable qu'il sort perpetuellement de la Terre des corpuscules insensibles, comme nous montrerons ensuite, par le moyen desquels les choses qu'on appelle pesantes sont attireés vers le bas, demesme qu'il en sort de l'Aiman qui attirent le Fer : Et comme il est certain que ceux qui sortent de l'Aiman passent au travers du marbre, & des autres corps qui paroissent les plus solides, puisqu'ils meuvent le fer.

an delà de ces corps, il est croyable que ceux qui sortent de la Terre passeront de mesme au travers du vif-argent qui sera dans le vaisseau, & dans le tuyau, qu'ils se repandront dans cette capacité, & qu'ils passeront mesme encore plus haut au delà du fond du verre pour y attirer tout ce qui s'y trouvera de terrestre.

Ces raisons, & autres semblables nous empeschent donc d'assurer que cette capacité soit tellement vuide de tout corps qu'aucun ne la traverse ; neanmoins parceque les corpuscules de lumiere, ou autres qui passent au travers, sont tellement rares, & subtils, que si on les imaginoit ramassez ensemble ils n'en occuperoient pas une partie sensible ; pour cette raison toute la capacité semble estre vuide, ou devoir estre censeé vuide.

Ce qui est de certain, c'est que la capacité n'est du moins pas pleine d'un air semblable à celuy qui environe le tuyau par dehors, & qui ait penetré au travers du verre, & du vif-argent ; car si cela estoit, ni l'air, ni l'eau ne se jetteroient pas avec tant d'effort dans le tuyau, ni ne passeroient pas au travers

& au dessus du vif-argent avec tant d'empressement du moment qu'on retire l'orifice du tuyau du vif-argent où il trempoit, & les Animaux qu'on met dedans ne mouroient pas incontinent comme ils font.

Il y a mesme sujet de croire qu'elle n'est pas remplie de la partie la plus subtile de l'air ; parceque le son, ou le vehicule du son, qui n'est à mon avis que quelque portion tres subtile de la substance de l'air, ne trouve pas passage au travers du verre; l'experience nous faisant voir que si nous sommes enfermez dans quelque Cabinet qui n'ait qu'une petite ouverture avec une simple lame de verre bien enduite tout autour, nous n'entendrons point celuy qui nous parlera de dehors à haute voix, comme il ne nous entendra point de son costé, quoyque nous soyons tous deux fort proche du verre, & que nous voyions le mouvement mutuel de nos levres.

A l'egard de la seconde demande, ce qui fait que tout le vif-argent ne coule pas du tuyau, mais qu'il s'arreste à une certaine hauteur, ce n'est à mon avis que la seule resistance, & pesanteur de l'air qui appuie, & fait effort sur la surface du vif-argent du vaisseau où le bout du tuyau est plongé. Et certes, il est aisé de concevoir que cette espece de colomne d'air, à la prendre depuis l'extremité de l'Atmosphere jusques à la Terre, faisant effort à proportion de sa longueur, & de sa pesanteur sur le vif-argent du vaisseau, doit arrester, ou tenir suspendue une certaine quantité de vif-argent qui soit proportionnée à cette pesanteur, ensorte qu'il se fasse un parfait equilibre entre la pesantur de l'air, & la pesanteur du vif-argent. Et cela est si vray, que si l'on fait l'experience sur le sommet d'une montagne, le vif-argent descendra davantage qu'au pied de la montagne ; la colomne d'air n'y estant pas si longue, ni par consequent si pesante, ni capable de soûtenir tant de vif-argent dans le tuyau comme elle feroit au bas dans la plaine.

Mais ce qui montre evidemment la chose, c'est l'exemple du Barometre dans lequel l'on voit le vif-argent tantost monter, & tantost descendre selon que l'air est ou plus pesant, comme il arrive quand le Vent du Septentrion regne, & que le Ciel est sans nuages, ou plus leger, comme lorsqu'il fait un Vent de

Midy, & que le Ciel est plein de nuages, & le temps pluvieux, ou du moins venteux.

Or pour dire en passant ce qui fait que lorsque le Vent du Septentrion, qui est un Vent moins impetueux, & plus egal soufle, l'air est alors plus pesant, c'est qu'il est plus dense, & plus epais, & il est plus dense, parceque les exhalaisons, & les vapeurs terrestres qui sont meslcés entre ses corpuscules luy sont tellement adherantes, qu'elles font comme un seul, & unique corps avec luy; d'ou vient qu'alors le Ciel est plus trouble, ou plus sombre, & que le sommet des montagnes eloigneés, & couvertes de neiges ne paroit point : Et au contraire lorsque le Vent de Midy, qui est d'ordinaire un Vent plus impetueux soufle, l'air est alors plus leger, parcequ'il est plus pur, ou moins dense, & il est plus pur, parceque l'impetuosité du Vent qui soufle transversalement pousse ailleurs les exhalaisons ; d'ou vient aussi que l'air, ou la face du Ciel est alors plus claire, & plus blanche, & que le sommet de ces montagnes paroit plus clairement, plus distinctement, & comme de prés : Joint que lorsque le

Vent est au Midy, il s'eleve des exhalaisons continuelles des entrailles de la Terre, ce que nous marquent ces mauvaises odeurs qui s'exhalent principalement alors des fosses, des mines, des lacs, & des marescages; car ces exhalaisons echauffent, rarefient, soûlevent, & agitent l'air, & font par consequent qu'il pese moins, ou qu'il fait moins d'effort sur la surface de la Terre; ce qui arrive aussi dans un temps venteux, parceque le Vent agitant, & remuant l'air, & ne luy donnant pas, pour ainsi dire, le loisir de s'aseoir, fait qu'il pese moins, ou qu'il peut moins faire sentir son poids sur la Terre.

Ajoûtez à cecy, pour revenir à nostre sujet, & au poids de la colomne d'air, que tout quadre merveilleusement avec cette supposition, en ce que le cylindre d'eau de trente & deux pieds, comme dans la seconde experience, est justement aussi pesant que celuy de deux pieds trois pouces de vif-argent de mesme grosseur, comme dans la premiere; ce qui est une marque infallible que le seul poids de l'air est cause que le vif-argent, & l'eau demeurent à une certaine hauteur, en ce que la colomne d'air fait l'equilibre entre ces corps, & pese precisément autant qu'eux.

C'est cette mesme pesanteur de l'air qui fait que dans nos Pompes l'eau monte, & suit le piston; car elle ne monte pas pour empescher le Vuide, si ce n'est par accident, mais parcequ'elle y est contrainte par le poids de l'air qui la presse. Aussi enseigne-t'on dans la construction des Machines qui se font pour l'elevation des Eaux, que l'eau dans les Pompes ne monte pas jusques à quelque hauteur que ce soit, mais seulement jusques à trente & deux pieds, ou environ; ce qui n'arrive apparemment que parceque le poids de l'air prevaut jusques là au poids de l'eau qui est contenue dans le tuyau, & que l'equilibre se faisant là, l'air ne peut plus contraindre l'eau à monter: D'où vient que le Piston ne peut plus estre attiré vers le haut qu'avec beaucoup de force, acause du vuide qui se fait entre l'eau, & le piston, & que du moment qu'on cesse de le soutenir fortement, il retombe tout d'un coup vers l'eau poussé par le poids de toute la colomne d'air qui le presse.

L'on doit raisonner de mesme à l'egard de cet enfoncement senfible de la Cloche de verre dans la ciment au moment que l'on commence de tirer l'air interieur de la cloche par le moyen de la pompe ; car cet air de la cloche qui auparavant qu'on euſt pompé eſtoit auſſi denſe, & faiſoit autant d'effort contre les coſtez interieurs du verre, que celuy de dehors contre les exterieurs, eſtoit comme une eſpece de voute, & de reſſort qui ſoutenoit le verre par dedans ; d'ou vient que quand on a tiré de cet air par la pompe, & qu'il eſt devenu plus rare, & plus foible que l'exterieur, ce n'eſt pas merveille qu'il ne puiſſe plus autant ſoutenir en dedans que l'air exterieur preſſe & peſe en dehors, & qu'ainſi la cloche ſoit enfonceé par le poids de l'air exterieur ; ou briſeé ſi elle eſt foible & quarreé.

L'on doit encore raiſonner de la meſme maniere à l'egard ſoit de cette eſpece de poids qu'on ſent ſur les epaules quand on applique des Ventouſes, ſoit de l'enfoncement de la ventouſe au dedans de la chair, ſoit de l'affluence du ſang à la ventouſe. Car comme l'air eſt en partie chaſſé hors de la Ventouſe par la flamme, & que la flamme venant à s'eteindre celuy qui estoit demeuré dedãs rarefié se condense, & devient par consequent trop foible pour pouvoir soûtenir les costez interieurs de la ventouse contre l'effort, & le poids de l'air exterieur, il arrive que cet air exterieur qui presse de tous costez & la ventouse, & tout le corps, contraint la Ventouse à s'enfoncer, & en mesme temps les humeurs, & le sang à se porter vers la Ventouse comme à un lieu vuide, & où la chair n'est point pressée par le poids de l'air comme ailleurs; desorte que la chair se gonfle par l'affluence des humeurs, & du sang, lequel decoule mesme dans la Ventouse, si la chair est scarifiée.

De tout cecy il n'est pas difficile de rendre raison de cette grande impetuosité avec laquelle l'air se jette dans le tuyau de verre du moment qu'on le tire du vif-argent du vaisseau où l'un de ses bouts estoit plongé, jusques là qu'emportant quelquefois un peu de vif-argent avec soy il rompt le fond du verre; car l'air d'icy bas pressé, & resserré par le poids de toute la colomne d'air superieur est comme un ressort, qui du moment qu'il trouve à se mettre en liberté se lasche, desorte que trouvant un lieu vuide dans le verre, ce n'est pas merveille qu'estant d'ailleurs fluide, il y coule, & s'y porte avec impetuosité, comme pour se tirer de l'estat violent, & de la compression où il estoit. Nous avons deja rapporté l'exemple de l'Arquebuze à Vent.

L'on peut aussi aisément donner raison pourquoy une Vessie de Poisson picquée, & applatie, une pomme ridée, un morceau des poûmons d'un Animal, un petit Chat, un Moineau, & ainsi de quelques autres Animaux qu'on aura mis dans la cloche de verre, enflent peu à peu à mesure qu'on pompe l'air: Car d'abord que le peu d'air qui est resté dans ces corps se trouve libre de la pression de l'air dont il estoit environé, il se dilate, & s'etend comme une espece de ressort, à la maniere d'un coussin de duvet qui se gonfle de soy-mesme du moment qu'on retire la main qui le pressoit.

Enfin il n'est pas difficile de dire pourquoy de l'eau, & de l'esprit de vin semblent comme boüillir au dedans de la mesme cloche, lorsque par le moyen de la pompe on tire l'air qui par son poids pressoit la surface de ces liqueurs ; car cet air exterieur estant tiré, celuy qui estoit retenu comme par force entre les particules de ces liqueurs, sort avec impetuosité, soûleve, & agite ces particules, & cause cette ebullition apparente.

L'on fait encore une demande, d'ou vient que quelque large, ou etroit que soit le tuyau, l'equilibre se fait toujours à mesme hauteur, veu que selon que le tuyau est ou plus large, ou plus etroit il contient plus de vif-argent, & qu'ainsi il semble qu'il devroit descendre davantage ? Je repons que le cylindre de vif-argent large ne pousse pas plus fortement le cylindre large d'air, que le cylindre de vif-argent etroit pousse le cylindre etroit d'air, & qu'ainsi le cylindre large d'air ne resiste pas moins au cylindre large de vif-argent, que l'etroit resiste à l'etroit ; d'ou vient que l'equilibre se doit toujours faire à mesme hauteur soit dans le tuyau large, soit dans celuy qui est etroit.

Au reste, nous ne devons pas nous arrester à ce que l'on objecte de l'horreur du Vuide, de l'interruption, & du bouleversement des parties du Monde, de l'impossibilité du mouvement de la lumiere, & des influences dans le Vuide, du mouvémet inſtantaneé des corps dans le Vuide,& ainſi du reſte. Car perſóne n'ignore que ces termes de crainte, & d'horreur, lors qu'on les attribue à la Nature, ſont purement metaphoriques, qu'une petite interruption de Vuide ne troubleroit point l'harmonie des parties du Monde,& ne cauſeroit point, comme on pretend, un deſordre, & un bouleverſement general dans l'Univers, & que la lumiere, & les influences, comme ce ne ſont pas de purs accidens, mais de vrays corps qui n'ont point beſoin d'autre vehicule que d'eux-meſmes, traverſeroient aiſement un eſpace vuide,& meſme avec d'autant plus de facilité, que cet eſpace eſtant vuide de tout corps, ils n'y trouveroient aucun empeſchement ; & le mouvement ne ſe feroit pas pour cela en un inſtant; parceque la lenteur, ou la viteſſe d'un mobile ne depend pas ſimplement de ce que le milieu ſoit occupé, ou libre, mais il depend auſſi principalement de la vigueur du mobile meſme, ou de l'impulſion du moteur.

Nous ne devons point auſſi nous arreſter à ce que diſent quelques Modernes, qu'il y a une certaine matiere tres-subtile qui penetre les corps les plus solides, & qui à mesure que le vif-argent descend, ou que l'on tire l'air de la cloche, passe au travers des pores du verre, & s'en va remplir la capacité qui autrement demeureroit vuide; car cette matiere subtile est une pure vision qui n'est fondée que sur cette preoccupation qu'on a que le Vuide est impossible.

Nous ne devons point enfin nous arrester à ce que l'on objecte, qu'il arrive quelquefois que le vif-argent ne descend point du tuyau; car cela ne vient que de ce que les parties du vif-argent gardant toujours entre elles quelque liaison, & penetrant dans les pores du verre, le vif-argent demeure comme suspendu; & cela est si vray, que pour peu qu'on remue le vif-argent, ou que le tuyau soit un peu large, ou que le vif-argent ne soit pas bien nettoyé, & qu'ainsi ses parties ne se fourrent pas aisément dans les pores, & entre les inegalitez du verre, le vif-argent ne manque point de tomber.

CHAPITRE XVI.

Quelles sont les Causes dont les Physiciens recherchent la connoissance.

ENcore que les Philosophes demeurent d'accord qu'a proprement parler il n'y a de Principe que l'Efficient, ou que la Cause Efficiente qui merite le nom de Cause; neanmoins ils ne laissent pas de distinguer les uns quatre, & les autres cinq especes de Causes, asçavoir la Materielle, qui n'est autre chose que la Matiere mesme, ou ce dont quelque chose est faite, *id ex quo*, comme l'Airain à l'egard d'une Statue : l'Efficiente, qu'Aristote definit la source, l'origine, le principe du mouvement, *id unde primò principium motus*, ou *id ex quo*, comme le Sculpteur qui meut, qui agit, & qui par son action forme la Statue : La Formelle, qui n'est aussi autre chose que la forme mesme, ou *id quo*, c'est à dire ce par quoy une chose est constituée telle, comme la Figure, ou selon ce que nous dirons ensuite, ce principe interne qui fait qu'une chose est telle, & est distinguée de toute autre chose: L'Exemplaire, qu'on definit *id secundum quod*, comme l'Idée du Sculpteur, en veüe de laquelle la forme particuliere de la Statue est introduite: La Finale, qu'on definit aussi *id cuius gratiâ*, comme l'Ornement, le Gain, la Gloire que le Statuaire se propose en faisant la Statue.

Or, comme chaque espece de Cause en comprend plusieurs autres differentes, il ne faut pas s'imaginer que les Philosophes se mettent egalement en peine de toutes. Car les unes estant Externes, & les autres Internes, il n'y a pas grande difficulté à reconnoitre les externes que l'experience, & les Sens nous decouvrent d'abord ; mais la difficulté est à l'egard des internes, la difficulté, dis-je, est à l'egard des Causes internes qui sont proprement celles que l'on met entre les secrets de la Nature, & qui sont telles qu'elles sont dites rendre heureux celuy qui peut parvenir à les connoitre.

Fœlix qui potuit rerum cognoscere causas.
Ainsi, par exemple, lorsque l'on de-

mande quelle est la cause de l'homme, celuy qui repond avec Aristote, que c'est le Soleil, & l'Homme, ne dit rien de surprenant ; car l'on sçait assez que le Soleil comme cause generale entretient toutes choses par sa chaleur, & il ne faut pas estre grand Philosophe pour dire que le Pere est la cause de son Fils ; mais ce que l'on recherche principalement, & que l'on souhaiteroit de sçavoir, c'est quelle est cette cause secrette, & interieure qui travaille à la conformation du corps de l'Enfant, & qui va ainsi formant, distinguant, & arrangeant avec tant d'artifice, de beauté, & de proportion ce nombre innombrable de parties differentes. C'est, dit-on, la vertu seminale qui vient du Pere ; mais la difficulté est de voir la forme, pour ainsi dire, la couleur, & la figure de cette vertu, de bien connoitre sa nature, de sçavoir d'ou elle est sortie, d'ou elle est detachée, comment elle coule & est transmise avec la Semence, par qui, quand, & de quelle maniere elle a esté faite, instruite, & rendue si sage, si subtile, si industrieuse, de quels doigts (s'il est permis d'user de cette Metaphore) & de quels inſtrumens elle ſe ſert pour manier, pour tourner, choiſir, diſtinguer, arranger les diverſes parties de matiere, en un mot, pour executer toutes choſes avec tant de delicateſſe, & d'induſtrie. Le meſme ſe doit dire d'un grain de bled au dedans duquel eſt contenue la vertu, où la cauſe efficiente de la plante qui en naiſt avec une telle varieté, beauté, & perfection de parties. Le meſme ſe doit encore dire de cette vertu particuliere qui forme l'Or, de celle qui forme le Criſtal, & ainſi des autres, qui ſont proprement celles qu'un Philoſophe qui pretend donner les veritables cauſes des choſes doit apporter.

L'on fait de pareilles demandes à l'egard de la Matiere. Car comme il y a auſſi des Cauſes eloignées, & generales, de prochaines, & ſpeciales, ou particulieres; celuy là ne nous diroit certes pas grand'choſe qui repondroit que le corps humain, la plante, le cryſtal, tout ce qu'il vous plaira, eſt compoſé d'Elemens, aſcavoir de Terre, d'Eau, d'Air, & de Feu; ou, ſi vous voulez, de Sel, de Soufre, de Mercure, de Flegme, & de Terre qu'ils appellent damnée ; ou mesme de parties similaires ; ou enfin d'Atomes, ou de quelque autre matiere de la sorte, selon la diversité des Opinions ; car tout cela est commun, & si cela suffisoit, il ne seroit point necessaire de consommer tant d'années dans la recherche de la Nature. C'est pourquoy il y a bien plus sujet de rechercher, & de demander la matiere speciale, & particuliere, la matiere prochaine, ou comme on dit, la matiere seconde, c'est à dire cette matiere qui est tellement disposée, ou affectée qu'elle est plutost capable de former une certaine chose qu'une autre : Car si toute Terre ne porte pas toutes choses ; si toute chose n'est pas engendrée de toute chose ; si certains alimens sont propres à certaines Plantes, ou à certains Animaux, ensorte que pour peu qu'ils soient ou tournez, ou transposez, ils leur sont contraires; ce sont là des choses qui regardent la diversité de la matiere, dont si quelqu'un ne connoit pas l'estat & la condition, il n'est pas en droit de dire qu'il connoisse l'estat & la condition de la chose qui en est composée. Ce n'est donc pas assez de connoitre en general quels sont les Elemens, ou les Principes materiels de toutes les choses; mais si quelqu'un desire de bien connoitre une chose, il faut deplus qu'il recherche de quelle maniere ces Principes sont temperez entre eux pour qu'il n'y en ait que tant, & non pas davantage de chacun; pour que ce qui y en est d'un soit situé, & ordonné de telle, & non pas de telle maniere à l'egard des autres ; pour qu'il perde ou retienne tant, & ni plus ni moins de ses qualitez; pour que de ce meslange mutuel, & general de tous il en suive cette conformation, cette union, & cette temperature sensible de ces parties, & non pas d'autres; pour qu'il en resulte une certaine subordination de telles, & de telles proprietez, & vertus, & non pas d'autres, & ainsi des autres choses que si quelqu'un ne peut expliquer, & n'est pas assuré qu'elles soient de cette maniere, il se vantera en vain d'estre parvenu à la connoissance de la vraye, naturelle, & legitime Matiere, & d'en pouvoir donner des reponses qui puissent satisfaire.

Ainsi à l'egard de la Forme qui survient à la Matiere, qui la determine à constituer plutost une chose qu'une autre, qui la fait differer de toutes les autres, & qui est dans cette chose comme la source & l'origine de toutes ses proprietez, & le Principe de toute action, il ne suffit assurement pas de dire qu'elle sort du sein de la Matiere, ou qu'elle naist d'une certaine contemperation de la Matiere, & de ses parties ; car cela est aussi commun, & general ; mais il seroit necessaire de dire outre cela, comment une telle Forme sort, & naist d'un tel melange ; comment elle devient incontinent comme la maitresse de sa Matiere, & qu'elle se trouve avoir tant de facultez subordonnées, & obeissantes ; comment elle leur commande, & les fait agir ; en quelle partie elle reside, de quelle maniere elle luy est unie, & adherante ; ce qui la fortifie, & la met en vigueur ; comment elle s'affoiblit, & perit, & ainsi de plusieurs autres choses qu'on pourroit ajoûter. Car la Forme, comme nous avons insinué, est la source premiere, & le principe de toute action; d'où vient que lorsqu'Aristote en parlant de la cause des mobiles, & des agens, enseigne que la pierre est meüe par le baston, le baston par la main, & la main par l'homme comme par la cause premiere du mouvement, on auroit pû en avançant les muscles, & par la vertu motrice passer jusques à l'Ame qui est la forme interne qui anime, & meut l'homme entier, & non pas le bras seulement.

Pour ce qui est de la Cause Exemplaire, & de la Fin, il y a veritablement eu quelques Philosophes qui les ont bannies de la Physique, persuadez que le Physicien doit estre entierement occupé à la recherche de la Cause Efficiente, & que les agens naturels agissent par une certaine impetuosité aveugle, & par la necessité de la matiere, sans avoir aucune idée, & sans se proposer aucune fin. Mais il y en a aussi eu d'autres, comme Platon, & Aristote, qui ont eu de plus raisonnables pensées, & qui ont enseigné, ce que nous ferós en plusieurs endroits, & principalement en traitant de l'Vsage des parties dans les Animaux, que la Nature agit toujours pour quelque fin.

Remarquez cependant icy par avance, qu'il semble qu'il n'y a aucun agent naturel qui ne soit conduit par un exemplaire,

plaire, ou modele, c'est à dire par une idée qui soit comme empreinte au dedans de luy, quoyque nous ignorions quelle elle est, & comment on la connoit; & la raison de cecy est, que nous voyons les ouvrages de la Nature estre tellement parfaits, & accomplis, & tellement constans à revenir toujours les mesmes, qu'il est impossible de concevoir qu'ils puissent avoir esté formez à l'avanture, & sans que l'agent se soit reglé sur quelque exemplaire, ou modele qu'il ait attentivement consideré. Il n'est pas necessaire de vous representer icy la conformation admirable de tout le corps, & de chacune des parties des Animaux, des Plantes, & autres choses; c'est ce que nous ferons ensuite, il suffira maintenant de prendre garde à ces ouvrages qui semblent devoir estre rapportez à l'Art.

Lors qu'une Aragnée tend premierement ses filets en long comme une trame; qu'elle les entrelasse ensuite comme le Tisseran fait l'Ensture, de telle sorte neanmoins qu'elle y laisse des intervalles assez grands; qu'elle repasse d'autres filets qui rendent la tissure plus serrée, ajustant ces filets, & les disposant chacun dans leur ordre ; enfin lorsqu'elle se bastit proche du centre un petit domicile qu'elle tourne en rond, dans lequel elle se peut commodement cacher, d'où elle sort facilement, & où elle se retire en seureté ; pensez-vous que cette Aragnée ne sçache aucunement ce qu'elle fait, & qu'elle n'ait point en soy l'idée de son ouvrage, acause que vous ne pouvez pas comprendre comment elle le puisse connoitre ? Cependant imaginez-vous, ou supposez qu'elle ait de l'intelligence, travailleroit-elle plus parfaitement ? Certainement si vous luy ostez l'exemplaire, l'idée, ou le modelle qu'elle regarde, & sur lequel elle se regle, vous le pourrez aussi oster aux Artisans, qui ne semblent pas faire leurs ouvrages d'une autre maniere.

L'on rapporte tout cela à l'Instinct ; mais ou cet Instinct par lequel on dit que les Animaux sont portez à agir, est une veritable connoissance, ou si ce n'est autre chose qu'une certaine impetuosité aveugle, la mesme difficulté subsiste toujours, & on est toujours en peine de sçavoir comment il se peut faire qu'une cause aveugle, & qui n'a aucune intelligence de son ouvrage, travaille neanmoins avec autant de perfection que pourroit faire la Cause la plus intelligente, & la plus clair-voyante.

Le mesme se doit dire de la Fin. Car tout Agent naturel tend à un certain but, de maniere qu'il y parvient toujours, ou s'il intervient quelque chose qui l'en empesche, il en approche du moins autant prés qu'il est possible. Il est bien vray que les choses naturelles ne nous communiquent pas leurs desseins, mais elles n'en agissent pas moins pour une fin qu'elles se proposent, puisqu'elles y tendent de la sorte, & qu'elles y parvienent : Nous voyons dans l'Animal, dans la Plante, & dans les autres choses, que toutes les parties sont tellement accommodées, & appropriées pour de certaines fins, que nous en demeurons etonnez lorsque nous y faisons reflection ; encore donc qu'il ne soit pas en nostre pouvoir d'appercevoir la contexture interieure de la matiere, & l'action particuliere de la cause, nous devons pourtant nous tenir heureux qu'il nous soit au moins permis d'en rechercher les fins, & de les trouver. Quoy, lorsque vous contemplerez la belle, & industrieuse machine d'une horloge, vous ne pourrez croire que l'Ouvrier ne se soit pas proposé la forme, & les differens usages des parties, encore qu'il ne vous ait pas fait participant de son dessein, & lorsque vous considererez avec quelle perfection toutes les parties d'un Animal sont formées, & arrangées, & que ces parties ont des usages si differens, & si justes qu'on ne se sçauroit rien imaginer de plus propre, & de plus convenable, vous pourrez croire que la cause qui les a ordonnées ait esté aveugle, & ait ignoré ce qu'elle faisoit, acause que vous n'avez pas eu la connoissance d'une si grande Sagesse, d'une si merveilleuse industrie? Quoy faudra-t'il donc direz-vous, attribuer quelque connoissance non seulement aux Semences des Animaux, mais aussi à celles des Plantes, des Pierres, & autres choses? Mais si vous voulez que je les en prive, expliquez-moy donc comment il est possible qu'ils achevent leurs Ouvages avec tant de perfection, & d'exactitude, & qu'ils accommodent si constamment, & si invariablement chacune des parties à certaines fins? Il est vray que je ne connois pas

qu'elle est cette connoissance, & cette sorte de sagesse, mais il ne s'ensuit pas pour cela qu'il n'y en ait aucune, puis que ce peut estre une connoissance à sa maniere, & d'une espece toute particuliere : Et defait, ce n'est pas merveille que l'Entendement humain qui ne se connoit pas luy-mesme, ni sa maniere de connoitre, ignore la vertu, & la maniere de connoitre des autres choses ; puisque toute autre connoissance est differente de la connoissance humaine, & est mesme tellement attachée à son ouvrage determiné, qu'elle n'est pas capable de s'etendre à autre chose.
Vous direz peuteftre que c'est plutost Dieu qui se propose des fins, & qui y accommode, & dirige les choses naturelles, & que c'est en ce sens que les Philosophes ont dit, que *l'ouvrage de la Nature est l'Ouvrage d'une Intelligence?* Il est vray, & je le pretens bien ainsi, que Dieu soit l'Autheur de toute cette industrie, & sagesse : Cependant je vous demande pourquoy Dieu ne peut pas imprimer à chaque chose la connoissance de son ouvrage, de crainte que nous ne soyons obligez de dire que les choses naturelles ne sont rien que de

purs instrumens, & que Dieu les pousse, & les fait agir d'une telle maniere que d'elles-mesmes elles ne font rien ? Parceque, direz-vous, elles sont incapables de connoissance ? Oüy de connoissance humaine, ce qui fait qu'elles n'entreprenent point d'ouvrages humains, mais rien n'empesche qu'elles n'ayent leur connoissance particuliere par le moyen de laquelle elles fassent des ouvrages que l'homme ne connoisse point, & ne puisse point entreprendre.

Ainsi, quoyque l'Oeil soit capable de connoitre les Couleurs, neanmoins il est absolument incapable de connoitre les Sons, les Odeurs, & les autres qualitez; & s'il ne voit, & ne connoit pas comment, & de quelle maniere elles sont connuës, il n'est pas pour cela en droit de se croire luy seul capable de connoitre, & il ne doit pas pour cela prononcer que les oreilles, les narines, le palais, la langue, & les autres parties du corps soient incapables de connoissance, parcequ'encore qu'il n'y en ait aucune qui connoisse comme l'œil, neanmoins chacune connoit à sa maniere.

Mais pour ne nous arrêter pas presentement à cecy davantage ; quoyque les Causes que les Physiciens desirent de connoitre soient telles que nous les avons marquées, il ne faut pas pour cela perdre courage ; car encore qu'il ne nous soit pas permis de penetrer jusques aux principales, & à celles qui sont tout à fait intimes, prochaines, & speciales, neanmoins il y a divers degrez entre-elles, & les autres qui sont entierement eloigneés, organiques, externes, & communes, & non seulement nous ne devons pas nous repentir, mais nous avons tres grand sujet de souhaiter d'atteindre à quelques degrez, qui autant qu'il est possible, soient approchants de ce souverain degré ; parcequ'il y a toujours beaucoup de plaisir de dissiper, & de chasser de nostre Esprit cette obscurité grossiere, & ces tenebres crasses & epaisses, de façon que si nous ne pouvons pas connoitre les causes qui sont entierement certaines, & indubitables, nous en puissions trouver qui ayent quelque espece de probabilité.

Il est mesme important d'estre avertis de tout cecy, afin que nous ne nous trompions pas aisément nous mesmes,

& que nous ne nous laissions pas tromper par les autres, comme il arriveroit sans doute si nous n'avions par surquoy nous regler pour juger d'une cause qu'on nous voudroit faire passer pour veritable, & legitime, laquelle ne seroit neanmoins que vray-semblable, ou seroit peuteestre fausse ; parceque si nous ne sommes pas assez heureux pour parvenir à la cause veritable, il y a aussi beaucoup de plaisir de ne se pas laisser tromper par une fausse apparence, & quelle que soit la cause que l'on propose, de luy pouvoir donner son prix legitime.

Au reste, pour ajoûter ce mot qui regarde principalement nostre sujet; comme la Cause Efficiente est proprement celle que nous appellons Cause, il faut sçavoir que c'est aussi proprement elle qu'on divise ordinairement en Premiere, & en Seconde. Il est vray que l'on fait encore plusieurs autres divisions, mais elles sont presque toutes des sous-divisions de la Cause Seconde, celle qui est veritablement premiere estant unique, & simple. Je dis veritablement Premiere; car entre les Causes secondes celle qui dans chaque ordre n'en a point d'autre devant soy est dite Premiere, quoy qu'au dessus de toutes les premieres Causes il y en ait une süreminente de laquelle toutes les precedentes dependent. Or comme nous devons deformais traiter des causes suivant cette division de Premiere, & de Seconde, il est bien juste de commencer par la Premiere, c'est à dire par ce Souverain Estre que nous appellons Dieu, & *dans lequel* comme parlent les Saintes Ecritures, *nous vivons, nous sommes meûs, & existons.*

CHAPITRE XVII.
De l'Existence, & Providence de Dieu.

Tous les Philosophes anciens, à la reserve de quelques-uns qui ont esté en fort petit nombre, faisant une reflection meure, & solide sur l'étenduë de l'Univers, & sur la grandeur, diversité, beauté, durée, & conspiration ou harmonie de ses parties, eurent premierement quelque soupçon, & puis furent enfin pleinement persuadez qu'il devoit y avoir quelque Modérateur d'une intelligence infinie, qui fut l'Autheur souverain de toute la Machine, & de toute cette belle, & admirable disposition. Car de mesme disoient-ils, qu'il faut que dans l'Animal il y ait une certaine cause maitresse, ascavoir l'Ame, qui avant toutes choses se bâtisse sa propre demeure, & qui ensuite en entretienne toutes les parties, qui maintienne ces parties chacune dans leur ordre, & dans leurs fonctions, qui leur donne la vertu d'agir, & qui agisse mesme conjointement avec elles; ainsi il faut que dans ce Monde, qui est comme une espece de grand Animal, il y ait quelque cause tres-excellente, qui en estant comme l'Ame l'ait formé, le gouverne, l'entretienne, & l'anime.

Or il est evident à l'egard de tous les anciens Poëtes, ou Theologiens, que c'etoit là leur pensée, & l'on n'a qu'à lire leurs Dogmes pour voir qu'ils ne rapportoient point ce qui arrivoit aux hommes à des causes aveugles, au hazard, ou à la fortune; mais qu'ils le tenoient comme venant de la part des Dieux, de Jupiter, de Junon, de Minerve, d'Apollon, de Mercure, & des autres.

La chose est encore plus evidente à l'egard des Philosophes, comme ayant parlé plus clairement que ces Theologiens; & il est constant qu'Anaxagore, par exemple, n'a pas esté le premier, ni le seul qui ait fait la premiere Cause une Intelligence, qui estant antecedente à la matiere, ait debroüillé le Chaos, & ait distingué, mis en ordre, & embelli toutes choses ; puis qu'Hermotime, Clazomene, & Thales avant luy avoient crû que *Dieu est cette intelligente Nature qui forme toutes choses d'eau, qui penetre tout, qui fait tout* : Et pour ce qui est de Pytagore, & de Platon, nous avons rapporté leur sentiment en parlant de l'Ame du Monde, & de mesme l'on sçait que Virgile dans ces beaux Vers nous parle conformement à leur pensée.

Spiritus intus alit, totamque infusa per artus

Mens agitat molem, & magno se corpore miscet.

Car quoy qu'ils crussent que les formes, ou les Ames particulieres n'estoient autre chose que des parcelles de l'Esprit universel, ou de cette Intelligence generale, & universelle qu'ils appelloient l'Ame du Monde ; Neanmoins il est constant qu'ils ont posé un seul, & unique Principe, & une seule, & divine source d'ou derivoit generalement toute la vertu d'agir qui est dans les choses.

Nous avons aussi rapporté le sentiment des Stoiciens, & il est sans doute que par ce Feu, ou cette vertu ignée qui selon eux penêtre par tout, qui au commencement à tout engendré, qui à la fin doit tout consumer, & qui doit ensuite tout reparer, ils ont entendu l'Ame du Monde, une Nature intelligente, Dieu, Jupiter, &c. & c'est aussi en ce sens là que Pacuvius dit que quelle que soit cette Nature, c'est elle qui anime, qui forme, qui entretient, qui fait croistre, & qui contient en soy toutes choses,

Quidquid est hoc, omnia animat, fouet, alit,

Auget, creat, sepelit, recipitque in se omnia,

Omniumque idem Pater, in idemque eadem,

Quæ erunt, de integro, atque eodem occident.

Le mesme se doit dire d'Aristote, puisque dans le Livre de la Generation des Animaux il dit clairement *qu'une certaine chaleur animale est de telle maniere repandue dans l'Vnivers, que tout est en quelque façon plein d'Ame*, & dans le Livre des Parties, il loüe ce beau mot d'Heraclite, qui disoit à de certaines personnes qui avoient honte d'entrer dans la pauvre & petite maison d'un Boulenger, *& icy mesme il y a des Dieux*. Mais ce qui est de plus considerable, c'est qu'Alexandre Aphrodisée disputant de l'Intellect Agent qu'on veut estre repandu par tout, & illuminer chaque entendement particulier, dit *que selon Aristote cet Entendement est proprement la premiere Cause*.

Pour ce qui est enfin d'Epicure, il ne faut que l'entendre dans Seneque, & dans Ciceron, lors qu'il enseigne *qu'il faut honorer Dieu comme Pere, non par esperance de recompense, mais a cause de sa majesté excellente, & de sa souveraine Nature ; comme estant juste qu'on ait de la veneration pour ce qui est souverainement excellent* : Il ne faut de mesme que l'entendre dans l'Epistre à Menecée, voicy ses termes. *Lorsque vous pensez en vous-mesmes, & que vous demeu-*

rez d'accord que Dieu est un Animal immortel, & bienheureux, comme la notion de Dieu le suggere, donnez-vous sur tout bien de garde de luy attribuer quelque chose d'opposé à l'immortalité, ou qui ne convienne pas avec la Beatitude ; car il y a effectivement des Dieux, puis qu'evidemment on les connoît, mais ils ne sont point tels que les hommes se les figurent d'ordinaire ; puis qu'en les etablissant, ils les detruisent par des attributs contradictoires. L'Impie n'est donc pas celuy qui nie les Dieux vulgaires de la multitude, mais celuy qui attribue aux Dieux les vaines opinions de la multitude.

Je sçais bien que quelques-uns disent d'Epicure, qu'il ne tenoit pas les Dieux en effect, mais seulement de parole, comme n'ignorant pas les Decrets de l'Areopage, & craignant qu'il ne luy en arrivast autant qu'à Protagoras, lequel fut exilé par le commandement des Atheniens pour avoir ecrit ces paroles au commencement d'un de ses Livres, *Ie n'ay rien à dire sur l'existence des Dieux, s'il y en a, ou s'il n'y en a pas*; mais à considerer la chose serieusement, le sentiment d'Epicure avoit esté tout autre, & s'il a rejetté Jupiter,

Mars, & ces autres Dieux des fables, il a enseigné qu'il y en avoit d'autres qui n'estoient point capables ni de querelles, ni d'adulteres, ni de toutes ces autres choses qu'on racontoit ordinairement des premiers. Et ce qui fait voir qu'il avoit l'Esprit sincere, c'est que Seneque dit clairement *qu'il n'avoit jamais affecté de plaire au peuple,* & Ciceron, *que ses Livres se vendoient par le renom de sa probité, & de ses mœurs*; & il est merveilleux que dans cette grande haine des Stoïciens, & dans tant de calomnies, dont on a voulu noircir sa reputation, on n'a jamais formé d'accusation contre luy. Aussi est-ce pour cela que Lactance qui d'ailleurs se recrie souvent, & fort asprement contre luy, dit *qu'il n'a pas eu assez de malice pour pour parler ainsi à dessein de tromper.* C'est pourquoy l'on doit dire qu'encore qu'Epicure ait erré dans la description qu'il fait de la nature divine, ce n'a neanmoins pas esté par malice, mais par ignorance; joint que c'est une faute qui luy est commune avec tous les autres Philosophes, qui destituez de la veritable lumiere, se sont diversement detournez du veritable chemin.

La premiere Raison par laquelle l'on demontre l'Existence de Dieu, est prise de l'Anticipation generale.

POur en venir aux Raisons par lesquelles l'on prouve l'existence de Dieu, il n'est pas besoin de les rapporter toutes, l'on en fairoit des Volumes entiers, il suffira d'en toucher deux ausquelles toutes les autres se peuvent commodement rapporter. La premiere est prise de l'Anticipation generale, c'est à dire de cette Notion, ou Idée qui est tellement universelle, que quelques-uns tiennent qu'elle est naturellement imprimée dans l'Esprit de tous le hommes dés le ventre de leur mere, & que c'est pour cela qu'elle est appellée Anticipation, comme qui diroit notion premiere, avancée, anticipée. La seconde que nous montrerons estre le fondement de la premiere, se prend de la contemplation des choses de la Nature, de l'etenduë, de la disposition, de la grandeur, & de la beauté d'un ouvrage tel qu'est le Monde. Pour commencer donc par la premiere, *Epicure*, dit Velleius dans

Ciceron, *a veu qu'il y avoit des Dieux, parce que la nature mesme en a imprimé la Notion dans tous les Esprits. Car quelle est la Nation, ou l'espece d'Hommes qui n'ait sans instruction, quelque Anticipation des Dieux?* Il faut necessairement dit-il incontinent apres, *entendre qu'il y a des Dieux, puisque ce n'est point une Opinion qui soit etablie par aucune institution, ou Loy humaine, & que generalement tous les hommes en conviennent. Il faut de necessité*, dit-il encore, *croire qu'il y a des Dieux, nous en avons les idées en nous, ou plustost elles sont nées avec nous, & une chose dont il n'y a homme au Monde qui ne demeure d'accord, doit de necessité estre vraye.* Et on ne doit point objecter qu'Epicure dit *les Dieux*, au lieu de dire Dieu; parce que c'est assez pour donner à entendre que l'on peut inferer par l'Anticipation generale de toutes les Nations qu'il y a une Nature divine. Car, comme dit le mesme Velleius, l'on en a veritablement veu plusieurs qui par une depravation de coutume, ont eu de mauvais sentimés sur la nature des Dieux, neanmoins ils ont tous esté persuadez qu'il y a une certaine force, & une certaine nature divine qui exiſte dans le Monde.

Je ſcais bien que le meſme ajoûte qu'on parle de certaines Nations tellement feroces, & barbares qu'elles n'ont pas meſme aucun ſoupçon qu'il y ait des Dieux : Mais encore qu'on accordaſt cela ; parcequ'en ces temps là il ſe trouva des peuples dans l'Eſpagne, & dans l'Ethiopie, qui au rapport de Strabon n'avoient aucune connoiſſance de Dieu, comme il s'en eſt trouvé de nos jours dans l'Amerique; quoy qu'on demeuraſt meſme d'accord avec Platon que de tout temps il y a eu quelques Athées, comme Diagoras, Protagoras, Diodore au rapport de Ciceron, *& quelques Sacrileges, Impies, & Parjures qui ont abandonné Dieu* ; l'on peut toujours repondre qu'il y a ſi peu de ces ſortes de gens en comparaiſon de tout le genre humain, qu'on les doit conſiderer comme des Monſtres differens du reſte des hommes ; & cela n'a pas empeſché Platon, Ariſtote, Seneque, Plutarque, & tout ce qu'il y a eu de Sages dans l'Antiquité, de croire qu'une des plus fortes preuves de l'Exiſtence d'un Dieu eſt, *que tous les hommes tant Grecs que Barbares ſont perſua-*

dez qu'il y a des Dieux ; *la longueur des temps*, comme dit Ciceron, *efface les inventions des hommes, & confirme les jugemens de la Nature* ; les Opinions qui sont fausses, ou arbitraires ne sont point universelles, & ne durent pas longtemps, & cependant l'experience de tant de Siecles passez nous fait voir que l'Opinion de l'Existence de Dieu est telle, que non seulement elle est repandue par toute la Terre, mais qu'elle a esté & a regné de tout temps ; d'ou l'on doit inferer que ce n'est point une invention humaine, mais un veritable Jugement de la Nature.

Et il est inutile de dire qu'on n'a pas toujours eu par tout les mesmes sentimens de Dieu, & que les inventions des hommes s'y sont meslées plusieurs fois, & s'y meslent encore aprésent ; car c'est de cette mesme diversité d'Opinions qu'on doit inferer l'Existence de Dieu; d'ou vient qu'Aristote aprés avoir fait le denombrement de tout ce que les Anciens avoient dit des Dieux, & de toutes ces Fables qu'ils avoient inventées pour faire subsister les Loix, & pour l'Utilité publique, crût *que c'estoit en user divinement que de poser pour fon-*

dement qu'il y a des Dieux, & des Substances premieres; une telle Opinion ne pouvant point tellement perir qu'il ne s'en conserve comme de certains restes qui la fassent revivre.

Je ne voy pas aussi comment Euripide, & Critias, & tous ceux que Platon blasme, ayent pû dire au rapport de Plutarque, & d'Empiricus, que toute cette Opinion des Dieux immortels a esté inventée par les gens Sages pour le bien du public, & afin que ceux que la Raison ne pouvoit pas porter à leur devoir, la Religion les y pust ramener; car ni Critias, ni Euripide, ni Minos mesme, ni les autres Legislateurs qu'on dit avoir controuvé, & introduit plusieurs choses qui concernent les Dieux, n'ont pas esté du temps auquel ces fictions se rapportent, & il n'y en a pas un qui ne soit moins ancien que l'Opinion de l'Existence de Dieu, quoy que quelqu'un ait pû introduire quelque culte particulier selon qu'il le croyoit plus convenable.

C'est pourquoy les Legislateurs ont bien pû avoir dessein que les hommes fussent persuadez qu'il y a quelque force, & quelque Nature divine, qui penetrant, & eftant prefente par tout, puft voir les Crimes les plus cachez, & qui les punift, afin qu'ils ne fiffent pas mefme en cachette ce qui eftant ignoré des hommes, ne feroit point chatié par les Loix ; mais il n'a pas efté neceffaire qu'ils introduififfent cette perfuafion, veu qu'elle eftoit auparavant ; deforte qu'ils ont feulement crû qu'il la falloit fomenter, comme ils ont fouvent fait par des Narrations fabuleufes, & par des Coûtumes fuperftitieufes.

Je ne voy pas mefme comment il y en ait qui ayent' pû dire avec Euhemere, qu'on n'a premierement point connu d'autres Dieux que les plus puiffans, & les plus fins d'entre les hommes qui ont ufurpé la Tyrannie, comme Jupiter, & autres; parceque ceux-cy difent auffi des chofes qu'ils ne fcauroient en aucune façon prouver ; n'y ayant ni Annales, ni Hiftoires qui faffent mention de ces Tyrans : Et pour ce qui eft de ce fatras de Fables, l'on fcait quelle foy l'on y doit ajoûter : Joint que s'il y a eu des hommes qui ayent voulu fe faire croire Dieux, il eft neceffaire que l'Opinion de l'Exiftence des Dieux ait precedé, pour pretendre qu'on les cruft tels ; puisque cette Opinion ne leur seroit point venue dans la pensée, & que le peuple ne l'auroit point receue, si auparavant il n'avoit eu quelque chose qui luy en eust donné quelque fondement, & quelque idée.

De là vient que nous devons croire que ce qui s'est fait à l'egard des Apotheoses des Empereurs Romains, le même s'est fait à l'egard de Apotheoses de Jupiter, d'Oziris, & des autres auſquels les hommes ont voulu rendre des honneurs divins,& cela afin qu'on les ſuppoſaſt Dieux avant qu'ils le fuſſent devenus, & qu'ils joüiſſent de l'Immortalité dont on les croyoit dignes acauſe de leurs grands merites : Que ſi Jupiter par la ſuite des temps à eſté eſtimé le Roy des Dieux, cela n'eſt point tant arrivé de ce que l'on ait attribué la Souveraine Divinité à Jupiter, qui eſtoit un homme comme les autres, & dont on a veu le Sepulchre dans l'Iſle de Crete, que parceque l'on a tranſporté le nom de Jupiter à la Souveraine Divinité dont on croyoit l'exiſtence avant que Jupiter fuſt né.

Pour ce qui eſt de ceux qui diſent avec Prodicus, qu'on n'a premierement cru pour Dieux que les choses utiles, comme le Soleil, la Lune, Ceres, Bacchus, Hercule, & autres; il leur est impossible aussi bien qu'aux precedens de nous donner la moindre preuve de ce qu'ils avancent, & il est constant qu'on doit dire le mesme de Bacchus, d'Hercule, & autres semblables que de Jupiter; & si à l'egard des choses naturelles, les hommes en ont mis quelquesunes au nombre des Divinitez, parcequ'elles sont utiles à la vie, ce n'est qu'a cause de l'Anticipation qu'ils avoient de l'existence d'une certaine Nature Divine, laquelle estant bonne, estoit utile.

Enfin c'est une pure fiction de dire avec Petrone, que la Crainte a premierement fait les Dieux, lorsque les foudres tomboient du Ciel, suivant ces Vers tant vantez.
Primus in Orbe Deos fecit timor, ardua Cœlo
Fulmina cùm caderent, &c.
Car ce n'est point la crainte qui est cause de l'opinion qu'on a de Dieu, mais c'est l'opinion qu'on en a qui est cause de la crainte, & qui nous avertit, pour ainsi dire, lorsque les tonnerres, & les

eclairs nous effrayent, qu'il faut implorer son assistance, estant persuadez qu'il peut detourner le mal qui pend sur nos testes. Tenons donc pour constant que les hommes ont une certaine Anticipation, ou Prenotion naturelle de Dieu, & que c'est un Argument tres considerable pour prouver son Existence.

Ce qui reste icy à examiner, c'est d'ou, & comment cette Anticipation s'engendre. Premierement l'on peut dire generalement qu'y ayant dans l'Entendement une capacité, ou aptitude à connoitre Dieu à la premiere occasion qui se presente, l'Anticipation est produite, ou engendrée lorsque l'Entendement est produit ; je dis à la premiere occasion qui se presente ; car quoy que nous demeurions d'accord que Dieu à marqué dans nos Ames la lumiere de son visage, lorsqu'il nous a fait à son image, & ressemblance, neanmoins nous tenons qu'afin que nous puissions connoitre ce Divin Visage, nous avons besoin de quelque occasion, & nous ne croyons point que l'espece, ou l'idée de Dieu soit effectivement imprimée dans nos Ames dés le ventre de nostre mere. Secondement l'on peut proprement dire re qu'elle est engendrée lorsqu'à la premiere occasion qui s'offre à nos Sens il se forme dans l'Ame une espece, ou image de quelque souveraine, immortelle, & heureuse Nature que nous croyons exister. Or comme il y a principalement deux Sens, l'Ouye, & la Veüe, qui servent pour cela, il est evident en premier lieu que l'on peut avoir une Notion de Dieu par l'Ouye, en ce que celuy qui entend dire qu'il y a un Dieu, se forme une idée, & une notion de Dieu conformement à la description qu'il en entend faire, estant persuadé que celuy qui la luy fait est digne de foy. Il est aussi evident que par le moyen de la Veüe l'on peut venir à avoir une Notion de Dieu, en ce que des seules choses qui se comprenent par la Veüe l'Entendement peut sans autre avertissement se former un concept de Dieu, & se le representer ou comme un Prince qui gouverne le Monde, ou comme un Empereur qui commande une Armée, & luy donne ses ordres, ou comme le directeur de quelque belle harmonie, &c. d'où l'on peut voir qu'il y a deux voyez generales par lesquelles l'on parvient à la connoissance de Dieu, ascavoir la Foy, & la Raison.

La Seconde Raison par laquelle l'on demontre l'Existence de Dieu se tire de la Contemplation de la Nature.

POur ce qui est de la seconde Raison qui regarde la contemplation de la Nature, & par laquelle l'on prouve non seulement que Dieu existe, mais qu'il est l'Autheur, & le Moderateur du Monde, il n'y a rien de plus beau que cette meditation d'Aristote que Ciceron à transcrite dans son second Livre de la Nature des Dieux. *S'il y avoit,* dit-il, *des hommes qui eussent toujours habité sous terre dans de belles & superbes demeures, ornées de peintures, & fournies de toutes les choses dont abondent ceux que l'on croit heureux, & cependant que n'ayant jamais sorti de leurs maisons souterraines, ils eussent ouy parler de l'existence, & de la puissance de quelque Divinité ; n'est il pas vray que lorsque ces hommes ayant enfin pû par quelque accident sortir de leurs demeures, & venir icy haut, auroient* tout d'un coup veu la Terre, les Campagnes, la Mer, le Ciel, l'etendue, & la diversité de Nues, & qu'ensuite ils auroient reconnu la force des Vents, & contemplé le Soleil, sa grandeur, sa beauté, sa vertu, ses effets, & le Iour qu'il fait par sa lumiere qu'il repand sur la Terre, que dans l'obscurité de la nuit ils auroient veu le Ciel orné, & diversifié de tous ces Astres brillans, qu'ils auroient considere la diversité de lumiere qui se voit dans la Lune quand elle croist, ou qu'elle decroist, & qu'ils auroient observé le lever, & le coucher de tous ces Corps lumineux, & leurs cours fixes, & invariables dans toute l'Eternité ; n'est il pas vray, dis-je, que lors qu'ils auroient veu toutes ces Merveilles, ils auroient crû, & seroient demeurez persuadez qu'il y a des Dieux, & que tous ces grands, & magnifiques Ouvrages ne peuvent estre que l'Ouvrage des Dieux ?

Ce sont là les paroles d'Aristote que j'ay bien voulu rapporter assez au long, parce qu'outre la beauté & la grandeur de la pensée, elles renferment un Raisonnement auquel il n'est pas possible de repondre, n'y ayant point d'Homme de bon sens, qui pour peu qu'il veueille faire de reflection, ne soit contraint de reconnoitre qu'un Ouvrage si grand, si magnifique, si parfait doit avoir esté formé par d'autres mains que par celles de la Fortune.

Et defait, je veux que quelquefois la Fortune & le Hazard puissét faire quelque chose de surprenant, & que dans les Animaux, & dans les Plantes il se fasse quelquefois des Prodiges, & des choses monstrueuses; est-ce que tout cela est quelque chose en comparaison de ce qui se fait par intelligence, & par raison, ou que ce qui se fait en eux sans que la Fortune, & le Hazard y ayent part, n'est pas incomparablement plus admirable ? Est-ce que cette multiplicité, distinction, & formation interieure d'organes, dont il n'y en a pas un qui empesche l'autre, dont il n'y en a pas un qui ne soit visiblement destiné à une certaine fin, & pas un qui ne soit doüé de toute la force, & de toute la vertu necessaire pour parvenir à cette fin, & ainsi d'une infinité d'autres choses que nous rapporterons plus au long en son lieu, & qu'on ne sçauroit considerer sans etonnement; est-ce que tout cela, disje, n'est pas mille & mille fois plus admirable que tout ce que peuvent la Fortune, & le Hazard ?

Cela mesme, direz-vous se fait par nature. Mais quelle que soit cette Nature, combien doit elle estre sage pour former avec tant d'industrie une si grande varieté de parties dans ses Ouvrages, & pour les disposer de telle sorte qu'elles puissent faire les fonctions ausquelles elles sont destinées?

La Nature continue apresent dans ce qui au commencement du Monde s'est fait par hazard : Mais, je vous prie, disons de bonne foy, est-ce que l'on peut se persuader que les corps des Animaux tels qu'ils sont, ayent jamais pû se faire sans la main, & la direction d'un tres sage Ouvrier ?

Les Monstres, & les Insectes se forment d'eux-mesmes par une necessité de la Nature : Mais la question est de cette Nature, la question est de cette vertu naturelle qui est dans les Semences, d'ou & comment les semences l'ont, & comment il est possible qu'elles soient propres pour former des choses tellement admirables, si au commencement du Monde il n'y a eu quelque Agent tres intelligent qui la leur ait

L 3

imprimée, & qui ait ordonné une telle & telle suite de mouvemens, & d'actions.

Cette diversité de Figures d'Arbres, d'Animaux, de pieces d'Architecture, & autres representations qui se voient dans les Agates & dans les Petrifications sont bien quelque chose d'admirable? Il est vray; mais quoy qu'on die des formes exterieures, ce qui doit faire nostre etonnement c'est cette disposition interieure du corps des Animaux: Veritablement s'il n'y avoit qu'une certaine multitude de parties diversement meslées au Hazard, peuteftre pourroit-on attribuer cela à la Fortune; mais que dans cette multitude innombrable il n'y en ait pas une qui ne soit de la grandeur qu'il faut, qui ne soit placée où il faut, qui ne soit disposée comme il faut, qui ne fasse ce qu'il faut pour n'estre pas inutile, ou pour ne pouvoir pas estre plus commode, & que tout cela ne soit pas l'effect d'une main tres sage, & tres intelligente, mais l'effet de la Fortune; c'est ce qui ne se concevra jamais.

Pour ne m'arrester pas mesme aux seuls Animaux, & faire reflexion sur ce qui se passe dans les Plantes ; je vous prie, lorsque l'aliment, ou le suc qui se tire de la Terre passe premierement par le tronc de la Plante, & puis ensuite par les branches, pourriez vous bien croire que ce suc fust capable de s'arondir si proprement en bouton à l'extremité de la branche, de s'etendre, & de se deployer en une certaine fleur particuliere si subtile dans sa tissure, si bizarre dans ses couleurs, si agreable pour son odeur, & de se transformer dans un fruit d'une espece particuliere avec cette ecorce au dehors pour sa defense, & avec ce nombre determiné de grains particuliers dont chacun jetté en terre produit ensuite d'autres semblables Plantes ? Pourriez-vous bien, dis-je, croire que ce suc pust souffrir tous ces changemens si surprenans sans l'ordre, & sans la direction de quelque Cause tres sage, tres industrieuse, & tres intelligente ?

Vous dites que tout cela se fait de la sorte, parce qu'il s'est fait de mesme dés le commencement ; mais imaginez que vous ayez esté dans ce commencement lorsque la pomme commençoit de naistre, si quelqu'un vous eust predit alors de qu'elle façon l'Arbre se devoit nourrir, devoit germer, fleurir, porter fruit, & se multiplier ; n'est-il pas vray que vous auriez dit d'abord, qui est ce Directeur qui a fait un si beau commencement, & qui a institué une suite si admirable ? Que si vous aviez veu l'Autheur mesme agir, & ordonner ce progrez, auriez vous pû dire que cet Agent fist tout sans raison, & que dans ses Ouvrages il n'y eust ni conseil, ni sagesse, ni jugement ? Que si quelqu'un vous eust interrogé de cette sorte ; vous voulez que ces choses ne se fassent pas par raison, or supposez qu'elles se fassent par raison, qu'y trouverez-vous qui soit indigne de raison? C'est par hazard dites-vous, qu'elles se font de la sorte ; mais supposez qu'elles se fassent par Sagesse, concevez-vous que rien se puisse faire plus sagement ? Si quelqu'un, dis-je, vous eust interrogé de la sorte, ne vous tiendriez-vous pas pour un homme sans jugement, si vous n'aviez pas reconnu la sagesse de l'Autheur ? Et maintenant qu'on vous fait la mesme demande, vous-vous croyez fort intelligent de nier que l'Autheur ait esté Sage? O qu'il

faut eſtre depourveu de ſens, ou avoir de grands remords, ſi lorſque l'on fait reflection ſur ces choſes, on ne loüe que la Fortune, & le Hazard!
Mais pour reprendre les idées qu'un Philoſophe ſe doit former de la fabrique du Monde, s'il eſt vray que dans les petites choſes d'icy bas nous remarquions tant de merveilles, que ne devons nous point penſer de ce merveilleux Ouvrage dont l'incomprehenſible etendue ſemble le diſputer avec la beauté? Y a-t-il un homme ſi hardy qu'une maſſe d'une ſi prodigieuſe etendue n'etonne? Vous direz peuteſtre qu'une matiere infinie a préexiſté, ou ſi vous voulez qu'il y a eu une multitude infinie d'Atomes, & que cette multitude a ſuffi pour faire ce Monde, & pluſieurs autres. Mais premierement pour ne me pas arreſter icy preſentement à une raiſon qui tend à prouver la Creation de la matiere ; *que les Atomes n'eſtant que de petites particules de matiere ſolides, indiviſibles, & depourveuës de tout ſens, & de toute intelligence, & parconſequent les eſtres les plus vils, & le plus imparfaits qu'on ſe puiſſe imaginer, l'on ne peut point les faire des Eſtres*

eternels, & consequemment increez, & independants : N'est ce pas une pure fiction, ou, pour parler avec Pline, une espece de fureur, que de s'imaginer une infinité de matiere de la sorte qui ait préexisté? D'ailleurs, je veux que cette matiere infinie ait esté, & qu'il y ait eu une infinité d'Atomes errans ça & là à l'avanture dans l'immensité des Espaces ; n'est il pas toûjours inconcevable comment dans une si vaste etendue, dans un espace sans bornes, & sans limites il se soit rencontré tant d'Atomes ensemble en un mesme endroit, comment ces Atomes ayent pû se prendre, s'acrocher, & s'unir assez fortement pour ne se dissoudre, & ne s'echapper pas incontinent dans l'immensité de l'Espace, & retourner dans leur premier Chaos, & comment enfin ils ayent pû se disposer si heureusement pour faire cette merveilleuse Machine du Monde sans que quelque Cause tres-puissante, & tres-intelligente les ait joints, unis, & disposez de la sorte ?

Veritablement si le Monde, ainsi que nous venons de dire du corps des Animaux, n'estoit qu'un Amas, ou une

Masse informe, & indigeste des parties confusement meslées sans aucune disposition, & sans aucun arrangement convenable, de façon qu'il ressemblast à quelque Tas confus de pierres, de poutres, de chevrons, de tables, de chaux, de sable, de tuiles, &c. il semble qu'il y auroit quelque sujet de dire qu'il se seroit ainsi amassé, & amoncelé par hazard ; mais comme il n'est rien moins que cela, & que le Monde est bien plus stable dans ses parties, plus diversifié, plus orné, & plus enrichy, que le Palais le mieux basti, & le plus artistement travaillé qui puisse estre ; comment se peut il faire qu'il se trouve des hommes qui estant persuadez qu'un Palais magnifique n'est point l'ouvrage du hazard, mais un effect de la sagesse, & de la conduite d'un sçavant Architecte, ne jugent pas la mesme chose de la fabrique du Monde ?

L'on ne sçauroit, ce me semble, rien dire sur cecy de plus à propos que ce que Balbus dans Ciceron objecte à Velleieus. *Si un concours fatal, & aveugle de matiere, ou d'Atomes, a pû faire, le Monde, pourquoy ne pourroit-il pas faire, ou avoir fait quelquefois un Portique, un*

Temple, une Maison, ou une Ville, Ouvrages qui sont bien moins difficiles, ou incomparablement plus aisez? L'on repondra peuteſtre que les parties dont ſe fait une Maiſon ſont ſans activité, & ſans mouvement, au lieu que les Atomes dont le Monde eſt formé ſont tres mobiles d'eux-meſmes, & dans un mouvement perpetuel, & inamiſſible. Mais feignons que les parties d'une Maiſon ſoient auſſi tres-mobiles, qu'elles abordent de tous coſtez, & que lors qu'elles ſe ſeront aſſemblées dans un Tas, elles ſe meuvent diverſement à l'avanture; eſt-il croyable qu'elles puiſſent enfin ſe mouvoir, & ſe meſler entre elles de telle maniere qu'elles faſſent une Maiſon, je ne dis pas en peu de temps, mais dans des ſiecles innombrables?

Cecy ſe comprendra plus aiſement par une autre comparaiſon que fait Balbus, lors qu'il s'etonne qu'il y ait des hommes qui ſe perſuadent que le Monde, de la beauté merveilleuſe qu'il eſt, ſe ſoit pû faire par le concours fortuit de la matiere. *Celuy là,* dit-il, *qui eſt capable d'attribuer un tel Ouvrage au hazard, ſera capable de croire deſmeſme qu'un nombre innombrable de caracteres de vingt & une lettres jettez quelque part sur une table, ou ailleurs à l'avanture, pourront former les Annales d'Ennius ; ce qui est tellement difficile, que je ne sçay, si la Fortune pourroit reüssir dans une seule ligne.* A quoy nous pouvons ajouter presentement que si l'ordre des caracteres qui est necessaire pour une page seulement ne se rencontrera jamais, pas mesme dans toutes les Imprimeries du Monde, tant que les Compositeurs les assembleront à l'avanture, & sans dessein, il n'y a aucune raison de croire que cet ordre qui se trouve etabli entre tant de formes, pour ainsi dire, & de caracteres qui composent le Monde, soit l'effect du hazard, ou ait esté establi à l'aventure sans intelligence, sans conseil, & sans dessein.

Concluons donc en peu de mots, que toute disposition estant ouvrage d'intelligence, & de raison, la chose disposée doit de necessité estre distincte de ce qui a la raison, & qui dispose par raison; & qu'ainsi, comme il est constant que dans le Monde il y a de la disposition, il faut qu'outre le Monde il y ait quelque chose, quelque Estre, quelque Agent qui ait donné au Monde la disposition qu'il a, qui ait precedé le Monde, qui soit par soy, qui soit necessairement, qui ait toujours esté, & qui n'ait pû estre fait, de façon que le Monde ne soit donc pas de soy, mais de ce seul, & unique Estre qui est par soy, c'est à dire de ce Souverain Estre que nous nommons Dieu, Cause premiere, premier Moteur, & qui est par consequent la Source, & l'origine de tout Estre, & de toute perfection, l'Estre des Estres, le Prince, le Maistre, le Monarque du Monde : Car enfin, pour le dire en un mot, par la mesme necessité que l'on connoit evidemment qu'il y a de l'ordre, & de la disposition dans le Monde, par cette mesme necessité l'on connoit evidemment qu'il y a un dispositeur, qu'il y a un souverain Estre, que Dieu existe. Aussi le Sage nous a t'il declaré *que ceux là ne sont point excusables, qui ayant pû reconnoistre l'excellence du Monde, n'en ont pas plus facilement reconnu le Maitre, parceque de la grandeur de la Creature il estoit facile de reconnoistre le Createur* ; & Lactance a eu certes raison de dire *qu'il n'y a homme si grossier, & si barbare, qui ele-*

vant les yeux au Ciel, quoy qu'il ne sçache pas quel est celuy par la providence duquel tout ce qui se voit est gouverné, ne comprenne neanmoins par la grandeur des choses, par leur mouvement, disposition, constance, utilité, beauté, & temperature, qu'il doit y avoir quelque Estre qui gouverne, & qu'il est impossible que ce qui a tant de raison n'ait esté instruit par quelque chose qui en a encore davantage.

N'ajouteray-je point icy qu'entre les preuves qui regardent la Providence il n'y en a point qui plûssent davantage à Daneche-mend-kan un des plus celebres sçavans de l'Asie, & des plus puissans Omerahs de la Cour du Grand Mogol, que celles qui se tirent de l'Usage des Parties Il n'y pas, me disoit ce Grand homme, jusqu'aux parties les plus grossieres, les Parties naturelles de l'Homme, & de la Femme, qui ne marquent une destination particuliere à leurs usages ordinaires, & par consequent une souveraine Providence qui dans le dessein de multiplier, & perpetuer ses Ouvrages, les y ait expressement destinées, tant elles paroissent formées, ajustées, & appropriées l'une pour l'autre, & pour concourir mutuellement à la generation, à la generation, dis-je, qui en nulle part du Monde ne se fait point autrement que par leur ministere, & par leur concours ; pour ne point dire que cette passion qui dans sa furie etrange semble avoir quelque chose de divin ou surnaturel, est si generalemēt & si fortement enracinée dans le cœur de tous les Animaux, qu'il semble que l'Autheur de la Nature l'ait luy-mesme inspirée, & ait voulu en mesme temps, à une action si vile, & qui de soy paroit plutost à negliger, ou à fuir, qu'a estre recherchée, attacher pour amorce le plus sensible des plaisirs. Et l'on osera dire que tout cela s'est fait par hazard ! Et l'on voudra que je ne sçais quand, je ne sçais où, & je ne sçais comment les premiers Hommes se soient formez d'eux-mesmes du limon de la Terre, & soient sortis de leurs je ne sçais quelles matrices, pellicules, ou membranes comme des champignons ! Ou pour se cacher avec Aristote dans les obscures tenebres de l'Eternité, on les voudra faire eternels.

Il en disoit ainsi autant des Yeux qu'il appelloit le Racourcy des merveilles de Dieu, du Cœur, & de plusieurs autres Parties tant externes qu'internes ; mais je ne crois pas qu'en cecy on puisse rien ajouter à ce que nous en dirons expressément en son lieu ; car nostre Autheur semble s'estre surpassé luy-mesme en cecy, tant il paroit avoir esté persuadé de l'existence d'un Souverain Estre, & d'une Divine Providence !

CHAPITRE XVIII.

De la forme sous laquelle l'on conçoit Dieu.

ENcore que de ce qui a esté dit jusques icy, il soit indubitable que Dieu est, neanmoins nous ne connoissons pas de méme ce que c'est que Dieu, ou quelle est sa forme, & sa nature. Ainsi lorsque nous voyons un Animal qui marche, ou une Plante qui fleurit, nous ne doutons veritablemét point qu'il n'y ait là interieurement un principe de vegetation qu'on appelle Ame, mais d'en venir à connoistre ce que c'est, ou qu'elle est la nature de ce principe, c'est ce que l'Esprit humain ne sçauroit atteindre pas mesme par conjecture ; tant il est vray que nous pouvons estre certains de l'existence de Dieu, & ignorer sa nature.

Aussi ne demandons-nous pas quelle est la forme de Dieu, mais quelle est la forme sous laquelle on le conçoit lorsque l'on parle de luy; car pour ce qui est de sa veritable forme, ou nature, Platon, & les autres Sages de l'Antiquité n'ont pas crû qu'on en deust faire une question, *comme n'estant pas permis d'esperer qu'une Majesté si grande puisse estre mesurée, & comprise par la foiblesse, & la petitesse de l'Esprit humain.*
Et c'est pour cela qu'on estime generalement Simonides, de ce qu'estant interrogé par le Tiran Hiero sur la nature de Dieu, il demanda un jour pour y penser, que le lendemain il en demanda deux, & puis trois, & ainsi de suite, jusques à que s'appercevant que Hiero s'estonnoit de ce qu'il redoubloit ainsi le nombre des jours, il dît, *que plus il y pensoit, plus il trouvoit la chose obscure.* Ne diroit-on pas que Simonides auroit eu en veüe ces paroles de la Sainte Ecriture, *que Dieu s'est caché dans les tenebres, & que veritablement il habite une lumiere, mais que cette lumiere est inacessible?* Car quoy que Dieu soit tout dans la lumiere, ou plutost qu'il soit luy-mesme la lumiere, neanmoins c'est

une sorte de lumiere tellement vive & eclatante, que selon Aristote mesme, elle n'eblouit pas moins les hommes, que le Soleil du midy les yeux des hyboux : Aussi certes faudroit-il qu'elle fust bien foible, si l'Esprit humain imbecille comme il est, la pouvoit supporter ! Que Dieu seroit peu sublime, si la veüe d'un chetif, & miserable homme pouvoit comprendre sa grandeur, & son excellence ! Tout ce que l'Entendement humain conçoit de plus grand, n'est-il pas toûjours limité, corporel, confus, imparfait ? Et comment est-ce donc que Dieu seroit Dieu, s'il ne le surpassoit infiniment, incomparablement ? Nous voyons par experience que rien ne se presente à nostre entendement qu'il ne soit voilé de quelque espece des choses qui se sont prensentées à nos Sens : Cependant, combien Dieu est-il eloigné de nos Sens pour pouvoir jamais en estre apperceu, ou estre representé par une espece sensible ? Ce n'est assurement pas sans raison que les Sacrez Docteurs estiment qu'il est plus seur de nier, que d'asseurer quelque chose de Dieu. *Tu conçois la Terre*, dit S. Augustin, *cela n'est point Dieu*

Tu te represente la Mer, cela n'est point Dieu. Ce qui nage dans les eaux, ce qui vole dans les airs, ce qui luit dans les Cieux, le Soleil, les Etoiles, la Lune, tout cela n'est point Dieu. Les Anges, les Vertus, les Puissances, les Archanges, les Thrones, les Dominations, rien de tout cela n'est Dieu. Et qu'est ce donc? Ie n'ay pû dire autre chose sinon ce que ce n'est pas; tu demande ce que c'est? C'est ce que l'œil n'a point veu, ce que l'oreille n'a point entendu, ce que l'Esprit de l'homme n'a point compris.

Cependant, d'ou vient que n'estant pas possible de sçavoir ce que c'est que Dieu, il arrive neanmoins toutes les fois que nous y pensons, ou que nous en parlons, il se presente à nostre Entendement quelque espece que nous envisageons pour ainsi dire, & sur laquelle nous formons nostre pensée? Mais c'est là la marque de nostre foiblesse, qu'encore que nous reconnoissions que nous ne pouvons pas connoitre Dieu tel qu'il est, nous ne puissions toutefois penser à luy qu'en luy attribuant une espece qui ne luy convienne point, & qu'encore que nous demeurions d'accord que Dieu n'est point tel qu'on le conçoit, nous ne puiſſions neanmoins le concevoir autrement. Tout ce que nous pouvons faire, c'eſt que ne pouvant rien penſer de ſi parfait qui n'ait quelque imperfection attachée, nous tachions d'en oſter toute imperfection, & qu'en meſme temps nous avoüions que tout ce que nous luy attribuons, quelque parfait qu'il puiſſe eſtre, eſt toujours infiniment au deſſous de ſa divine perfection.

Au reſte il eſt bien vray qu'il n'y a rien de plus naturel à l'homme, que de ſe repreſenter Dieu ſous l'eſpece humaine, comme de quelque grand, magnifique, puiſſant, & tres-ſage Monarque, parce que la commune, & generale Notion de Dieu nous le repreſentant comme intelligent, nous ne concevons point d'intelligence que par rapport à la noſtre ; cependant de tous les Philoſophes il n'y en a preſque pas un ſeul qui n'ait taché de s'elever au deſſus de cette idée, & qui n'ait ſeparé de Dieu toute imperfection humaine. Il n'y a pas même juſqu'a Epicure qui n'ait fait ſon effort là deſſus ; car encore que dans Plutarque il donne aux Dieux la forme humaine, neanmoins il les a depoüillez de toute materialité & de tout ce qu'il a cru repugner à l'immortalité, & à la felicité divine, quoy que d'ailleurs il ait erré comme beaucoup d'autres dans la veritable connoissance de la Divinité. Quoy qu'il en soit, il est toujours certain que ceux qui ont fait Dieu incorporel, comme l'a fait Platon entre autres, & Aristote, ont eu de plus dignes sentimens de Dieu que tous les autres, non seulement parceque la Foy d'un costé nous l'enseigne, mais parceque la raison nous montre assez d'ailleurs que la Nature la plus excellente de toutes ne peut pas estre corporelle, acause des imperfections qui suivent necessairement la matiere, comme d'estre borné, & limité, estre composé, pouvoir estre divisé, estre sujet aux passions, & ainsi du reste.

Il est, dit-on, impossible de comprendre qu'outre le Vuide il y ait rien d'incorporel. Cependant il ne manque pas de grands hommes qui par la seule lumiere naturelle l'ont bien compris. Dieu, dit Ciceron, *ne se conçoit point autrement que comme un Esprit, ou un Entendement degagé, & libre de toute materialité mortelle, entendant tout, mouvant tout, &c.*

L'on ajoute que quelque effort qu'on puisse faire pour se representer une substance incorporelle, & divine, l'on experimente toujours qu'il se presente quelque espece, ou image de corporeité. Il est vray, & c'est, comme nous venons de dire, ce qui marque la foiblesse de l'Esprit humain ; mais il faut bien prendre garde de ne pas confondre l'Imagination avec la Raison, ou, s'il est permis de parler de cette sorte, l'Intelligence Intuitive, avec l'intelligence de Raison, de Raisonnement, de Consequence : Car nous demeurons volontiers d'accord que tant que l'Entendement est attaché, au corps il puise par les Sens les notions ou images qu'il a des choses, ce qui a donné lieu à l'Axiome, *Qu'il n'y a rien dans l'Entendement qui n'ayt premierement esté dans le Sens* ; nous demeurons, dis-je volontiers d'accord que tant que l'Entendement ne fait simplement que *Rem veluti intueri*, que regarder, pour ainsi dire, la chose, & la connoitre par une Intelligence qui soit terminée à une image, il se presente toujours quelque espece ou image de corporeité; mais il faut remarquer qu'outre cette sorte d'Intelligence ou connoissance Intuitive, il y en a une autre en nous à laquelle nous parvenons à force de raisonner, ou en tirant des Consequences, par laquelle nous entendons, ou conjecturons qu'il y a quelque chose outre ce qui est corps, outre ce qui tombe dans l'imagination : Car il arrive de là, que de mesme qu'outre la grandeur pedale, par exemple du Soleil que nous concevons toutes les fois que nous Philosophons de cet Astre, nous comprenons par nos raisonnemens qu'il y en a une autre que nostre Entendement quelque effort qu'il fasse ne peut atteindre ; ainsi nous comprenons en raisonnant, & en tirant des Consequences, qu'outre l'espece corporelle sous laquelle nous concevons Dieu toutes les fois que nous pensons à luy, il y a autre chose, il y a quelque Substance incorporelle que nostre Entendement avec tout l'effort qu'il puisse faire, ne peut jamais entendre ou connoitre intuitivement defaçon qu'il en ait une veritable espece.

CHAPITRE XIX.

Quel est le prochain, & premier Principe des actions dans les Causes Secondes.

APres avoir traité assez au long de la Cause Premiere, nous devrions ce semble aussi maintenant traiter amplement des Causes Secondes ; mais parceque ce mot comprend tout ce qui dans le Monde, excepté Dieu, a quelque vertu d'agir, & que par tout ailleurs dans la suite il se presentera occasion d'en parler, nous examinerons simplement icy quel est le principe interieur, primitif, & originaire du mouvement dans les Causes Secondes. Car il y en a qui tienent qu'il est Incorporel, comme Pythagore, Platon, & en un mot tous ceux qui admettent l'Ame du Monde, ou cet Esprit universel qui entretient, vivifie, & anime toutes choses. Les autres le tienent Corporel, comme les Stoiciens, qui veulent que ce ne soit autre chose que les Esprits qu'on appelle vulgairement Vitaux, & Animaux, & comme Leucippe, Democrite, & Epicure, qui ne faisant point de distinction entre les Causes, & les Atomes, veulent que les Atomes soient dits Matiere, entant que les choses en sont formées, & Causes, ou premiers principes du mouvement, entant qu'ils sont tres actifs de leur nature, & d'une mobilité inconcevable, ou, comme il a esté dit plus haut, doüez d'un mouvement tres rapide, & inamissible.

Pour nous, ce qui a esté dit en parlant de l'Ame du Monde nous oblige à croire que le principe interieur de mouvement, d'action, & d'activité qui est dans les Causes Secondes n'est point incorporel, & nous dispense mesme de prouver cecy plus au long: Car quoy que l'on ne puisse pas nier que Dieu ne soit incorporel, & qu'il ne penetre, & n'entretiene toute la Machine du Monde; neanmoins de dire qu'il soit l'Ame du Monde, en sorte que les Ames, ou les formes particulieres des hommes, des Bestes, des Plantes, des Metaux, des Pierres, & generalement de toutes choses, soient des parcelles de cette Divine Substance, cela est non seulement impie, mais aussi tres absurde: Comme si un estre incorporel, & qui est par tout spi-

voit estre detaché, divisé, transporté, & pris, ou embarassé, & affecté par le corps!

Le principe interieur dans les corps doit donc estre corporel, & il n'en faut point d'autre preuve sinon que les actions Physiques estant corporelles, elles ne se peuvent faire que par un principe Physique, & corporel. Et de fait, comme il faut de necessité que ce principe pousse le corps dans lequel il est, afin de le mouvoir, & conjoinctement avec luy les corps exterieurs qui se rencontrent, il n'est pas possible de concevoir qu'estant incorporel, & par consequent sans masse, sans solidité, sans dureté, & sans resistance, il puisse estre de telle maniere appliqué au corps qu'il le pousse & fasse impression sur luy, conformement à cet Axiome de Lucrece.

Tangere, nec tangi nisi corpus nulla potest res.

Aussi dirons-nous en son lieu à l'egard de l'Ame humaine, qu'entant qu'elle est Entendement, & par consequent incorperelle, elle ne produit que des actions intellectuelles, ou Mentales, & incorporelles, & qu'entant qu'elle est

Senſitive, Vegetative, capable de mouvoir les corps, & par conſequent corporelle, elle fait des actions corporelles, & meut ſon propre corps, & par ſon moyen les corps etrangers. Pour ce qui eſt de Dieu, l'on ſcait aſſez qu'il en faut raiſonner autrement ; parce qu'eſtant d'une vertu infinie, & preſent par tout, il peut agir, & mouvoir toute choſe, non pas par aucun mouvement de ſa propre Subſtance, mais par ſa ſeule volonté. La difficulté eſt un peu plus grande à l'egard des Subſtances ſeparées de la matiere que les Anciens appellent des Intelligences, des Genies, des Demons, & nous de bons Anges, de mauvais Anges; car ces Subſtances ne ſont point douées d'une vertu infinie, & ne ſont point immenſes, ou preſentes par tout comme Dieu ; joint qu'elles ne ſont point les formes des corps, ni en quelque façon compoſées de parties corporelles, & incorporelles comme les Ames humaines, pour pouvoir agir ſur les corps. Mais peuteſtre pourroit-on dire que les Anges ont premierement eſté creez incorporels, ou de pures Intelligences, afin de pouvoir connoitre, aimer, loüer, & benir Dieu,

& que les hommes ayant enfuite efté creez, & Dieu ayant deftiné une partie de ces Anges pour avoir foin d'eux, & par confequent pour mouvoir leur imagination, former, & prendre des corps dans lefquels ils puffent apparoitre, voir, marcher, manger, parler, & defaire mefme des Armées entieres, Dieu par un effect de fa Toute-puiffance, & par une voye tout à fait extraordinaire les a doüez d'une vertu particuliere, & qui furpaffe l'intelligence humaine, par laquelle ils font rendus propres à toutes ces fonctions corporelles.

Au refte, comme nous avons fuppofé que l'Opinion qui tient les Atomes pour la matiere premiere] des chofes eft la plus probable, nous pourrions bien auffi fuppofer que tous les Atomes ne font pas egalement mobiles, parceque Dieu eftant l'Autheur de toute la mobilité qui eft en eux, les uns ont pû eftre creez extremement mobiles, les autres peu, & les autres point du tout, d'ou l'on pourroit expliquer pourquoy entre les corps compofez il y en a de tres mobiles, comme le feu, d'autres de tres lents, comme la Pierre, & d'autres d'une mobilité moyene comme les differentes especes d'Animaux : Mais rien n'empesche aussi de supposer avec les Autheurs des Atomes, que tous les Atomes sont d'une extreme, & pareille mobilité, de façon que s'il y a des composez qui paroissent estre plus, ou moins mobiles, plus, ou moins lents, & inhabiles au mouvement, cela peut venir de ce que les Atomes à raison de leur figure, & de leur grandeur particuliere sont plus libres, plus degagez, & se debarassent plus aisement, desorte que venant à frapper contre les parties les plus fixes, & les plus adherantes, ils impriment du mouvement, & font mouvoir la masse ; ou de ce qu'estant plus embarrassez, plus empeschez, mieux acrochez ils se retiennent mutuellement, de telle sorte que ne pouvant que peu, ou point du tout avancer ni d'un costé, ni d'autre, ils rendent la masse lente, & paresseuse, ou immobile.

Ce qu'il faut de necessité supposer, c'est que quelle que soit la mobilité qui a esté imprimée aux Atomes, cette mobilité persevere toujours constamment la mesme, ensorte que s'ils peuvent estre empeschez de se mouvoir, comme pretendent quelques-uns, ils sont neanmoins toujours dans une espece d'effort continuel, & comme taschant perpetuellement de se mettre en liberté, & de se remettre en mouvement ; & cette supposition est absolument necessaire pour pouvoir donner raison de cette constance si grande, & si etonnante de mouvemens, & de vicissitudes que nous remarquons dans la Nature, comment il se peut faire que certains corps se meuvent perpetuellement, & sans interruption, que d'autres se reveillent, pour ainsi dire, de leur assoupissement, & de leur paresse, & recommencent leur mouvement apres avoir esté long-temps en repos, & que d'autres enfin se dissolvent d'eux-mesmes, se dissipent, & s'exhalent.

Et que l'on n'objecte point qu'il est impossible qu'une mesme chose soit en mesme temps ce qui meut, & ce qui est meu, que tout ce qui est meu est meu par un autre, & ainsi de plusieurs autres Axiomes de la sorte ? Car tout cela a bien quelque difficulté chez Aristote, mais non pas chez les Stoiciens qui font mesme la Premiere Cause mobile, mais non pas chez Platon qui fait l'Ame mobile par foy, mais non pas chez ceux qui font la Matiere mobile d'elle mefme, ou par elle mefme, & qui ne luy cherchent point de principe extrinfeque de fon mouvement. Auffi eſt-il abfolument impoffible de concevoir, qu'une chofe en puiſſe mouvoir une autre, quoy qu'elle luy foit prefente, & conjointe, fi elle demeure immobile en elle mefme, & fi elle attend à eftre meüe par le mouvement d'une autre.

Il eſt donc plus naturel de dire que dans chaque chofe le principe des actions, & du mouvement eftant la partie la plus mobile, la plus active, & celle qui eſt comme la fleur de la matiere, & qui eſt d'ordinaire appellée Forme, & peut eftre conceüe comme une contexture tres deliée d'Atomes tres fubtils & tres mobiles; il eſt, dif-je, plus naturel de croire que la premiere Caufe mouvante dans les chofes Phyfiques font les Atomes, en ce que lorfqu'ils fe meuvent d'eux mefmes, c'eſt à dire par la force perfeverante & inamiffible qu'ils ont receüe de Dieu dés leur creation, ils donnent le mouvement à toutes chofes, & font par confequent l'origine, le principe, & la caufe de tous les mouvemens qni sont dans la Nature ; ce qui a fait dire à Lucrece que les premiers Principes se meuvent d'eux-mesmes.

Prima moventur enim per se Primordia rerum,
Inde ea quæ primo sunt corpora cōciliata,
Et quasi proxima sunt ad vires Principiorum,
Ictibus illorum coecis impulsa cientur ;
Ipsaque quæ porrò paulò majora lacessunt.
Sic à Principiis ascendit motus, & exit
Paulatim nostros ad Sensus.

C'est à dire que du concours de quelques Atomes il s'en fait premierement de tres petites masses, ou molecules, qui sont veritablement portées d'un certain costé selon l'impetuosité du plus grand nombre d'Atomes, mais dont le mouvement est pourtant rendu plus lent par ceux qui font effort au contraire, & qui agissent transversalement ; que se joignant ensuite d'autres Atomes il se forme des masses un peu plus grandes, & que selon le mouvement de ceux qui se joignent ces masses sont meuës ou plus viste, ou plus lentement ; que s'en joignant derechef d'autres, les masses se vont toujours faisant plus

M 5

grandes, & plus grandes, jufques à qu'elles devienent fenfibles, & que leurs mouvemens fe puiffent obferver; que furvenant enfin de nouveaux Atomes, & de nouvelles petites maffes qui fe joignent, & s'uniffent mutuellement, il fe forme de là tous les corps naturels foit grands, foit petis, & que ces corps font leurs mouvemens, & leurs actions particuliers felon la contexture particuliere des Atomes ; ce qui fait que toute l'action, que tout le mouvement qu'ont les corps naturels, doit eftre rapporté aux Atomes.

LIVRE II.
DU MOUVEMENT.

CHAPITRE I.
Ce que c'est que Mouvement.

NOUS avons presque supposé jusques icy que l'action des Causes secondes estoit la mesme chose que leur mouvement; comme n'y ayant rien qui puisse agir qui ne se meuve, ni reciproquement rien qui se puisse mouvoir qui n'agisse. C'est ce qu'Aristote semble aussi avoir supposé, lorsqu'il dit *qu'il appartient proprement au Physicien de traiter du mouvemēt, parceque le mouvement estant ignoré, la Nature est necessairement ignorée*; La Nature, dis-je qui ne se fait paroistre en rien d'avantage que par le mouvement, qui est comme l'effort, & le premier fruit par lequel elle donne à connoître ce qu'elle est. Aussi est-ce pour cela que les Sectateurs d'Aristote veulent que l'Estre mobile soit le sujet de la Physique ; ce qu'il dit luy-mesme plus d'une fois, & principalement dans l'onzieme Livre de sa Metaphisique, où il enseigne que la Physique est *une Science qui regarde les choses qui ont en elles mesmes le principe du mouvement.*

Je ne repete pas icy que le principe par lequel toutes les choses de la Nature, & tous les composez sont meus, semble estre dans ces choses acause du mouvement naturel des Atomes ; en sorte que si pendant que les Atomes sont differemment agitez au dedans de quelque corps, il arrive que ceux qui sont plus mobiles, & plus degagez que les autres, conspirent à faire leur effort vers quelque endroit, ils y poussent tout le corps qui entraine parconsequent avec soy le reste des Atomes : Il suffit de remarquer que nous traitterons ailleurs de ces mouvemens qu'on prend pour des especes de changement, & qu'il ne s'agit icy que du mouvement qui est d'ordinaire appellé Local, c'est à dire de celuy que tout ce qu'il y a d'hommes au monde entendent d'abord par le nom de Mouvement, & qu'Aristote definit *l'Acte d'un Estre en puissance, entant qu'il est en puissance*, Epicure, *Le passage d'un lieu à un autre lieu*, & plusieurs de nos Modernes, *Vne application successive d'un corps aux parties des corps voisins*; en un mot, de celuy qu'Aristote dit estre proprement appellé mouvement ; mais avant que de passer outre, jettons la veuë sur ces celebres Sophismes que quelques Anciens apportoient pour prouver que rien ne se mouvoit, ou qu'il n'y avoit point de mouvement.

Le principal de ces Argumens a deja esté touché, c'est celuy par lequel Zenon soûtenoit que le mouvement ne sçauroit jamais commencer, parceque, disoit-il, la premiere & prochaine moitié de quelque espace que ce soit devant estre parcourue avant la moitié plus eloignée, & cette premiere moitié ayant derechef une premiere & prochaine moitié, qui par la mesme raison doit estre auparavant parcourue, cette seconde une autre de mesme, & ainsi à l'infiny, sans qu'il y ait jamais un premier moment devant lequel on n'en puisse pas prendre un autre, & dans lequel il ne reste une moitié de moitié;

cela fait qu'on ne sçauroit jamais entrer dans l'espace, & par consequent que le mouvement ne sçauroit jamais commencer.

Il pretend par un autre argument qu'un mobil tres-viste, comme Achille, qu'Homere appelle *viste des pieds*, ne pourra jamais en atteindre un tres lent, comme une Tortue ; en ce que n'y ayant aucun moment dans lequel la Tortue parcourt quelque petit espace que ce soit, qu'Achille n'ait besoin d'un moment pour le parcourir, & que dans le mouvement d'Achille il n'y a pas plus de momens que dans le mouvement de la Tortue; cela fait qu'Achille n'avance jamais tant vers la Tortue, que la Tortue ne le precede d'autant, & qu'ainsi il ne la peut jamais atteindre.

Ce sont là les raisons que Diogene crut ne devoir point refuter autrement qu'en se levant, & en marchant : Et c'estoit à mon avis, en user tres-judicieusement ; car Aristote tasche veritablement de les resoudre en disant que les parties du Continu, & par consequent de l'Espace, & du Temps ne sont pas infinis actuellement, mais seulement en puissance ; cependant il reste toujours de la difficulté, comme on peut voir par ce qui a été dit en parlant de la divisibilité du Continu à l'infiny.

Or ne seroit-il point plus commode, & plus aisé de dire que ces difficultez ne regardent point ceux qui admettent les Atomes, en ce qu'elles n'ont de force, & que Zenon ne les proposoit que dans l'hypothese de ceux qui admettent la Quantité divisible à l'infiny ? Et ainsi, n'y devons-nous pasplutost repondre en niant cette infinité imaginaire de parties, tant en puissance qu'en acte, & en accordant des Indivisibles, non pas Mathematiques, & infinis, mais Physiques, & finis ? Car nous avons aussi deja fait voir que cette infinité de parties dans le Continu, & cette indivisibilité Mathematique n'est point en nature, mais que c'est une pure Hypothese des Mathematiciens, & qu'ainsi il ne faut point argumenter dans la Physique en supposant des choses que la Nature ne connoit point.

CHAPITRE II.
Du Mouvement Naturel, & Violent.

L'On sçait que le Mouvement se divise d'ordinaire en Naturel, & en Violent; & qu'Aristote qui est l'Autheur de cette celebre division, veut que le Naturel soit celuy dont le principe est interne, le Violent au contraire, celuy dont le principe est externe, ensorte qu'on puisse dire que ce qui se meut de soy, ou par soy, est meu naturellement, & que ce qui est meu par un autre, est meu avec violence: Mais Aristote trouble ensuite luy-mesme la chose, lors qu'il croit, ou plutost qu'il explique que quelque chose est meüe par un autre, & n'est toutefois pas meüe avec violence; & d'ailleurs il naist des difficultez, qui bien qu'elles ne soient en apparence que des questions de nom, doivent neanmoins nous obliger de chercher une notion plus facile, & qui puisse mieux s'accommoder aux termes de Naturel, & de Violent.

C'est pourquoy, il semble qu'il sera plus aisé, & plus commode d'entendre par le mouvement Naturel, *Celuy qui se fait selon la pente de la Nature, ou sans aucune repugnance*, & par le mouvement Violent, *Celuy qui se fait contre Nature, ou avec quelque repugnance*. Ainsi l'ō dira du mouvemēt d'un Animal qui marche, qu'il est naturel; parcequ'il se fait avec une certaine propension naturelle, au lieu que s'il marche par un lieu bourbeux, s'il monte, ou s'il saute, il sera dit violent; parceque bien qu'il se fasse par un principe interne, neanmoins il ne se fait point sans quelque repugnance ou externe, ou interne : Et au contraire, lorsqu'une bale poussée vole par l'air, son mouvement sera dit violent; en ce qu'il se fait contre Nature, & avec quelque repugnance ou interne, ou externe ; mais si elle est roulée sur un plan, il sera dit naturel; parcequ'encore que le principe en soit externe, il est toutefois sans aucune repugnance soit interne, soit externe.

Il faut neanmoins remarquer que tout mouvement est naturel de son origine; en ce qu'il vient des Atomes qui se meuvent naturellement, & sans aucune repugnance; de façon que s'il y a quelques mouvemens violens, cela est accidental, & provient de la nature des choses composées; en ce qu'elles sont meües avec repugnance. Et l'on ne doit pas trouver etrange qu'on admette quelque chose de violent dans la Nature; parceque rien n'est violent à l'egard de la Nature universelle, mais seulement à l'egard de la particuliere; desorte que si vous estimez qu'il soit naturel que plusieurs choses s'engendrent, vous devez aussi estimer qu'il est naturel que plusieurs choses se corrompét, & soient par consequent meües avec violence; je dis naturel au regard de toute la Nature, laquelle ne peut pas entretenir la suite des generations sans des corruptions, ni par consequent sans faire violence aux Natures particulieres. Et mesme, quoy qu'on demeure vulgairement d'accord que le mouvement des Animaux est naturel, il est neanmoins constant qu'il intervient toujours quelque violence, dont la lassitude qui suit peu à peu est une marque evidente.

Au reste, comme le mouvement des Atomes est tres naturel, & qu'il est par consequent tres uniforme, ainsi dans les composez autant qu'un mouvement est naturel, autant semble-t'il estre uniforme. C'est pourquoy l'Uniformité peut estre prise comme la marque, ou le caractere du mouvement naturel, defaçon que le mouvement Naturel soit defini, *Celuy qui est Vniforme*; le Violent, *Celuy qui est Inegal*. Ce qui se peut confirmer par l'Axiome, *Que tout ce qui est violent n'est point perpetuel*; l'uniformité estant comme la source, & l'origine de la perpetuité, & l'inegalité celle de la cessation; aussi n'y a-t'il chose au Monde qui en se fortifiant puisse soufrir une augmentation perpetuelle, ou en decroissant une perte perpetuelle; ainsi l'inegalité, comme contraire à la perpetuité, est le caractere d'une chose violente, & l'uniformité celuy d'une chose naturelle; de là vient qu'a l'egard des mouvemens Celestes, la raison pourquoy ils sont censez naturels est, qu'ils sont aussi censez uniformes, & par consequent perpetuels.

A l'egard des mouvemens droits, tels que sont ceux des choses legeres, & des pesantes soit Elemens, soit Corps mixtes, ils doivent estre censez violens; en ce qu'ils sont tres-inegaux, & qu'ils sont de nulle, ou de tres petite durée: Je ne parle point du feu qui perit en naissant, ni de l'air qui ne se porte pas plutôt vers le haut que vers le bas; je ne parle, dis-je, point de ces deux Elemens, d'autant plus qu'on demeure d'accord que leur mouvement n'est pas uniforme; je remarque seulement à l'égard du mouvement des parties de la Terre, & de l'Eau, & universellement de toutes les choses pesantes, qu'il dure tres-peu, & de plus qu'il est tellement inegal, & d'une telle augmentation de vitesse dans son progrez, que si nous posons qu'il puisse estre continué, il n'y a point de corps, quelque dur, & compacte qu'il puisse estre, qui ne doive estre dissous, & dissipé en tres-peu de temps, ce qui est une marque evidente qu'il est violent; puis qu'on ne sçauroit dire comment un mouvement qui va à la destruction de la Nature, puisse estre naturel.

Que le principe du mouvement des choses pesantes est externe.

MAIS, direz-vous, le principe de ce mouvement doit-il donc

estre externe ? Ouy certes ; mais avant que d'en venir à la preuve, il est bon de sçavoir que ce n'est pas sans raison qu'Aristote tasche de reduire à l'Attraction, & à la Pulsion toutes les differentes especes du mouvement qui se fait par un principe externe, veu mesme que l'attraction peut estre rapportée à la pulsion, en ce que celuy qui attire une chose, ne fait que la pousser ou vers soy, ou vers quelque costé ; desorteque si les choses pesantes ne sont pas portées vers le bas par un principe interne, leur mouvement se doit faire ou par Pulsion, ou par Attraction.

Cecy supposé, je dis que la Pesanteur, ou ce parquoy une pierre, par exemple est meuë, ne peut point estre une qualité propre & naturelle à la pierre pour chercher precisement son lieu, ou entant qu'il est lieu ; parce qu'en quelque endroit que soit la pierre, elle a son lieu, & n'en peut occuper un plus grand, ou un plus petit, mais elle doit plutost luy estre donnée pour chercher la chose qui est dans le lieu vers lequel elle tend. Et pour faire voir que cela est ainsi, imaginons-nous que lors qu'une pierre est dans l'air, Dieu reduise toute la machine du Monde au neant, à l'exception de cette seule pierre ; si nous concevons que la pierre change de lieu, vers quel costé dirons-nous qu'elle doit estre meuë ? Sera ce vers le haut, ou vers le bas ? Mais il n'y auroit plus alors ni haut, ni bas, & dans l'espace vuide qu'il resteroit, tout lieu luy seroit absolument indifferent. Vous direz peut estre qu'elle seroit portée vers ce poinct où estoit auparavant le centre du Monde : Cependant ce poinct n'en seroit plus le centre, & si Dieu reproduisant le Monde etablissoit le centre dans un autre poinct de l'espace, comme si selon la supposition d'Aristote, il mettoit la Terre où est presentement la Lune ; il arriveroit, ce semble, non comme il dit, que les parties de la Terre seroient portées vers le premier lieu, mais qu'elles seroient portées vers le dernier : C'est pourquoy, comme il y a deux choses icy vers lesquelles la pierre seroit portée, asçavoir la Terre, & le lieu de la Terre, il semble qu'elle seroit absolument portée vers la Terre par soy, & vers le lieu de la Terre par accident.

Ce qui confirme cecy est, que la Pierre peut bien estre jointe à la Terre, mais qu'elle ne peut toutefois pas occuper le lieu de la Terre, parceque deux corps ne peuvét pas estre enséble dans le même lieu. Et d'ailleurs la pierre peut estre d'autant moins portée par soy vers le centre, qu'il ne luy est pas permis, ni à quelque autre corps que ce soit de penetrer jusques là; & quand mesme quelque chose y pourroit penetrer, elle ne pourroit trouver son lieu dans le centre, qui estant un poinct indivisible, ne peut estre le lieu d'une chose qui a de la grandeur: Neanmoins elle y est portée par accident, en ce que tendant vers la Terre par la ligne la plus courte qui est la droite, c'est par accident que nous comprenons qu'une ligne de cette sorte estant continuée passe par le centre de la Terre.

Deplus, supposez qu'il n'y ait aucune communication entre la pierre, & la Terre, comme il arriveroit si l'espace qui environne la pierre estoit absolument vuide, & qu'il ne s'ecoulast rien de la pierre vers la Terre, ni de la Terre vers la pierre; croyez vous qu'alors la pierre seroit portée vers le corps de la Terre ? Cela n'est pas vraysemblable ; parcequ'elle n'en auroit aucun sentiment, & il luy seroit egal que la Terre fust en cet endroit, ou dans un autre, & qu'elle fust, ou qu'elle ne fust pas absolument dans la Nature. Or l'Air estant maintenant entre la pierre, & la Terre, pensez-vous que la pesanteur de la Terre soit excitée par l'Air pour porter la pierre vers la Terre ? Mais ne voyez-vous pas que ce mesme air environne la Pierre de tous costez, & qu'il n'est pas de soy plus propre à l'exciter pour un costé plutost que pour un autre ? Ce que vous comprendrez aussi mieux, si vous supposez qu'il n'y ait autre chose que la pierre, & l'immensité de l'Air. Il faut donc, outre l'Air, reconnoitre qu'il parvient quelque chose de la Terre vers la Pierre, à laquelle il ne parvient rien de semblable de l'autre endroit ; c'est pourquoy, outre ce qui est dans la pierre, il se doit faire une certaine transmission de la Terre vers la pierre par le moyen de laquelle elle soit attirée vers elle.

Il en est en cecy de mesme que lorsqu'un Enfant est porté vers une pomme; car il n'est point porté vers cette pomme me seulement acause de l'Air qui est entre-deux, mais il est necessaire que la pomme luy transmette ou son image dans l'œil, ou son odeur dans le nez, afin qu'il soit emporté vers elle.

Mais pourquoy chercher d'autres comparaisons, puisque nous n'en pouvons apporter de plus propre que celle de l'Aiman, vers lequel le fer tend, non entant qu'il est dans un certain lieu, mais entant qu'il est Aiman; puisqu'en quelque lieu qu'il soit, il est porté vers luy, & que ce n'est point à l'occasion de l'Air, ou d'un autre corps intercepté, mais parcequ'il luy transmet quelque chose qui l'excite, & le fait venir vers luy. C'est pourquoy je dis, que si cette force par laquelle le fer est porté vers l'Aiman en quelque endroit qu'il soit placé, n'est pas tant une qualité qui soit en luy, qu'une qualité qui luy soit imprimée de dehors, il semble aussi que cette force par laquelle la pierre est portée vers la Terre en quelque endroit qu'elle soit placée, n'est pas tant une qualité naturelle à la pierre, qu'une qualité qui luy est imprimée; & nous n'avons pas moins accoutumé pour cela d'appeller cette force pesanteur, mais nous entendons par cette pesanteur, non une qualité qui pousse par dedans, mais qui tire par dehors.

Pour comprendre cecy plus aisément, soutenez dans vostre main quelque morceau de fer d'une pesanteur determinée, par exemple d'une livre ; vous direz sans doute que vous soutenez un corps qui par une pesanteur qui luy est naturelle est porté vers la Terre, & vous jugerez qu'une telle pesanteur est d'une livre ; s'il arrive ensuite que quelqu'un mette sous vostre main une pierre d'Aiman, il est certain que vous experimenterez que ce morceau de fer pesera beaucoup davantage, & que sa pesanteur sera de plusieurs livres : Jugerez-vous alors que cette pesantur ajoûtée luy est naturelle ? Cependant elle n'est point differente de l'autre. Vous connoissez donc par là qu'il peut y avoir vne pesanteur qui ne soit point naturelle & interne, mais qui soit une force imprimée par un principe externe. Or pourquoy toute pesanteur ne sera-t'elle point de mesme, ou semblable à celle qui est surajoûtée au fer par l'attraction de l'Aiman ; & pourquoy n'y en peut-il pas avoir une qui provienne de l'attraction de la Terre ? Ne voyez-vous pas que si toutes les fois que vous avez soutenu ce morceau de fer, il fust arrivé que la mesme pierre d'Aiman dont vous n'eussiez pas connu la vertu attractrice, eust esté sous vostre main, vous eussiez juré que cette pesanteur du fer luy estoit naturelle ? Et que pensez-vous faire maintenant, quand vous assurez que la pesanteur que vous sentez dans la pierre est naturelle ; puisque toutes les fois que vous avez soutenu la pierre dans vostre main, la Terre à toujours esté dessous, la Terre dis-je, que vous ne sçaviez, ni ne croyiez pas avoir la force d'attirer la pierre ?

Quoy, direz-vous, si la Terre estoit un grand Aiman, se pourroit-il faire qu'elle attirast le fer plus lentement que ne fait un petit Aiman ? Mais la Terre est toujours d'autant plus puissante que l'Aiman, en ce que non seulement elle attire le fer, mais aussi l'Aiman mesme qui attire le fer ; & d'ailleurs l'Aiman tout petit qu'il est, peut avoir une plus grande quantité de rayons attractifs ramassez, qu'il n'en sort du petit endroit de Terre qui est egal à celuy qu'occupe l'Aiman.

Il n'eſt pas neceſſaire de rapporter ou faire voir icy l'Analogie qui eſt entre le fer, & l'Aiman, puiſque nous la devons expliquer plus amplement dans un autre endroit; & cette Analogie eſt telle que je ſuis perſuadé que le corps meſme de la Terre (excepté cette ſeule croûte qui eſt vers la ſuperficie, & qui eſt differemment gaſtée & corrompue par les differentes alterations) n'eſt autre choſe qu'un grand Aiman, & que l'Aiman qu'on tire des Mines n'eſt autre choſe qu'une petite Terre qui provient de la veritable & legitime ſubſtance de la Terre.

Je dis ſeulement par avance, que ſi apres avoir obſervé qu'un Rejetton qu'on a planté pouſſe des racines, qu'il germe, qu'il jette des branches, qu'il produit des fueilles, des fleurs, & du fruit, & qu'il fait toutes les autres choſes qu'un Olivier a coûtume de faire, on ne fait aucune difficulté d'aſſurer que ce rejetton à eſté retranché de l'Olivier, ou de la veritable ſubſtance de l'Olivier; demeſme auſſi apres avoir mis un Aiman en equilibre, & ayant obſervé que non ſeulement il a des Poles, un Axe, un Equateur, des Paralleles, des Meridiens, & toutes les autres choses qu'a le corps mesme de la Terre, mais aussi qu'il affecte une conformation avec la Terre mesme en tournant ses poles vers les poles de la Terre, & ses autres parties vers les parties semblables de la Terre; pourquoy ne peut-on pas asseurer que l'Aiman à esté retranché de la Terre, ou de la veritable substance de la Terre?

Et si vous voyez de plus, que ce rejetton ayant esté coupé en plusieurs parties, chaque partie pousse des racines, germe, & fait toutes les autres choses que fait le rejetton tout entier, & tout l'Olivier mesme; comme vous ne faites point difficulté d'inferer que les parties, le rejetton, & l'Olivier ont une mesme nature, & qu'il y a dans tout l'Olivier une certaine forme, ou Ame qui est en quelque sorte toute dans tout l'Olivier, & toute dans chaque partie de l'Olivier; de mesme aussi, quand vous voyez un Aiman coupé en plusieurs morceaux, & qu'il y a dans chaque morceau des poles, un axe, un equateur, & les autres choses qui sont dans tout l'Aiman, & mesme dans toute la Terre; rien ne vous peut empescher d'inferer que ces morceaux, & l'Aiman mesme, & toute la Terre ne soient d'une mesme nature, & qu'il y a une certaine forme, ou Ame qui est en quelque sorte toute dans toute la Terre qui est ce grand Aiman, & toute dans chacune de ses particules. Ce que je dis par avance, afin que vous compreniez que si la nature de la Terre est la mesme que celle de l'Aiman, la force attractrice de l'une & de l'autre peut estre la mesme, ou que si elle n'est pas la mesme, l'on peut dire au moins qu'elle luy est analogue, ou semblable.

Puis donc qu'il est tres probable qu'il part de l'Aiman des corpuscules qui servent à son attraction, & que d'ailleurs il seroit ridicule de concevoir que l'Aiman transmist une qualité dans le fer sans luy transmettre sa substance, soit parcequ'un accident ne passe point d'un sujet dans un autre, ou parcequ'il ne se peut faire d'infinies propagations, comme il s'en devroit faire, &c. Puisqu'il est, dis-je, probable qu'il s'ecoule de l'Aiman des corpuscules insensibles qui touchent, affectent, & attirent le Fer qui est eloigné; il est demesme tres probable qu'il s'en ecoule aussi de la Terre qui touchent, affectent, & attirent les choses qu'on appelle pesantes, & qui en sont éloignées.

La difficulté consiste à sçavoir la maniere dont elle les attire. Car quoy qu'on demeurast d'accord non seulement qu'vn corps n'en peut attirer vn autre, s'il ne luy transmet quelque chose qui luy serve à l'attirer vers soy, mais aussi que la Terre envoye des corpuscules qui attirent la pierre vers elle; il y auroit toûjours bien de la peine à comprendre de quelle figure ils sont, & de quelle maniere ils peuvent estre les organes ou instrumens de cette attraction; & c'est icy principalement que la conjecture doit avoir lieu, puis qu'il est non seulement difficile, mais impossible de connoître le veritable moyen par lequel la nature interne des choses execute ses admirables operations. Aussi, bien loin de pretendre dire quelque chose de certain, nous n'apportons que de foibles conjectures, à dessein d'inviter les autres à chercher quelque chose de meilleur, & de plus vray semblable.

Ie sçay bien que Descartes soûtient que la Terre est emportée d'Occident en Orient par vne certaine matiere subtile dans laquelle elle nage, que cette matiere tourne plus viste que la masse de la Terre, & qu'ayant par consequent plus d'inclination à s'en eloigner que les autres corps grossiers, elle repousse ces corps vers la Terre, & les contraint de s'en approcher. Mais Premierement pour ne m'arrester point à ce qu'il suppose sans aucun fondement, Que tout est plein, & que la Terre nage dans vne matiere subtile qui la fait tourner; je ne sçais pas comment la Terre n'ayant selon luy aucune pesanteur, doit tourner moins viste que cette pretendue matiere subtile. Secondement, s'il est vray que cette matiere subtile tende à s'éloigner de la Terre, il semble qu'elle devroit plutôst emporter avec soy & éloigner de la Terre les choses pesantes, par exemple vne pierre qu'elle rencontreroit en l'Air, que de les pousser vers elle, & les en approcher. Troisiémement, cette matiere estant meüe circulairement à l'entour de la Terre, & ne pouvant par consequent tendre à s'en éloigner que circulairement, elle ne sçauroit par consequent aussi faire tomber vne pierre que circulairement, & jamais perpendiculairement vers le centre. Quatriémement, vne pierre ne tendroit vers le centre en nul endroit de la Terre que sous l'Equateur, par tout ailleurs elle tomberoit selon les cercles paralleles à l'Equateur, & enfin sous les Poles elle ne viendroit, ou ne tomberoit point du tout vers la Terre.

Si la Terre, l'Aiman, les Pierres n'auroient point quelque espece d'Ame?

NE pourroit-on donc point soûtenir dans l'hypothese de ceux qui tiennent que la Terre envoye quelque chose à la pierre, & qui croyent avec Thales, & plusieurs autres Anciens, que la Terre, & la pierre ont vne espece d'Ame pareille à celle qu'ils donnent au Fer, & à l'Aiman ? Ne pourroit on point, dis-je, dans cette hypothese soûtenir que ce que la Terre envoye à la pierre est vne espece analogue à celle qu'vn objet sensible envoye à la faculté sensitive, & par laquelle l'Animal est excité & attiré ? Que la Terre comme vne espece d'Animal, a assez de sentiment pour connoître ce qui luy est propre, ou nuisible ? Qu'elle connoit naturellement que la separation de ses parties va à sa destruction ? Qu'elle a en soy de quoy s'en procurer la reunion, c'est à dire des organes propres pour les ramener quand quelque force les en a separées, & que ces organes sont comme de certains rayons magnetiques qu'elle lance apres la pierre, ou qu'elle tient toûjours tendus jusques à vne certaine distance, soit pour exciter simplement dans la pierre l'Ame sensitive qui y est en partie comme dans la Terre, & par là l'avertir, & l'inviter à venir d'elle même se reunir à elle comme à son tout, dans lequel elle connoit aussi naturellement qu'elle trouvera son bien, son entretien, & sa conservation, soit pour l'attirer comme par force à ce tout par le moyen de ses rayons magnetiques, comme par autant de petis crocs, de petis bras, ou des petites mains insensibles ?

Certainement l'on reconnoîtra ensuite de ce que nous dirons dans tous les Chapitres que nous indiquons en traittant de l'Aiman, que cette opinion n'est peut estre pas si ridicule qu'on le pourroit d'abord imaginer. Neanmoins quelque poids que puisse avoir l'authorité des Anciens, & quoy qu'on fist cette Ame vne Ame à sa maniere, & tout à fait differente de la Vegetative, de la Sensitive, & de la Raisonnable, il y auroit toûjours, ce semble, quelque temerité à suivre cette opinion.

D'ailleurs cet organe, ou instrument dont la Terre se serviroit pour attirer la pierre, devant estre continu depuis la Terre jusques à la pierre, par quel moyen pourra-t-il s'accrocher, & attirer s'il est composé de parties seulement contigües, si lors qu'il est sorty de la Terre il ne luy est point attaché par l'vne de ses extremitez, si s'estant insinué, si vous voulez, par un de ses petis crochets dans les petites anses de la pierre, il n'est point amené vers elle, & qu'au contraire il soit continuellement poussé en avant? De quelque maniere certes qu'on prenne la chose, & soit qu'on ait recours aux embrassemens du Fer, & de l'Aiman d'Empodocle, à l'interception du Vuide de Democrite, & à la fuite du Vuide de Platon, nous trouverons toûjours les mêmes difficultez.

Toutesfois, s'il nous eſtoit permis de meſler nos conjectures avec celles des autres, ne pourrions-nous point dire que l'emiſſion continuelle, & ſucceſſive des corpuſcules qui forment les rayons de la Terre, entretient ſes rayons dans vne eſpece de roideur, & que leur continue, & conſecutive ſubſtitution, preſſement, & puiſſante pulſion en peut cauſer la roideur, comme il arrive à l'egard de ces petites verges d'eau qu'on fait paſſer de force par des tuyaux fort étroits, ou à l'egard des rayons de lumiere qui par la meſme raiſon ſont tenus roides, & tendus, & qu'on ne ſçauroit conçevoir eſtre dardez, & reflechis d'vne autre maniere ?

Certes, de meſme qu'entre les rayons de lumiere qui partent d'un certain poinct, & qui traverſent les petis pores, ou paſſages qu'ils rencontrent dans la ſuperficie de l'eau, il y en a toûjours vn qui paſſe en ligne droite & perpendiculaire, les autres ne la traverſant qu'avec quelque detour, refraction, & inclination vers cette perpendiculaire, de meſme auſſi nous pouvons conçevoir qu'entre les rayons qui partent de la Terre, & qui sont constamment repandus en rond, il y en a toûjours vn qui passe directement, & par le milieu de la masse de la pierre, & que tous les autres la traversent avec refraction, & detour vers cette perpendiculaire.

Cecy supposé, nous conçevons tres distinctement que tous ces rayons inclinez pressent les petites parties solides de la pierre qui sont proche, & à l'entour de ce rayon perpendiculaire, comme celuy vers lequel estant detournez ils font tous en particulier leur petite pulsion, en sorte qu'il est impossible que tous ces rayons ainsi courbez ne pressent les parties de la pierre qui sont contenües dans cet angle de detour, & d'inflection, & qu'enfin par ce pressement elles ne soient poussées vers la Terre ; tous ces petis rayons qui conspirent ensemble à pousser la pierre vers la Terre, estant comme autant de bras dont les coudes & les articles sont dans ces petis detours.

Enfin, soit que cette attraction se fasse de cette maniere, ou de quelque autre, il est au moins constant qu'il s'en fait quelque-vne, principalement par l'Aiman, duquel tout ce qu'on pourra inferer, pourra pareillement estre inferé de la Terre. C'est pourquoy il doit suffire que nous disions que rien ne repugne que le mouvement des choses pesantes, & qui tombent, se fasse par l'attraction de la Terre, en ce qu'il sort d'elle des corpuscules comme de certains organes qui attirent.

Et afin que vous ne doutiez pas que cette emission de corpuscules de la Terre ne soit vray-semblable, concevez que Dieu ait crée, & mis vne pierre beaucoup au delà des extremitez du Monde avant qu'il creât le Monde ; croyez-vous que le Monde ayant esté crée depuis, la pierre auroit esté aussi-tost portée vers la Terre ? Si vous le croyez comme vne chose conforme aux principes & suppositions d'Aristote, n'est-ce pas parce que vous reconnoîtrez que la pierre devroit avoir comme vne espece de sentiment par lequel elle devroit sentir, ou connoître, pour ainsi dire, en quelque maniere, que la Terre seroit ? Et par consequent n'est-il pas necessaire qu'il se repande quelque chose depuis la Terre jusqu'à la pierre, afin que la Terre se fasse sentir d'elle, ou exprime en elle son senriment ? Autrement comment le sentiment de la Terre seroit-il excité dans la pierre ? Et par quelle maniere le mouvement seroit-il commencé ? Or si la Terre eust envoyé pour lors quelque chose, il est certain que ce n'eût pû être que des corpuscules tres subtils qui auroient deu traverser ces espaces, exciter le sentiment de la pierre, & l'attirer.

Que si vous croyez que la pierre n'auroit pas esté portée vers la Terre, & qu'elle seroit demeurée dans l'endroit où elle estoit, n'est-ce pas parce que vous reconnoissez qu'il n'y auroit eu aucune communication de cette pierre avec que la Terre, & que ne s'étant fait aucune transmission de part, ni d'autre, le sentiment de l'une n'auroit pû estre imprimé à l'autre, & qu'il en eût été à l'égard de la pierre côme si le Monde, & dans ce Monde la Terre, ou son centre n'eust pas esté ? Ie fais cette supposition, afin que vous compreniez que si maintenant la pierre en quelque endroit qu'elle soit, est portée vers la Terre, c'est parce qu'elle communique avec la Terre, à sçavoir par les corpuscules qu'elle en reçoit, & par lesquels la Terre l'excite, se fait sentir, ou connoître d'elle, l'avertit, & l'invite, pour ainsi dire, à venir se reunir à son tout, ou l'attire, comme nous venons de dire, ou de quelque autre maniere ce que nous expliquerons plus au long ailleurs en parlant de l'animation de la Terre.

CHAPITRE III.

De l'Acceleration du Mouvement dans les choses qui tombent, & de la Proportion dont leur mouvement est acceleré?

CE n'est pas merveille qu'on ait coûtume de rechercher la cause tant de l'Acceleration du mouvement des choses qui tombent, que de la Proportion avec laquelle la vitesse de ce mouvement augmente depuis le commencement jusqu'a la fin, & cependant qu'on ne se mette pas en peine de chercher la mesme cause dans le mouvement de celles qui montent, comme de l'air, ou du feu. Car à l'égard du mouvement des choses qui tombent, on a remarqué presque de tout temps, que ce mouvement estant fort foible & fort lent dans son commencement, devient tres-rapide sur la fin ; l'experience nous ayant appris que le coup se fait d'autant plus fort, & fait d'autant plus d'impression, que le lieu d'ou la chûte a commencé est haut & elevé : Mais à l'egard des choses qui tendent vers le haut, il n'y a presque qu'Aristote qui en ait parlé, lequel bien loin d'avoir prouvé la chose par l'experience, semble avoir parlé contre l'experience mesme.

Car comme nous enfonçons dans l'eau une vessie pleine d'air avec d'autant plus de peine qu'on approche du fond, il est tres-probable que cette mesme vessie, & parconseqnent l'air se meut depuis le fond de l'eau jusques vers la region de l'air toujours plus lentement, plus on approche de la region de l'air ; parce qu'il y a d'autant moins de parties d'eau qui fassent effort sur celles qui se fourrant par dessous la vessie la repoussent vers le haut. C'est pourquoy, il est aussi tres-probable que si on suppose que quelque flamme monte dans l'air, & qu'elle parvienne à cette region imaginaire dans laquelle on place la Sphere du feu, elle sera meüe toujours plus lentement plus elle montera, & plus elle approchera de cette Sphere; parce qu'il y aura d'autant moins de parties d'air qui la souslevent.

Pour ce qui regarde la Terre, il est evident qu'Aristote n'a jamais experimenté la chose du monde la plus aisée; a sçavoir qu'une pierre, ou quelque autre corps qui pesera, par exemple cent livres, ne tombe pas plus viste, & n'atteint point la Terre plutôt que celuy qui ne pese qu'une once, quand ils tombent tous deux de la mesme hauteur. Il est vray que cela semble estre un Paradoxe à ceux qui ne l'ont pas experimenté, parce qu'il n'y a personne qui ne croye que plus un corps est pesant plus il doit descendre viste, la pesanteur estant la cause qui le fait descendre mais nous en dirons la raison plus bas: Cependant comme il est constant que la vitesse du corps qui tombe augmente, tâchons de decouvrir qu'elle est la cause de cette augmentation.

Aristote ne s'est pas clairement expliqué là dessus, mais selon l'intrepretation de Simplicius, il veut que la chose qui tombe *se fortifie par sa propre totalité, & acquiere de nouveaux degrez de pesanteur se, qui la fasse aller plus viste vers le centre* : Mais Aristote, ou si vous voulez Simplicius devroit dire comment, par qui, & de quelle façon se fait ce surcroist de force, & de pesanteur ; & d'ailleurs l'experience fait voir que le corps ne tombe pas plus viste quand on luy ajoute de la pesanteur, & que si à la pesanteur d'une once on ajoûte par exemple un poids de cent livres, le mouvement n'en sera pas pour cela plus viste.

Le mesme Simplicius dit que quelques-uns en rapportent la cause à l'Air qui est au dessous ; parce que lorsque la pierre est dans un endroit elevé, elle a au dessous d'elle beaucoup d'Air qui luy resiste, & la soutient, ce qui fait qu'elle est meüe plus lentement, & qu'en ayant toujours moins plus elle s'abaisse en tombant, il est necessaire qu'elle soit meüe plus viste. Mais quoyque l'Air puisse un peu plus, ou un peu moins resister, & retarder le mouvemét, neanmoins il ne le peut faire avec une diversité si sensible. Et defait laissez tôber une pierre de la hauteur d'une toise, & observez sa vitesse ; laissez-la enfuite tomber de la hauteur de dix toifes, & quand elle en aura parcouru neuf, obfervez une autrefois la vitefle avec laquelle elle parcourra la mefme toife, afçavoir la plus baffe qu'elle avoit premierement parcourue, & vous verrez que la vitefle eft incomparablement plus grande dans ce dernier cas que dans le premier ; d'où vous conclurez qu'il faut que cette vitefle provienne d'une autre caufe que de l'Air qui refifte au deffous ; puifque dans l'un & l'autre cas il y a la mefme maffe, ou quantité d'Air au deffous.

Cela eftant, & fuppofé qu'il y ait une vertu Magnetique dans la Terre, enforte que la pierre fe porte vers elle parce qu'elle y foit attirée par de petis crochets, & de petites chaines infenfibles, ne devrions-nous point dire que le mouvement de la pierre fe fait plus vifte proche de la Terre, parceque la force de la Terre eft là plus grande, & fon attraction plus puiffante ? Mais fi cela eftoit, la vitefle de la pierre devroit paroiftre la mefme à une toife proche de la Terre, foit qu'elle tombaft de la hauteur de cette toife feulement, ou de deux, ou de dix, ou de cent; & cependant il est certain que la vitesse est fort différente dás cette derniere toise, selon que la pierre la parcourt en tombant de plus bas, ou de plus haut.

On peut mesme remarquer, que soit qu'on laisse tomber la pierre d'un lieu bas, ou d'un lieu haut, son mouvement est toûjours egal dans la premiere toise en l'une & en l'autre chûte, au lieu que si la force attractrice estoit sensiblement plus grande proche, que loin de Terre, elle devroit estre meue plus viste quand on la laisse tomber proche de la Terre, & plus lentement quand elle en est loin. Je dis sensiblement, parceque cette force estant repandue alentour de la Terre en forme de rayons, il est certain que ces rayons sont en plus grande quantité, & par consequent plus puissans plus ils sont proche de la Terre, mais il n'y a toutefois point de si grande hauteur soit de Tour, soit de Montagne escarpée d'où l'on puisse faire l'experience, où la quantité, & la puissance des rayons paroisse au haut sensiblemét differente du bas. C'est pourquoy cette attraction paroit veritablement bien estre la vraye cause de ce que la pierre est portée vers la Terre, & de ce que cela se fait par une continuelle augmentation de vitesse, mais la question est de la maniere dont la chose se fait.

Concevez donc vne pierre placée dans le Vuide, ou dans ces espaces qu'on appelle Imaginaires; selon ce que nous avons dit plus haut cette pierre ne seroit point meuë; parce que n'ayant aucune liaison avec le Monde, que l'on peut mesme supposer estre reduit au neant, il n'y auroit à son égard aucune region inferieure sur laquelle on peut feindre qu'elle deust tomber. Si nous supposons alors qu'on l'attirât, ou qu'on la poussast de quelque côté que ce soit par vn seul petit coup, elle seroit sans doute meuë vers ce côté d'vn mouvement tout à fait vniforme; parce que n'y ayant point de centre duquel elle pût ou s'approcher, ou s'éloigner, il n'y auroit aucune raison pour laquelle ce mouvement deust se faire plus vîte, ou plus lent. Imaginons maintenant que quand elle seroit dans ce mouvement on luy donnast un second coup egal au premier, elle seroit alors meuë plus viste, non par le desir d'aucun centre, mais parceque le premier mouvement perseverant, &

n'estant point detruit, un autre seroit ajoûté qui la feroit necessairement aller plus viste. Supposez qu'on luy en donnast un troisieme, elle seroit demesme encore meüe plus viste, & puis encore plus viste par un quatrieme, & ainsi des autres coups qu'on luy pourroit donner. Car il en est comme d'une boule qui estant sur un plan bien uni, peut estre meüe de maniere par le moindre coup qu'on luy donne, que d'un tres lent mouvement elle en acquiere enfin un tres viste si on luy imprime plusieurs coups semblables. Et c'est par là que nous faisons concevoir pourquoy, dans une Sarbatane l'on pousse un pois avec tant d'impetuosité par un petit soufle; parceque n'y ayant en toute la longueur du tuyau aucuns poincts dans lesquels les corpuscules du soufle qui se suivent immediatement les uns les autres, n'impriment des coups consecutifs, il faut de necessité que l'impetuosité acquiere toujours de plus en plus de nouvelles forces.

Tout cecy supposé, je dis que lors que la pierre commence de tomber, il est aisé de concevoir cette espece de premier coup, ou d'effort par lequel la

Terre l'attire, & mesme que si ce coup ayant esté donné l'attraction cessoit, en sorte qu'il ne s'imprimast point d'impetuosité nouuelle ni par la Terre, ni par aucune autre cause, la pierre seroit meue d'vn mouuement vniforme, quoy que d'une telle lenteur, qu'en cinq cent mille ans elle ne tomberoit peut-estre pas de la hauteur de deux toises ; mais parce que l'attraction ne cesse pas, & qu'ainsi qu'elle se fait dans le premier moment, ainsi elle se fait dans le second, dans le troisiéme, & dans les autres ; il arriue de necessité, que parce que les premieres impetuositez preseruerent, & ne sont point detruites par les suiuantes, qu'au contraire elles se joignent de telle maniere auec elles qu'elles deuiennent vne seule, vnique, & totale impetuosité qui croist d'vne mesme teneur ; il arriue, dis-je, necessairement que le mouuement de la pierre deuient plus vîte à chaque moment par l'impetuosité qui se multiplie, & qui augmente, & qu'ainsi la vitesse augmente d'vne mesme teneur.

De

De la Proportion dont l'Acceleration augmente.

Pour ce qui regarde maintenant la proportion avec laquelle la vitesse augmente, il est bon de sçavoir que ce n'est que depuis peu d'années seulement qu'on l'a cherchée ; car quoy que tous les Anciens ayent observé que la vitesse augmente, neanmoins il ne nous paroit pas qu'ils ayent aucunement connu le progrez, & la maniere dont se fait cette augmentation, ni qu'ils ayent rien tenté là dessus, soit par aucun raisonnement, soit par aucune experience.

Il est vray qu'il y a environ soixante & dix ans, qu'vn nommé Michel Varro appuyé sur le raisonnement a defini la chose, s'imaginant que le Mobile acquiert autant de degrez de vitesse qu'il parcourt d'espaces, & qu'ainsi le corps qui tombe, par exemple de la hauteur de quatre toises, & qui a acquis à la fin de la premiere, vn degré de vitesse, à la fin de la seconde deux, de la troisiéme trois, & de la quatriéme quatre, devoit estre à la fin de la seconde deux fois, de la troisiéme trois fois, & de la quatriéme, quatre fois plus vîte.

Mais cette proportion est principalement defectueuse en ce que l'augmentation de vitesse, ou de ses degrez égaux, est veritablement comparée avec les especes égaux, mais qu'elle n'est pas en mesme temps comparée avec les momens ou parties égales de temps, sans lesquels la chose ne peut estre comprise; d'où vient que ce n'est pas sans raison qu'Aristote a defini le Mobile vîte, & le lent par le temps, le vîte, *celuy qui en peu de temps parcourt un grand espace*, le lent *celuy qui en parcourt un petit dans un long temps.*

D'ailleurs, supposons que la chose s'explique par des momens égaux, comme sont par exemple les intervalles des battemens d'Artere, & que la premiere toise soit parcouruë dans le premier moment; si la seconde est parcouruë deux fois plus vîte que la premiere, & ainsi des autres à proportion, il faudra que cette seconde toise soit parcouruë dans un demi moment, la troisiéme dans la troisiéme partie d'un moment, la quatriéme dans le quart d'un moment, & ainſi des autres, de ſorte que cela iroit incontinent croiſſant à l'infini, ce qui eſt contraire à l'experience, & à la raiſon.

C'eſt pourquoy le celebre Galilée a defini le mouvement dont la viteſſe ſe va augmentant vniformement, *Celuy qui ſortant du repos acquiert des degrez egaux de viteſſe, non dans des eſpaces egaux, mais dans des temps egaux*, de façon que le mobile acquiere autant de degrez de viteſſe qu'il s'écoule de momens, ou de parties egales de temps; d'où vient que parlant en terme de Mathematique il dit *que les degrez egaux de viteſſe, ou les viteſſes ſont comme les temps*. Il ajoûte que le nombre des parties egales de l'eſpace qui ſont parcoürues ſucceſſivemét, augmente à chaque moment, non ſelon la progreſſion naturelle des nombres un, deux, trois, quatre, &c. mais ſelon celle des nombres impairs, vn, trois, cinq, ſept, neuf, &c. de ſorte que ſi dans le premier moment la pierre tombe d'une toiſe, dans le ſecond elle tombera de trois, dans le troiſiéme de cinq, dans le quatriéme de ſept, dans le cinquiéme de neuf, & ainſi de ſuite, ce qu'il l'appuie sur l'experience, & sur la raison.

A l'esgard de l'experience, je laissay, dit-il, tomber vne boule de la hauteur de cent brasses Florentines (elles valent trente de nos toises) & je remarquay qu'elle parcourut cet espace dans le têms de cinq secôdes de minutes, ou dix demi-secondes, avec cette proportion, que dans la premiere demi-seconde elle avoit parcouru vne brasse, dans la deuxiéme quatre en contant la premiere, dans le troisiéme neuf, dans la quatriéme seize, dans la cinquiéme vingt-cinq, dans la sixiéme trente-six, dans la septiéme quarante-neuf, dans la huitiéme soixante & quatre, dans la neuviéme quatre vingt & vne, & dans la dixiéme toutes les cent brasses, ou trente toises.

Or quoyque nostre Autheur n'en ait pû faire l'exprience d'une si grande hauteur, neanmoins il a toujours trouvé la mesme proportion en laissant tomber une boule dans un tuyau de verre qui estoit incliné, long de deux toises, & divisé en cent parties egales : Il est vray que la boule qu'on laisse tomber dans un tuyau incliné tombe plus lentement, mais elle tombe pourtant avec la mesme proportion d'augmentation de vitesse que celle qui tombe en ligne perpendiculaire.

Il est mesme etonnant qu'ayant decrit sur une muraille un cercle qui touche le pavé par un des poincts de sa circonference, & appliqué au poinct du contact en ligne perpendiculaire un tuyau de verre aussi long que le diametre dudit cercle, & plusieurs autres plus cours qui de ce mesme poinct du contact parvienent de costé & d'autre à differens poincts de la circonference; on remarquera que toutes les boules qu'on laissera tomber en mesme temps dans tous ces differens tuyaux, arriveront ensemble & en mesme temps à ce poinct du contact. En un mot l'Experience favorise absolument l'opinion de Galilée.

Quant à la Raison, si l'on suppose que l'accroissement de vitesse se fasse avec uniformité, comme il n'y a rien qui nous persuade du contraire, il est impossible de trouver une autre proportion que celle que nous venons de dire; puisque de quelque vitesse, ou lenteur qu'on suppose que la premiere toise est parcourue, il est necessaire que dans le temps egal qui suit il y en ait trois de parcourues, & dans le temps pareil qui suit cinq, & ainsi du reste ; c'est ce que nous avons acoutumé de faire entendre par la Figure suivante,

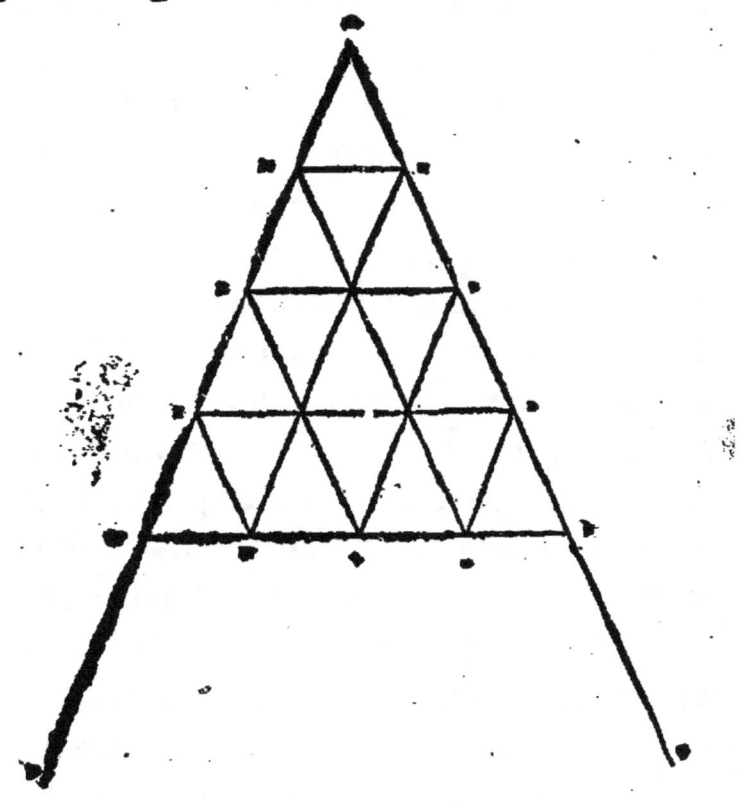

dans laquelle les parties egales des costez distinguées par des poincts d'egale distance, representeront les temps ; c'est à dire les momens de temps egaux, ou coulans de mesme teneur ; ces mesmes parties les Vitesses croissantes uniformement, ou qui s'acquierent uniformement ; & les triangles les parties egales de l'espace, ou de la hauteur que le corps pesant qui tombe d'un mouvement uniformement acceleré parcourt. Car cecy supposé l'on entendra aisement d'ou vient que dans le premier temps ils s'acquiert un degré de vitesse, & qu'un espace est parcouru ; que dans le second il s'acquiert un autre degré, qui joint avec le precedent soient deux, & que trois espaces cependant soient parcourus; que dans le troisieme il s'acquiert un autre degré, qui joint aux deux premiers soient trois, & que cependant cinq espaces soient parcourus; que dans le quatrieme il s'acquiert aussi un autre degré, & que cependant sept espaces soient parcourus, & ainsi desuite. L'on pourra aussi entendre comment il se fait que les vitesses, comme parlent les Mathematiciens apres Galilée, sont dites estre comme les temps, & les espaces parcourus depuis le commencement comme les quarrez des temps.

Quant à la cause Physique, nostre Autheur avoit autrefois pensé qu'elle se devoit tirer conjointement de l'attraction de la Terre, & de l'impulsion de l'Air; mais il reconnut que l'air n'ayde pas davantage la Vitesse qu'il l'empeche, & que la chose peut estre expliquée plus commodement par l'attraction seule de la Terre. Et defait, la Terre agissant dans le premier movent, le Mobile acquiert un degré de vitesse, & parcourt un espace; & parceque dans le second, & egal moment la Terre agit encore, le Mobile acquiert un autre degré de vitesse, & parcourt trois espaces, asçavoir l'un par le degré qui s'acquiert cependant successivement, & les deux autres par le degré acquis qui persevere, & qui vaut deux fois autant que le degré qui s'acquiert, parcequ'il est complet & entier dés le commencement du moment, celui qui s'acquiert n'estant complet qu'a la fin; & par une semblable raison il acquiert encore un autre degré de vitesse dans le troisieme moment, & parcourt cinq espaces, un acause du degré qui s'acquiert cependant, & quatre acause des deux degrez qui perseverent, & ainsi des autres; d'ou suit ce progrez Arithmetique de nombres impairs un, trois, cinq, sept, neuf, &c.

Au reste, pour ne pas m'arrester à parcourir tout ce que l'on peut aisement inferer de cecy, je remarque seulement que par là on peut rendre raison pourquoy deux pierres, ou deux autres corps de mesme matiere, de plomb, par exemple, & de mesme figure, l'un pesant une once, & l'autre cent livres, tombent en mesme temps, & touchent la Terre au mesme moment quand on les laisse tomber d'une mesme hauteur. Car cela apparemment ne vient que de ce que le plus petit corps ayant une moindre quantité de parties, il a besoin d'une moindre quantité d'organes ou instrumens pour estre attiré; peu d'organes estant autant suffisans pour attirer peu de parties, que beaucoup d'organes pour en attirer plusieurs; desorte que l'espace qui doit estre parcouru par l'un & l'autre Mobile estant egal, il peut estre parcouru par l'un & par l'autre dans le mesme temps.

Remarquez que j'ay dit deux corps de mesme matiere, parcequ'autrement il pourroit y avoir quelque difference: Je dis quelque difference; car quand on prendroit deux boules de differente matiere, & de differente pesanteur, mais d'un mesme & egal circuit, comme par exemple si l'une estoit de plomb, & l'autre de cire, il y auroit bien à dire que celle qui seroit la plus pesante descendît plus viste à proportion qu'elle seroit plus pesante ; & de fait, que l'une soit dix foix plus pesante que l'autre, elle ne touche pas pour cela la Terre dix fois plutost quand on les laisse tomber ensemble ; mais la plus pesante venant à toucher la Terre en tombant de la hauteur de dix toises, la moins pesante n'en est pas à peine eloignée d'un pied, bien loin d'en estre eloignée de neuf toises. Or la raison pourquoy la moins pesante tombe avec tant de vitesse, est la mesme que celle que nous venons de dire de la petite bale de plomb ; parce qu'encore que celle là ait un plus grand circuit, elle a toutefois moins de parties de matiere, & si elle est un peu plus tardive, cela se doit principalement rapporter à l'air de dessous qui résiste, comme estant en trop grande abondance à proportion de la vertu qui attire, ce qui n'arrive pas dans la plus petite bale de plomb ; & c'est ce qui fait qu'un morceau de liege, une paille, une plume, & autres choses de cette nature tombent encore plus lentement.

CHAPITRE IV.
Du mouvement des choses qu'on jette.

L'On est principalement en peine de sçavoir par quoy les choses qu'on jette sont meües quand elles sont separées du moteur. Aristote, Simplicius, Themistius, & quelques autres disent qu'elles sont meües par l'Air, qui estant premierement meu par le moteur conjointement avec le mobile, pousse en mesme temps le Mobile, & l'Air prochain, lequel estant meu reprend & resserre le mobile par derriere, le pousse en avant, & avec luy l'air anterieur, & ainsi desuite, jusques à ce que la pulsion estant peu à peu ralentie, le mouvement cesse, & le corps jetté demeure enfin en repos. Les autres pretendent qu'elles sont meües par une vertu impresse, c'est à dire par une qualité qui est de telle maniere imprimée par le moteur, que n'estant pas indelebile elle se ralentit dans le progrez, & perit enfin entierement, ce qui fait que le mouvement s'affoiblissant peu à peu, & s'evanouissant enfin entierement, le mobile se trouve en repos. Mais sans perdre le temps à quantité d'Objections qu'on pourroit faire aux uns & aux autres, voyons si nous ne pourrions point trouver quelque chose de plus vraysemblable.

Pour cet effet il faut icy supposer, ou plutost expliquer plus amplement ce que nous n'avons touché ailleurs qu'en passant, asçavoir *si une chose demeurant immobile en peut mouvoir une autre?* Mais comme nous ne parlons point icy de Dieu dont la vertu est infinie, qui est par tout, & qui par un simple acte de sa volonté peut créer, mouvoir, & detruire toutes choses; il semble estre evident qu'il n'y a rien de fini, & principalement de corporel, (car il s'agit icy des corps seulement) qui puisse mouvoir quelque chose s'il n'est meu luy mesme ; cela certes est incomprehensible, *& non seulement il est difficile*, dit Platon, *mais mesme impossible que quelque chose puisse imprimer du mouvement sans avoir en soy quelque mouvement.*

La raison est, que tout ce qui meut agit, & que tout ce qui agit est en mouvement, puisque selon Aristote mesme l'action, & la passion sont une mesme chose avec le mouvement.

D'ailleurs le moteur, comme dit le mesme Aristote, & le mobile doivent estre ensemble, ou se toucher; parceque soit que le moteur pousse, soit qu'il attire, qu'il eleve, ou qu'il roule, il faut de necessité qu'il imprime de la vigeur au mobile, & il ne luy en peut imprimer s'il ne le touche. En effet, supposez qu'il touche, & qu'il n'ait ni vigueur, ni mouvement, ce ne sera qu'un contact, & rien de plus, & comme il sera luy mesme sans mouvement, ainsi le mobile demeurera sans aucun mouvement. Aussi voyons-nous que plus le moteur a de mouvement quand il touche le mobile, plus il le pousse loin, ce qui fait voir qu'afin qu'il le pousse tant soit peu, il doit du moins avoir tant soit peu de mouvement.

Je sçais bien qu'Aristote distingue trois choses dans le mouvement, asçavoir le mouvant *lequel*, comme l'homme; le mouvant *par lequel*, comme le baston; & le mobile, comme la pierre, & qu'il enseigne que la pierre est meüe, & ne meut point, que le baston est meu, & qu'il meut, & qu'enfin l'homme meut, & n'est point meu; mais il est evident qu'il ne demontre pas pour cela l'immobilité de celuy qui meut. Car à l'egard de ce qu'il dit qu'autrement il faudroit proceder à l'infiny, cela ne s'ensuit pas; parceque le mouvant *lequel*, comme l'homme, pourroit estre meu par soy-mesme. Ioint qu'il est plus clair que le jour que le bras, ou la main est necessairement meüe avec le baston, & que le mouvant doit par consequent luy mesme estre meu.

Et dites si vous voulez que le bras, ou la main est le mouvant *par lequel*; dites mesme que tout le corps, ou les muscles, ou les nerfs, ou les esprits sont le mouvant *par lequel*, & cela afin que parvenant à l'Ame, vous puissiez dire qu'elle est le mouvant *lequel*; vous ne pourrez toutefois point comprendre que l'Ame estant immobile puisse mouvoir, & non seulement par accident, comme quand un Marinier est emporté par le mouvement du Navire, mais aussi par soy, comme quand ce mesme Marinier se meut luy-mesme pour mouvoir la rame par laquelle le Navire est meu. Et certes, de mesme que le Navire dans une Mer tranquille ne seroit point meu, & que le Marinier ne seroit point meu avec le Navire par accident s'il n'avoit point luy-mesme de mouvement par lequel il poussast le Navire; de mesme aussi le corps ne seroit point meu, ni l'Ame ne seroit point meuë par accident par le mouvement du corps, si l'Ame mesme n'estoit agitée par un mouvement par lequel elle poussast le corps. Et c'est apparemment ce qu'Aristote avoit en veuë lors qu'enseignant que le premier Moteur meut estant immobile, il enseigne en mesme-temps qu'il meut non pas Phisiquement, ou en imprimant effectivement du mouvement, mais Moralement seulement, ou, pour nous servir de ses propres termes, *comme fin, comme ce qui est aimé, ce qui est desiré*: d'où l'on doit inferer qu'estant icy question de la cause Physique, & efficiente du mouvement par lequel une chose est jettée, rien ne peut absolument estre jetté, si celui qui jette ne touche la chose jettée, ne la pousse, & n'est meu luy-mesme.

Or il faut non seulement que le moteur soit meu en un poinct, ou jusques à ce poinct de l'espace où il commence de toucher premierement le mobile, mais aussi qu'estant adherant au mobile jusqu'a un certain endroit, il soit meu avec luy, ensorte que nous concevions que par cette adherance il se soit fait comme un seul & unique corps, & comme un seul & unique mouvement du moteur, & du mobile. Car le mouvement qui est dans le mobile tandis qu'il demeure conjoint au moteur qui l'accompagne jusqu'a un certain endroit, est comme une espece d'apprentissage par lequel le mobile apprend à continuer le chemin qu'il a commencé avec le moteur soit vers le haut, soit vers le bas, en travers, obliquement, en rond, lentement, avec vitesse, &c. selon que le moteur l'aura conduit avant que d'en estre separé. De là vient que lorsque la main jette une pierre, vous voyez que le mouvement commence dans la pierre avec la main qui avance jusqu'à un certain endroit, & après que la main est retirée vous reconnoissez qu'on ne luy imprime point de mouvement nouveau, mais seulement que celuy qui est commencé continue

C'est pourquoy il ne faut point, ce semble, se mettre en peine de chercher la vertu, ou la force qui ait esté imprimée par le moteur, & par laquelle le mouvement se fasse, puis qu'il n'a rien esté imprimé autre chose que le mouvement qui a deu estre continué jusqu'à un certain espace, & qu'il faut chercher la force motrice, non qui fasse que le mouvement persevere, mais qui ait fait qu'il doive perseverer. Car il n'y a dans le mobile que la vertu passive au mouvement, & la force active ne se doit chercher que dans celuy qui meut : desorteque si nous disons ordinairement qu'il y a dans le mobile une force imprimée, nous ne pouvons concevoir que ce soit autre chose que l'impetuosité, ou le mouvement mesme.

Je ne m'arreste point à dire que le mouvement ne s'imprime qu'entant que le mobile n'a pas tant de force pour resister que celuy qui meut en a pour pousser, & que celuy qui meut devant occuper son lieu, il le contraint de ceder, & d'aller ailleurs : Je remarque seulement que lorsque la chose jettée est poussée, le moteur ne la touche veritablement que par les seules parties exterieures, ou superficielles, mais toutefois que ces parties poussent en dedans leurs voisines, celles-ci les autres, & ainsi de suite jusqu'à la superficie opposée; & c'est ce que nous môtre l'experience qu'on fait dans une longue Poutre, en ce qu'un petit coup qu'on donne à une de ses extremitez est entendu par celuy qui a l'oreille à l'autre extremité, ce qui n'arriveroit assurement pas s'il ne se faisoit une propagation du coup selon toute la longueur de la Poutre.

Or je fais cette remarque afin de pouvoir inferer qu'il semble que par l'impetuosité qui se fait au poinct du contact, & dans ce petit espace de temps auquel le moteur demeure adherant au mobile, il se fasse une certaine tension & direction de parties vers la region opposée, & qu'ainsi il se forme comme des tendons ou des fibres dont la plus puissante est celle qui passant par le centre de pesanteur, est devenuë comme l'axe. En effet, nous voyons que si ce centre n'est droit dans le milieu du corps qu'on jette, ou en devant, il se fait incontinent un roulement, & que la partie dans laquelle il est prend le devant, desorte qu'elle s'en vole la premiere, comme estant davantage selon la direction des fibres: Ce qui ne se peut faire que le corps ne soit quelque peu detourné du but vers lequel l'impetuosité sembloit selon le centre de grandeur, & selon l'axe estre dirigée, d'autant que le centre de pesanteur vers lequel un plus grand nombre de fibres concourent resiste, detourne les fibres, & les fait incliner d'un autre costé, se faisant un nouvel axe selon lequel se fait ensuite la direction des parties, & du mouvement : D'où vient que si vous voulez tendre droit au but avec la main, ou avec un arc, il faut ou choisir un Globe d'une matiere uniforme, ou mettre en devant la partie la plus pesante du corps qu'on veut jetter, autrement le detour se fera selon la ligne où sera le centre.

J'ajoûte que vers quelque endroit que le corps qui a esté jetté tende, toutes les fibres suivent la direction de l'axe, ou se font paralleles, ensorte que s'il change plusieurs fois son centre, autant de fois l'axe, & les fibres le suivront. Ce que je dis acause du mouvement de roulement, & acause de la courbure de la ligne que la chose qu'on jette decrit soit en montant, soit en descendant. Mais cecy soit dit seulement en passant, afin d'insinuer pourquoy le mouvement qui a esté une fois imprimé vers un certain endroit est plutost continué vers cet endroit là que vers un autre; & pour avertir en mesme-temps qu'on ne peut pas imprimer un grand mouvement à une plume, à une eponge, & autres choses semblables; parceque leurs fibres sont interrompues, & ne peuvent par consequent pas estre dirigées avec le centre de pesenteur demesme que dans les autres corps plus solides.

Du mouvement perpetuel d'une boule alentour du Globe de la Terre.

Reprenons icy la pensée que nous avons eüe plus haut touchant une pierre qui seroit placée dans cette immensité des espaces Imaginaires. Nous avons dit que si quelqu'un la poussoit, elle iroit du costé que se seroit fait le poussement, que son mouvement seroit vniforme, & qu'il se feroit à proportion de la lenteur, ou de la vitesse de l'impulsion, & perpetuellement selon la mesme ligne; en ce qu'il n'y auroit aucune cause qui la detournast, ni qui hastast, ou retardast son mouvement. Nous disons maintenant que si l'on observe qu'une boule poussée legerement sur quelque long plan bien poli, & dressé au niveau, est meuë vniformement, & ne peut presque cesser de se mouvoir, l'on doit conjecturer de là, que supposé que la superficie de toute la Terre fust parfaitement polie, & dressée au niveau, & que la boule qu'on placeroit dessus fût aussi parfaitement polie, & tournée, compacte, & d'une matiere vniforme; il arriveroit que n'y ayant point d'air autour de la Terre, cette boule qui auroit esté vne fois poussée en roulant seroit meuë vniformement, & qu'ayant achevé vn circuit elle en commenceroit vn autre, ou plutost continueroit le mesme, & qu'ainsi elle conserveroit un mouvement perpetuel, & qui ne cesseroit jamais? Et il n'y a pas sujet de s'étonner de cela, puis qu'aucunes parties de la boule en roulant ne tendent,

& ne s'abbaiſſent de haut en bas vers le centre de la Terre, qu'il ne s'enleve tout autant de bas en haut à l'oppoſite du centre, de ſorte que ſe faiſant continuellement vne compenſation, le meſme mouvement doit perſeverer perpetuellement, tât qu'il n'y a ni péte qui le hâte, ni hauteur qui le retarde, ni cavité dans laquelle apres quelques allées & venües de part & d'autre il s'arrête.

J'ajoute que cet eſpace où nous ſômes, & au travers duquel une pierre eſt jettée, n'étant pas abſolument vuide, mais qu'y ayant outre le corps de l'air des rayons terreſtres, & magnetiques repandus par tout, la pierre ne peut être meüe ni en droite ligne, ni vniformemement, ni longtemps : Car comme du moment que le moteur la laiſſe aller elle eſt attaquée par ces rayons ou petis crochets magnetiques de la Terre, il ne ſe peut qu'elle ne ſoit peu à peu detournée de la ligne droite, qu'elle n'avance moins vîte, & qu'enfin elle ne parvienne à la Terre, & ne ceſſe de ſe mouvoir.

Ainſi, quand on demande quelle eſt la cauſe corruptrice de la vertu imprimée, parce que par la vertu imprimée nous ne devons concevoir autre chose que le mouvement, il est constant que la cause qui ralentit le mouvement, & qui le contraint enfin de cesser, est l'attraction mesme de la Terre : D'où vient que nous inferons que tout mouvement qui a été vne fois imprimé est de soy, ou de sa nature perpetuel, & qu'il ne diminue, ou ne cesse que par l'action d'une cause externe.

Il faut donc remarquer que dans cet espace qui est occupé de la sorte que nous venons de dire, il ne sçauroit proprement se faire aucune projection droite, ou en droite ligne si ce n'est ou vers le haut, ou vers le bas, & en ligne perpendiculaire; parce que soit qu'elle se fasse obliquement, ou horisontalement, elle commence d'abord d'estre detournée; ce n'est pas que le detour, ou la courbure soit sensible dans vne petite distance, & principalement dans vn mouvement viste, tel qu'est celuy d'une fleche, ou d'une bale de mousquet ; mais c'est qu'il n'y a ni aucun poinct de lieu, ni aucun moment de temps dans lequel le mobile ne soit attiré vers le bas, & qu'il n'y a point de raison pourquoy il doive commencer à estre detourné au second, au troisiéme, ou au quatriéme moment plutost que dans le premier. C'est pourquoy il ne faut pas s'arrester à ce qu'on dit ordinairement des Tireurs, qu'ils tendent droit au but dans vne certaine distance; parce qu'ils prennent vne distance dans laquelle ce detour est insensible, encore qu'il soit quelquefois effectivement plus grand que l'epaisseur d'un, ou de plusieurs poils, & quelquefois mesme d'un doigt, & de plusieurs doigts.

Il faut aussi remarquer, que quand on jette vne pierre vers le haut, non pas directement, mais obliquement, son mouvement peut estre consideré comme meslé, ou composé du mouvement perpendiculaire, & du mouvement horisontal; du perpendiculaire, entant qu'il se fait vers le haut, ou vers le bas; de l'horisontal, entant qu'il se fait selon le plan de l'horison; & d'autant que plus il tient du perpendiculaire, moins il tient de l'horisontal, & qu'ainsi sa hauteur peut estre de cinquante pieds, & sa latitude d'un seul pied; il est evident par cela seul que la ligne qui est decrite par ce mouvement
ne

ne peut estre circulaire, mais parabolique, comme Galilée l'a demontré, & pareille à celle que les Geometres décrivent par la coupe d'vn Cone, fait paralellement à l'autre costé qui demeure entier.

Des diverses compositions de mouvement dans un Navire qui va.

IL faut de plus remarquer, que cette composition de mouvemét paroit visiblemét à l'égard d'une bale que vous tiendrez à la main dans un Navire ; car si le Navire est meu, & que vous teniez simplement la bale, il n'y aura en la bale que le seul mouvement horisontal, asçavoir le mouvement par lequel le Navire vous mouvra, vôtre main, & la bale : Et de mesme si le Navire est en repos, & que vous jettiez la bale vers le haut, il n'y aura que le perpendiculaire : Mais si le navire est meu, & que vous jettiez la bale vers le haut, alors le mouvement sera meslé, ou composé de l'un & de l'autre ; car la bale sera portée obliquement, & decrira une ligne parabolique par laquelle elle montera, &

descendra, & avancera cependant sur l'horison. Il est vray que vostre œil n'appercevra que le perpendiculaire; parce que l'horisontal estant commun à la bale, & à vostre œil, & la bale avançant autant que vostre œil, elle est toujours au dessus de vostre œil, & paroit constamment dans la mesme ligne perpendiculaire; mais celuy qui sera sur le rivage sans se remuer, ou dans un autre Navire arresté, appercevra de plus le mouvement horisontal.

Pour mieux concevoir cecy, jettez la bale vers le haut le long du mas, & vous verrez qu'elle tombera au pied du mas, soit que le Navire n'aille point, soit qu'il aille de quelque vitesse que vous puissiez l'imaginer; & partant si le Navire n'allant point, elle decrit tant en montant qu'en descendant une ligne droite, n'est-il pas necessaire qu'elle Navire allant, elle decrive en l'Air une ligne courbe, laquelle ne paroitra veritablement pas telle à vos yeux, ni aux yeux de ceux qui seront avec vous dans le mesme Navire, mais qui pourra neanmoins estre observée par celuy qui sera en repos hors du Navire.

Le mesme arrive par proportion à l'egard d'une bale de mousquet qui bien qu'elle semble estre tirée droit, ou en droite ligne acause de la rectitude du canon, est toutefois en effet tirée obliquement; parce que ne pouvant pas passer dans toute la longueur du canon que dans un certain temps, quoy que tres court, le poinct de l'Air dans lequel elle est en sortant du canon ne peut être dans la mesme ligne perpendiculaire avec celuy dans lequel elle estoit quand elle partoit du fond, acause que le canon a tant soit peu avancé, quoy qu'insensiblement dans ce peu de temps par le mouvement du Navire.

Il faut remarquer en troisieme lieu, qu'il est etonnant, qu'y ayant une double force imprimée, l'une par vostre propre effort, & l'autre par le transport du Navire, l'une ne detruise point l'autre, mais que l'une & l'autre parviene à son but conjointement comme separement. Car la bale monte aussi haut soit que le Navire soit meu, soit qu'il se repose, & soit qu'elle decrive une ligne droite, ou une demi-parabolique, & deplus, elle n'avance pas moins selon l'Horison soit qu'elle soit portée par le seul mouvement du Navire, soit que vous la jettiez directement vers le haut.

Il est vray qu'il faut plus de force pour que la bale jettée du pied du mas qui est transporté parvienne au haut, que quand elle est jettée du pied du mas qui est en repos, puisque la ligne demi-parabolique qui est décrite est plus longue que la perpendiculaire, mais cette force est aussi en effet plus grande ; car quoyque vostre effort soit egal dans l'un & dans l'autre cas, neanmoins il luy survient une force qui vous est imprimée, & à vostre bras par le Navire qui est transporté, quoyque vous ne la sentiez pas.

Vous comprendrez mieux la chose si vous laissez tomber la bale du haut du mas sans aucun effort ; car puisque soit que le Navire ne se meuve point, ou qu'il se meuve, elle tombe toujours au pied du mas, il faut que le mouvement du Navire luy imprime une force, ou le mesme mouvement par lequel & le mas, & vostre main sont affectez quand vostre main laisse tomber la bale ; puisqu'il faut qu'elle decrive une ligne demi-parabolique plus longue que la droite qu'elle decriroit si elle tomboit le Navire estant en repos.

Et il arrive de là, que si vous jettez une bale avec une force egale de la pouppe à la proüe, & en suite de la proüe à la pouppe, vous imprimez un coup plus violent, & plus viste de la pouppe à la proüe; parceque l'impetuosité du Navire est ajoûtée à vostre effort, & que cette mesme impetuosité luy est ostée par le Navire qui retire vostre main quand vous jettez la bale de la proüe à la pouppe. Car encore que la bale fasse autant de chemin de l'un & de l'autre costé sur les ais du Navire, il n'en est toutefois pas de mesme à l'egard de l'Air; & encore que celuy qui seroit frappé estant dans le Navire, ressentist le coup egal de part & d'autre, il ne le sentiroit neanmoins pas egal s'il estoit quelque part en repos sur le rivage hors du Navire.

Il faut enfin remarquer que de tout cecy l'on prouve que le temps que la bale jettée vers le haut employe à monter, est egal à celuy qu'elle met à descendre; autrement lorsque le Navire allant la bale est jettée le long du mas, elle ne demeureroit pas continuellement comme elle fait soit en montant, soit en descendant dans la mesme distance du mas, mais ou elle l'abandonneroit, ou elle en seroit abandonnée.

Delà il s'ensuit Premierement, que la vitesse diminue en montant par la mesme proportion qu'elle augmente en descendant.

Secondement, qu'a cause que vostre effort estant egal, le mouvement ajoûté par le Navire peut estre ou plus fort, ou plus foible, selon que le Navire est transporté ou plus viste, ou plus lentement, les lignes paraboliques sont veritablement plus grandes, ou plus petites, & les mouvemens dans l'Air ou plus vistes, ou plus lents, mais qu'ils se font tous neanmoins dans un temps egal, parceque les temps qui sont employez dans tous ces mouvemens sont egaux à celuy que la bale employeroit en montant simplement, ou en descendant si le Navire estoit en repos.

Troisiemement il semble suivre de là une chose qui est autant veritable, qu'elle paroit d'abord incroyable; c'est que si du haut d'une Tour on tiroit un

Canon qui fust braqué horisontalement, le boulet qui en sortiroit, quelque loin qu'il pust estre poussé par la force de la poudre, parviendroit aussitost à la Terre que celuy qu'on laisseroit simplement tomber à plomb du haut de la mesme Tour, le pesanteur du boulet, c'est à dire cette force qui le porte vers le bas, & l'impetuosité qu'il a receeu de la poudre ne se detruisant point l'une l'autre.

Merveilleuse propriété du Mouvement.

Il faut enfin remarquer une chose qui est tout à fait etonnante, asçavoir que de ce double mouvement qui en compose un oblique, celuy qui est perpendiculaire ne soit pas uniforme, sa vitesse diminuant en montant comme elle augmente en descendant, de façon qu'en parties egales de temps des espaces toujours plus petis vers le haut, & vers le bas toujours plus grands, sont parcourus; il est, dis-je etonnant que cela arrive de la sorte, à l'egard du mouvement perpendiculaire, & cependant que celuy qui est horisontal soit parfaitement uniforme, ou d'une pareille vitesse, enforte qu'en temps egaux des espaces egaux selon la longueur de l'horison sont parcourus. Cependant il est constant que cela se fait ainsi, parceque si le Navire allant uniformement, & la pierre estant jettée vers le haut selon la longueur du mas, le pied du mas d'où la pierre a esté jettée parcourt cependant dans l'Air vingt pas, il faut certes que la pierre avance uniformement selon l'horison dans tous les pas, & non pas plus viste dans l'un que dans l'autre, autrement elle ne se tiendroit point ainsi toujours à la mesme distance du mas, ce qu'elle observe neanmoins constamment. Ce qui trompe aisément, c'est que sur la fin de la montée, ou au commencement de la descente, le mouvement est très lent ; mais aussi il faut prendre garde, que la courbure, ou la conformité avec l'horison est alors plus grande, comme plus bas, où le mouvement est plus rapide, la courbure est plus petite, & par consequent la conformité avec la perpendiculaire plus grande ; de sorte que toute l'inegalité est dans le progrez vers le haut, & vers le bas, y ayant toujours cependant une uniformité parfaite eu egard à l'horison.

S'il y a du Repos dans le poinct de la Reflection.

DE tout cecy je conclus, que puis que la chose qu'on jette est meüe inegalement entant qu'elle tend vers le haut, ou vers le bas, & non entant qu'elle avance selon l'horison ; je conclus, dis-je, ce que l'on doit repondre à cette demande qui se fait ordinairement, si dans le poinct de la reflection, c'est à dire entre ce moment que le mobile acheve de monter, & celuy auquel il commence de descendre, il y a quelque petit repos intercepté. Car supposé qu'il se decrive une parabole comme il arrive d'ordinaire, la demande est inutile ; puisqu'il est evident que dans cette description parabolique le mouvement n'est point interrompu, mais s'il arrive par hazard que le mobile descende par la mesme ligne qu'il est monté, il n'y a nulle repugnance à dire qu'il intervient, non certes un temps, ou un retardement, quelque court qu'il soit, pendant lequel le mobile se repose, mais seulement un moment inperceptible, & indivisible, dans lequel la force ascendante qui jusques là a demeuré la plus forte, & le poids du corps jetté vers le haut qui jusques là a demeuré le plus foible, soient tellement egaux que le mobile soit censé ne monter, ni ne descendre.

CHAPITRE V.

Du Mouvement Reflexe, & des Vibrations des Pendules.

IL faut premierement remarquer, que la principale espece de reflexion est celle par laquelle le corps retourne directement, ou par la mesme ligne vers le lieu d'où il a esté jetté, ce qui arrive lors que la projection se fait à angles droits, comme lors qu'une bale, par exemple, tombe sur un plan horisontal. Les autres sont moins considerables, asçavoir celles par lesquelles le corps qui est jetté retourne, non vers le mesme poinct d'où la projection s'est faite, mais vers un autre endroit, ou par d'autres & differentes lignes, comme estant jetté par des lignes plus ou moins obliques. Car il est constant que le corps est toûjours reflechi du plan avec la mesme inclination qu'il y est tombé, quand principalement c'est un globe dont la matiere est uniforme, & dont le centre de grandeur est le mesme que celuy de pesanteur, de façon que plus la projection est oblique, plus l'angle d'incidence, qui se forme de la ligne de projection, & de celle du plan, est petit, & plus la reflexion est oblique, plus l'angle de reflexion, lequel se forme de la ligne de reflexion avec la ligne du plan continuée, est petit.

Il faut de plus remarquer, qu'entre nulle reflexion, & la moindre reflexion qui puisse estre, il y a une espece de milieu, asçavoir l'elevation d'un Pendule, lorsque faisant ses allées & venues, il quitte la ligne perpendiculaire; car il ne se rencontre là aucun corps, & il decrit un simple arc, & cependant comme il se fait une espece de chute du haut jusques au bas, il se fait aussi une espece de rebondissement de ce bas vers le haut. Et mesme si vous concevez une ligne droite qui touche le bas de l'arc, comme si le pendule rasoit par son extremité le plan horisontal, & le touchoit seulement dans un poinct, vous aurez de part & d'autre un angle qui sera formé de l'arc, & de la ligne tangente, & qui pour cette raison est ordinairement appellé angle de Contingence : Et parce que les Geometres demontrent que l'angle de contingence est plus petit qu'aucun angle rectiligne, quelque aigu qu'il puisse estre, cela fait que l'un & l'autre angle peut estre dit moyen entre la ligne droite, & l'angle soit d'Incidence, soit de reflexion, quelque petit qu'il soit, de façon que l'elevation du pendule peut estre dite quelque chose de moyen entre la plus petite reflexion qui puisse estre, & nulle reflexion.

Quoy qu'il en soit, cette elevation semble être la regle de toute reflexion: car de mesme que la vibration décrivant un arc simple, l'angle de l'elevation est toûjours egal à l'angle de la chute ; ainsi la projection décrivant une ligne angulaire, l'angle de reflexion est toûjours de soy egal à l'angle d'incidence. Je dis de soy, car autrement, comme le corps jetté tandis qu'il est transporté par l'air, est continuellement abaissé vers la Terre, à cause de l'attraction dont nous avons parlé ; il arrive de là que jamais la reflexion n'est si vive, ni si forte que l'incidence, & qu'elle ne forme point un si grand angle, ni n'arrive point à une si grande hauteur ; pour ne m'arrester pas à dire que l'égalité peut estre d'autant moindre que le corps jetté approche moins de la figure ronde, & que sa matiere est moins uniforme.

De la force qui fait reflechir les Corps.

Mais avant que de parler de cette egalité d'angles, il faut dire un mot de la force qui fait reflechir le corps qui est jetté. Quelques uns croyent que lorsqu'une bale donne contre une muraille, la muraille est tant soit peu poussée en avant, & qu'estant attachée à ses fondemens comme à de fermes racines, elle retourne, & par ce retour repousse la bale. Leur raison est que si ce coup estoit multiplié en sorte que le coup de plusieurs bales eust autant de force qu'un seul coup de belier, par lequel la muraille tremble, ou va & vient sensiblement, il semble que chaque coup de ces bales, dont il se peut composer un coup total, doit produire au moins quelque petit tremblement quoy qu'insensible, c'est à dire de petites allées & venues insensibles ; d'autant plus que nous experimentons que fermant une porte avec violence, non seulement la muraille tremble, mais aussi toute la maison, ce qui paroit par le tremblement des vitres qui sont aux fenestres.

Toutefois cela n'est pas vray semblable; car si toute la muraille tremble par un coup total, c'est parce qu'un coup total en contient autant de particuliers qu'il y a de parties à mouvoir dans la muraille, & autant qu'ils en mouvroient separement si elles estoient separées ; mais quoyque chaque coup particulier puisse suffire à une partie separée, on ne doit pas inferer de là qu'il puisse suffire à toutes les parties jointes ensemble : On sçait l'Embleme de la poignée de verges qu'on ne sçauroit rompre quoy qu'on y employe toutes les forces, & dont chaque brin pris à part est si facilement rompu.

Que si une porte estant poussée de force, les vitres des fenestres tremblent, cela apparemment n'arrive pas par le tremblement des murailles, mais par le poussement, & repoussement de l'air de la chambre contre les vitres. Je dis plus, quand mesme on accorderoit que les parties de la muraille poussées par la bale pussent retourner, leur retour ne semble pas pouvoir estre assez grand pour repousser la bale si loin. Joint que les rayons de lumiere sont reflechis de la muraille, & qu'il n'y a point d'apparence que ce reflechissement se fasse par le retour de la muraille qui est continument poussée ; pour ne dire point qu'une bale poussée contre la Terre est reflechie, & cependant qu'on ne sçauroit concevoir que toute la masse de la Terre soit tellement ebranlée qu'elle renvoye la bale par son retour ; ce qu'elle feroit encore moins si dans le mesme temps elle estoit poussée du costé des Antipodes.

Et quoy qu'on puit dire que cela ne se fait point par le retour de toute la Terre, ou de toute la muraille, mais par celuy des parties, qui ayant esté enfoncées endedans retournēt dans leur premiere situation ; puisque moins elles y peuvent retourner comme dans les choses molles, moins elles repoussent : Toutefois si la bale estoit de laine, & la muraille de marbre, l'enfoncement des parties que la bale pouroit faire ne seroit jamais capable de produire une si grande reflexion : Car si les choses molles ne repoussent pas tant, cela nous fait voir seulement que la dureté est absolument necessaire pour la reflexion ; Or la dureté, comme nous avons dit ailleurs, ne consiste qu'en ce que les parties de la chose dure ne cedent pas au tact, & ne retournent par consequent pas dans leur premiere situation.

Il est donc, ce semble, plus à propos d'asseurer que la bale n'est pas reflechie par la muraille, mais par celuy qui l'a jettée contre la muraille. C'est ainsi qu'Aristote l'enseigne, & l'on doit concevoir que ce n'est qu'un seul & mesme mouvement continué, avec cette difference seulement, que le mouvement qui de soy auroit continué, directement continue par reflexion. Pour mieux concevoir la chose, imaginez-vous premierement que la bale soit meüe sur un plan horisontal, il est constant qu'il se fera un mouvement continu, & qui ne sera point causé par d'autre force que celle que la boule aura premierement receuë du moteur. Supposez ensuite que le plan s'abaisse, & se courbe en arc, le mouvement n'en sera pas moins dit continu, quoy qu'il ne soit pas alors tout à fait direct, mais qu'il se fasse avec quelque detour, la bale descendant en partie, & en partie montant. Or ce detour n'est autre chose que d'innombrables reflexions qui se font dans chacune des parties de la cavité, demesme que l'on reconnoit vulgairement que la courbure n'est autre chose qu'une suite continuée d'angles infinis. Il est vray qu'afin que la reflexion soit plus sensible, il faut concevoir une cavité non dans un plan, mais dans une muraille qui environne un plan, telle qu'est le bas de la superficie interieure d'une Tour ronde : Car si vous roulez, ou jettez une bale suivant cette superficie, vous remarquerez qu'elle n'a point d'autre mouvement que celuy qui est continué depuis vostre main qui le luy a premierement imprimé, & que ce mouvevement n'est autre chose qu'une suite continuelle d'incidences, & de reflexions que les sauts frequens, & redoublez marquent assez, & ces sauts, ou incidences, & reflexions seront d'autant plus grandes, & plus sensibles, que le circuit de la Tour sera etroit. Enfin la vibration entiere d'un pendule semble confirmer cecy, & faire voir qu'il n'y a point d'autre cause du mouvement de reflexion que celle de l'incidence, puis qu'il n'y a point d'autre cause qui l'esleve de la perpendiculaire que celle qui l'abaisse à cette mesme perpendiculaire.

Mais d'où viennent ces divers mouvemens d'un Pendule, car c'est une chose merveilleuse qu'ayant retiré une boule de la ligne perpendiculaire où elle estoit en repos, elle y retombe quoy que personne ne la pousse, & puis qu'elle en sorte, puis qu'elle y retourne, & qu'elle fasse ainsi diverses allées & venues ? La raison de cela est, qu'une boule qui est mise, & suspendue dans la ligne perpendiculaire, est comme balancée entre deux forces opposées, l'attractrice de la Terre, & la retentrice de la corde, ce qui fait que la boule demeure là en repos ; mais lors qu'elle est hors de la ligne perpendiculaire, l'axe peut estre attiré ; c'est pourquoy le mouvement se fait vers le bas, quoy que ce ne soit pas directement, mais obliquement à cause que la corde retient, & que faisant changer l'axe, le mouvement se ferme en arc jusques à ce que la corde soit revenue dans la ligne perpendiculaire. Or la boule demeureroit veritablement là en repos, mais parce que le mouvement vers le bas n'a point jusques là perdu de force, qu'au contraire il en a acquis selon la proportion que nous avons expliquée plus haut, il arrive que le globe estant empesché de continuer son chemin vers le bas, & n'estant neanmoins pas empesché de le continuer en arc, ou en rond, il passe au de là de la ligne perpendiculaire, & est reporté vers le haut, jusques à ce que l'impetuosité se rallentissant peu à peu, il se commence un nouveau retour vers le bas qui se fasse par le mesme chemin, qui passe de mesme au de là de la ligne perpendiculaire, & qui cesse enfin de monter, afin qu'une autre allée commence, à laquelle un autre retour succede, & ainsi de suite.

Ce qu'il y a icy sujet d'admirer, c'est que bien que ces allées & venues soient selon l'observation de Galilée plus longues au commencement, & plus courtes à la fin, neanmoins elles se font toutes dans des temps égaux, ensorte qu'il s'employe autant de temps dans la plus petite que dans la plus grande ; le decroissement de l'espace suivant le decroissement de la vitesse, ce qui fait un merveilleux accord. Je dis selon l'observation de Galilée, car à considerer la chose exactement, les plus longues vibrations demandent tant soit peu plus de temps que les plus petites, & mesme c'est pour cela qu'on a inventé la Cycloïde, afin de pouvoir les rendre toutes d'une mesme durée.

Ce qui est encore admirable, c'est que si au lieu d'une boule d'une once, vous en suspendez une de cent livres, ensorte que la boule ensemble avec la corde ne soit pas plus longue que s'il n'y avoit que la boule d'une once, les vibrations n'en seront pas pour cela plus vistes, mais elles seront d'une egale durée avec celles de la boule d'une once ; ce qui s'accorde merveilleusement avec ce que nous avons observé touchant une grosse pierre qui ne tombe pas plus vîte qu'une petite.

Enfin ce qui est encore admirable, c'est qu'une si grande diversité de poids ne fasse aucune difference dans la vitesse, & que la moindre diversité qui regarde la longueur de la corde y en fasse; les vibrations estant plus rapides plus la corde est courte, & plus lentes plus elle est longue; ce qui s'accorde aussi merveilleusement avec ce que nous avons dit de la proportion avec laquelle la vitesse augmente.

Mais rien ne semble plus admirable que cecy : De mesme que la boule qui tombe a parcouru à la fin du premier moment un espace, à la fin du second quatre, à la fin du troisiéme neuf, & à la fin du quatriéme seize, qui sont les quarrez des momens; de mesme aussi s'il y a quatre pendules, l'un de la longueur d'un pied, l'autre de quatre, le troisiéme de neuf, & le quatrieme de seize, dans le mesme temps que le quatriéme achevera une vibration, le troisiéme en achevera deux, le second trois, & le premier quatre; car les longueurs des pendules sont comme les quarrez des temps, & les vibrations sont reciproquement comme les racines.

Il n'est pas besoin de dire icy combien il est aisé de designer par ces vibrations quelque petit temps que ce soit, ce que ne peuvent faire les meilleurs Horloges ; car si vous voulez par exemple connoître la durée d'une seconde d'heure, chaque vibration d'un pendule qui aura trois pieds huit lignes & demie vous le fera connoître, parce que dans l'espace d'une heure il fait trois mille six cent vibrations. Ainsi si vous desirez sçavoir, ou vous souvenir avec quelle vitesse vostre artere bat quand vous estes en santé, vous le connoîtrez par la comparaison d'un pendule dont vous diminuerez, ou augmenterez la longueur jusques à ce que ses vibrations s'accordent au nombre de vos battemens. Remarquez cependant qu'il arrive aisement que le poids du pendule augmente la la longueur de la corde, & qu'ainsi apres quelque temps les vibrations soient quelque peu plus lentes ; c'est pourquoy il faut avoir soin que la corde soit toujours d'une mesme longueur si vous voulez que les vibrations se fassent dans un temps exactement egal.

Vous demanderez peut-estre icy pourquoy les vibrations decroissent, & cessent enfin ? Galilée en apporte deux causes, l'une la resistance de l'air qui ralentit peu à peu l'impetuosité, l'autre la pesanteur de la corde mesme dont chaque partie à quelque peu de pesanteur, & par consequent ramene toûjours quelque peu le pendule à la ligne perpendiculaire. Il est vray que la premiere cause y contribue quelque chose, comme on le peut comprendre par tout ce que nous avons dit, mais la derniere me semble la principale, & une marque de cecy est, que les vibrations diminuent plus sensiblement, à mesure que la corde est grosse, & pesante.

Et de la l'on doit inferer, qu'estant constant que plus la corde est deliée plus les vibrations s'elevent, en sorte que la hauteur de la seconde approche plus de la hauteur de la premiere ; l'on doit, dis-je, inferer que si la corde pouvoit estre immaterielle, ou sans aucune pesanteur, & que d'ailleurs le milieu n'empeschât aucunement, comme si la chose se pouvoit faire dans le Vuide, la seconde vibration s'eleveroit aussi haut que la premiere, la troisiéme de mesme, & ainsi de toutes les autres, ce qui feroit un mouvement perpetuel.

De l'Egalité des Angles d'Incidence, & de Reflexion.

Pour dire maintenant quelque chose de plus particulier de l'egalité des Angles d'incidence, & de reflexion, il faut prendre une boule d'une matiere uniforme, & qui ait par consequent un mesme centre de grandeur, & de pesanteur ; car les autres corps ne parvienent à cette egalité qu'entant qu'ils ont plus ou moins de conformité avec une boule. Et mesme comme dans une boule qui tombe, on ne côsidere que la pesanteur qu'elle acquiert d'elle mesme, ainsi dans celle qui a esté jettée, on ne doit considerer que l'impetuosité imprimée par celuy qui l'a jettée, l'on ne doit, dis je, considerer que cette impetuosité qui tienne lieu de pesanteur, & à l'egard de de laquelle le centre de pesanteur soit conceu convenir directement, ou estre dans la mesme ligne que le centre de grandeur.

Supposons donc qu'on jette une boule directement, ou à angles droits sur un plan; comme c'est l'axe de pesanteur qui frappe le plan par son extremité qui precede, il est evident que la reflexion se fait selon ce mesme axe, comme estant entouré de fibres paralleles egalement de tous costez, ou, ce qui revient au mesme, la matiere estant egalement distribuée alentour de l'axe, & ne detournant par consequent point la boule d'un costé plutost que d'un autre.

Si l'on jette ensuite cette boule obliquement; parceque ce n'est plus l'axe de pesanteur, mais une des fibres en deça de l'axe qui touche le plan la premiere par son extremité, il arrive de là que cette fibre tasche veritablement de rebondir, & par le mesme chemin, ce qu'elle feroit s'il y avoit autant de fibres en deça de l'axe qu'il y en a en delà; mais parceque celles qui sont en delà, ou du costé du centre & de l'axe, sont en plus grand nombre, & qu'il y a là plus de matiere, & par consequent une plus grande impetuosité imprimée qu'il n'y en a en deça de la fibre tangente, cela fait que le mouvement commencé prevaut, & que ne pouvant estre continué directement a cause de l'obstacle fait à la partie tangente, il est continué obliquement ; ce qui ne sçauroit se faire qu'avec quelque roulement, & avec un contact consecutif des fibres qui sont situées en ordre vers l'axe, & au delà de l'axe.

Or pendant que ce contact consecutif se fait, chaque fibre tasche veritablement de rebondir, mais parceque la partie anterieure prevaut encore, celle qui est en deça est contrainte de suivre, & toutes celles qui ont touché le plan s'inclinent, & changent de situation, & parce qu'elles ne regardent plus l'endroit d'où elles sont venuës, elles ne sont plus capables de retourner par le mesme chemin.

Remarquez que j'ay dit vers l'axe, & & au delà de l'axe ; parceque lorsque dans ce roulement l'extremité de l'axe frappe le plan, le rebondissement ne se fait pas pour cela dans ce mesme moment ; & de fait, s'il se faisoit, il se feroit en ligne perpendiculaire, l'axe aussi bien que toutes les fibres estant alors dressé, & elevé sur le plan en ligne perpendiculaire ; mais il faut de necessité qu'il se fasse au delà, parceque l'impetuosité de la partie qui est au delà prevaut encore, quoyque cette partie ne soit pas plus grande que la moitié. Et la raison de cecy est, que son impetuosité est encore directe, & entiere, au lieu que celle de la partie qui est en deça est reflexe, & en quelque façon affoiblie par le contact, & par la repression du plan ; c'est pourquoy la reflexion ne se peut faire que jusques à ce qu'il y ait autant de repression, & d'affoiblissement fait dans la partie qui est au delà de l'axe, qu'il en a esté fait dans la partie qui est en deça; desorte qu'il est necessaire que la reflexion se fasse lorsque le plan est touché par la fibre qui est autant eloignée de l'axe au delà, que celle qui a touché la premiere le plan en deça en estoit eloignée : Car c'est en ce moment seulement que les forces sont egales, & qu'une partie n'ayant pas dequoy prevaloir, & l'emporter sur l'autre, la boule ne frappe plus rien, & s'envole du costé vers lequel l'axe, &

Q 2

toutes les fibres sont alors dirigées.

Or parceque cela estant la boule est reflechie du plan avec la mesme inclination qu'elle y estoit tombée, il est visible que l'angle de reflexion se trouve estre egal à l'angle d'incidence, & que l'un & l'autre est d'autant plus obtus, que la projection est moins eloignée de la ligne perpendiculaire, & d'autant plus aigu qu'elle en est plus eloignée, & qu'il s'en faut moins qu'elle ne soit parallele au plan.

Il nous reste à dire un mot de cette reflexion qui d'ordinaire est prise pour une espece de refraction, & qui est toutefois plutost une espece de reflexion, asçavoir lors qu'une pierre, une boule, ou quelque autre chose de cette sorte, ayant esté jettée obliquement tombe sur l'eau, & que le reste de son mouvement n'est pas continué selon la mesme ligne par laquelle il estoit dirigé dans l'air, mais en est si peu que rien detourné vers le haut, au contraire de ce qui arrive à un rayon lumineux qui tombant de la mesme façon, & penetrant dans l'eau, est quelque peu detourné vers le bas, ou, comme nous dirons en parlant de la Lumiere, vers la perpendiculaire. Car nous expliquerons alors comment il arrive que de deux rayons contigus qui tombent ensemble sur l'eau, l'un rebondit en l'air vers le haut lorsque l'autre penetre en bas dans l'eau, & pourquoy celuy-là est dit se reflechir celuy-cy souffrir refraction : Ce qui soit dit en passant pour faire remarquer que la pierre dont il est icy question, ne doit pas estre comparée avec le rayon qui souffre refraction, & qu'on appelle d'ordinaire rayon rompu, mais qu'elle peut en quelque sorte estre comparée avec celuy qui est reflechi ; car celuy qui est rompu penetre dans l'eau, parce qu'il y trouve un petit pore qui luy est convenable, & conforme, & il est detourné vers le bas acause du roulement, ou tournoyement qu'il est contraint de faire en y entrant, ce qui sera aussi expliqué en son lieu, mais parceque la pierre qui penetre dans l'eau ne trouve pas de passage qui luy soit conforme, elle s'en fait un elle mesme acause de la force qui luy est imprimée, & ainsi lorsqu'elle entre dans l'eau elle n'est point detournée vers le bas par un semblable roulement.

Or de mesme que ce rayon reflexe rebondit, parce qu'il tombe non pas dans un petit pore, mais sur un corpuscule de la superficie de l'eau par la rencontre duquel il est renvoyé vers le haut, demesme aussi la pierre tombant sur l'eau est renvoyée vers le haut, parceque la rencontre de l'eau l'empesche de suivre le chemin droit qu'elle avoit commencé : Et une preuve qu'il se fait quelque reflexion, c'est que si la projection est fort oblique, comme par exemple de deux, de trois, ou de quatre degrez, la pierre rebondit aussi sensiblement sur la superficie de l'eau, & dans l'air ; & ce rebondissement est plus sensible plus la pierre est large; ce que les Enfans qui joüent sur le bord des Rivieres connoissent fort bien, quand ils choisissent des pierres qui sont propres à faire plusieurs petis sauts, ou rebondissemens, qu'ils appellent des Ricochets.

Le mesme arrive à l'egard des bales de mousquet qu'on tire fort obliquement sur une eau tranquille & paisible; il s'est trouvé qu'une bale tirée de la sorte a blessé des gens d'un bord d'une Riviere à l'autre bord. Il est mesme surprenant qu'une Bale rebondit quelquefois de telle maniere que son angle de reflexion est plus grand que celuy de son incidence ; mais cela vient de ce que par l'impetuosité de la bale il se fait une espece de fosse dans l'eau, & que l'eau s'accumulant en devant, & devenant par consequent un obstacle à la bale, elle la contraint de s'elever.

CHAPITRE VI.

Si le Changement est different du Mouvement, & comment les Qualitez des Composez peuvent estre engendrées par le Changement, ou l'Alteration.

Quoy que le Mouvement dont nous avons parlé jusques icy, semble estre comme separé ou distingué de certaines especes de mouvement que quelques-uns prenent plutost pour des especes de Changement, telles que sont la Generation, la Corruption, l'Accroissement, la Diminution, l'Alteration, neanmoins il semble d'ailleurs qu'il n'y a effectivement point d'autre Mouvement que le Local : Car soit que quelque chose s'engendre, ou qu'elle se corrompe, soit qu'elle croisse, ou qu'elle diminue, soit enfin qu'elle souffre quelque alteration, c'est à dire qu'elle devienne ou chaude ou froide, ou blanche, ou noire, &c. Il est certain que tous ces changemens ne sont que de certains mouvemens locaux des Atomes qui vont, qui vienent, qui se separent, qui concourent, qui se joignent, qui s'arrangent, qui se disposent diversement, en un mot qui changent de lieu, & de place dans le Composé : Et si ces mouvemens sont souvent tres courts, & inperceptibles, ils n'en sont pas moins pour cela de veritables mouvemens, quelque petit que puisse estre l'intervalle.

Cependant pour en venir maintenãt à la maniere dont les Qualitez des Composez peuvent estre engendrées, s'il est vray qu'il n'y ait point d'autres principes materiels des choses que les Atomes, & que dans les Atomes il n'y ait point d'autres qualitez que la Grandeur, la Figure, & le Mouvement, comme nous avons dit plus haut, il y a lieu de s'etonner que dans les choses il y ait, & s'engendre tant d'autres qualitez, la Couleur, la Saveur, l'Odeur, & une infinité d'autres. Neanmoins les Autheurs des Atomes pretendent que si nous voulons seulement retenir ces trois qualitez que nous venons de dire, & de plus y ajouter l'ordre, & la situation, la chose se pourra entendre, & s'expliquer, ce qu'ils taschent de faire en se servant de la comparaison des Lettres de l'Alphabet.

Car demesme que les Lettres sont les Elemens de l'Ecriture, & que les Syllabes premierement, & puis les Dictions, & ensuite les Periodes, les Oraisons, & les Livres en sont formez; demesme aussi les Atomes sont les Elemens des choses, dont il se fait premierement de petites masses ou molecules, puis de plus grandes & de plus grandes masses, & puis enfin de tres grands corps.

Et demesme qu'à l'egard de la veue des figures differentes de Lettres, A & O par exemple, font une representation ou une espece differente, & qu'estant rapportées à la prononciation elles forment un son different ; ainsi selon que les Atomes seront ou aigus, ou ronds, ou d'une autre figure, & selon qu'ils frapperont les organes de la Veüe, de l'Ouye, de l'Odorat, & des autres Sens, ils se feront sentir sous diverses especes, ou ce qui revient au mesme, ils paroitront de differentes qualitez, & exciteront en nous des sentimens differens.

Et de mesme que la mesme Lettre differemment tournée est differente à la veue, & à l'ouye, comme N, & Z, & dans les petites Lettres b, & d, p, & q; ainsi le mesme Atome differemment apapliqué affectera le Sens differemment, comme si estant piramidal, il entre tantost par sa pointe, & tantost est appliqué par sa base.

Et de mesme que deux, ou plusieurs mesmes Lettres selon qu'elles se precedent, ou se suivent differemment, exposent aux yeux, aux oreilles, & à l'Esprit mesme differentes voix, par exemple, ET, TE; MUS, SUM; ROMA, AMOR; SIMUS, MUSIS; LAURUS, URSULA, &c. de mesme aussi les mesmes Atomes peuvent par leurs differentes transpositions representer au Sens des qualitez, ou des especes tres differentes.

Et enfin de mesme que des lettres dont les figures ne sont pas en plus grand nombre que celles qui se voyent dans l'Alphabet, peuvent par la seule diversité de l'ordre, & de l'arrangement different qu'on leur donne, former une diversité innombrable de dictions, en sorte qu'elles peuvent suffire non seulement à tous les Livres qui sont ecrits presentement, mais à tous ceux qui le pourront estre à jamais; ainsi il est bien convenable que les Atomes, dont les figures sont innombrables, puissent estant diversement arrangez, & disposez affecter, & se faire paroître de mille & mille façons differentes, ou causer une diversité infinie de qualitez. Voicy de quelle maniere Lucrece explique la chose.

Pour concevoir, dit-il, ce que le meslange, la situation, & les divers mouvemens que donnent, ou reçoivent les premiers Principes sont capables de faire dans les choses, il ne faut que considerer ce qui arrive dans l'agitation de la Mer; car on la voit en un moment de noire, ou de verdâtre qu'elle est, devenir blanche, comme du Marbre, sans qu'il soit survenu autre chose que l'impétuosité du Vent qui a changé l'ordre, la situation, & l'arrangement des corpuscules des premiers principes de l'Eau.

Præterea, magni quod refert, semina quæque
Cum quibus, & quali positura contineantur,
Et quos inter se dent motus, accipiantque,
Perfacile extemplò rationem reddere possis
Cur ea quæ nigro fuerint paulò ante colore,
Marmoreo fieri possint candore repentè;
Vt Mare cùm magni commôrunt Æquora Venti
Vertitur in canos candenti Marmore fluctus.
   Dicere enim possis nigrum quod sæpe videmus,
Materies ubi permista est illius, & ordo
Principiis mutatus, & addita, demptaque quædam,
Continuò id fieri ut candens videatur & album.

En effet, lorsque la Mer dans la Tempeste est changée en ecume tres blanche, il est constant qu'il ne se fait point d'autre changement qu'à l'egard de la situation, & de la figure des parties de l'eau qui se forment en de petites bouteilles pleines d'air, d'où la lumiere soit reflechie plus abondamment à nos yeux, comme nous dirons en son lieu.

Mais pour vous en donner un autre exemple qui regarde encore la couleur, mettez de l'eau tiede dans une tasse, & apres y avoir laissé tremper une poignée de feüilles de Sené, versez y quelques gouttes d'huile de Tartre, & vous verrez incontinent que toute l'eau rougira; quoy qu'il n'y ait en aucune rougeur semblable ni dans l'eau, ni dãs les feüilles, ni dans l'huile; mais ce qui arrive, c'est que l'eau penetre, agite, separe, & tire d'une telle maniere les particules les plus tenues du Sené, que les particules penetrantes de l'huile qui surviennent, changent la tissure de tout le composé, & en tournent & meuvent les corpuscules de telle sorte, que la lumiere qui tombe dessus, qui se rompt, & qui se refléchit, affecte l'œil d'une telle manière, excite en luy un tel sentiment, represente une telle espece de couleur, vous cônoîtrez encore mieux la chose, si sur ce que nous venons de dire vous versez quelques gouttes, non pas d'huile de Vitriol, mais de Tartre; car je vous prie, d'où vient que l'eau ne rougit point, si ce n'est que cette huile n'est pas capable d'inciser, de remuer, & de tourner demesme que l'huile de Tartre? Et si vous versez quelques goutes de cette huile dãs de l'eau où vous aurez fait tremper une poignée de feuilles de Roses, d'où vient qu'elle rougira d'abord, au lieu que si vous y eussiez versé de l'huile de Tartre en sa place, elle n'eust point rougi? Est-ce que cela ne nous marque au moins pas que de choses non rouges il s'en fait du rouge, a cause du meslange seul, ou du seul changement de la situation des parties, de la mesme façon que les mesmes plumes du col d'un Pigeon changeant de situation entre elles, & à l'egard de la lumiere, changent leurs couleurs, & qu'un mesme morceau de drap paroit de couleurs differentes selon qu'il est developpé, ou plié, &

selon que les fils dont il est tissu changent de situation à l'egard de la lumiere?

De plus, pour donner un pareil exemple dans les autres especes de qualitez, touchez du doigt l'une & l'autre huile, c'est à dire tant l'huile de Tartre, que l'huile de Vitriol separément, ni l'une, ni l'autre ne paroîtra chaude; versez quelques gouttes de celle là dans une certaine quantité de celle-cy, vous verrez alors le tout boüillir, & s'echauffer extremement. Or d'ou vient cela, puisque ces deux huiles estant jointes n'ont rien qu'elles n'eussent estant separées? Et que peut-on dire autre chose, si ce n'est que l'ordre, l'arrangement, & la situation des parties sont changez? Cela certes nous marque du moins aussi que de choses qui ne sont pas chaudes il s'engendre de la chaleur par le seul meslange, & par la seule transposition des parties; de mesme que des Epingles amassées confusement en un tas piquent de tous costez, au lieu qu'étant jointes ensemble, elles paroissent douces, & polies; ou de mesme qu'on touche le poils de l'Herisson quand ils sont couchez sans aucun sentiment de douleur, au lieu qu'estant dressez ils picquent sensiblement.

Enfin pour dire quelque chose de de plus familier, voyez une pomme quád elle se pourrit, & qu'elle a pourtant encore quelque partie saine, quelle diversité n'y a-t-il point dans la couleur, dans l'odeur, dans la saveur, dans la mollesse, & dans les autres qualitez? Et d'où peut provenir tout cela, si ce n'est que par la contusion, & la corrosion qu'a soufferr la partie qui s'est pourrie, les particules, ou corpuscules ont d'une telle maniere chágé de situation, qu'estant mise sur la langue elle y excite un autre sentiment, & represente d'autres qualitez que celle qui est saine? Lorsque l'autre partie sera pourrie, sera-t-elle composée d'autres particules qu'estant saine? Si vous dites que quelques parties s'en sont exhalées, & que quelques parties de l'air y sont entrées, c'est ce que nous voulons; car de cela seul que quelques parties s'exhaleront, que quelques autres s'introduiront, & que toutes les autres seront transposées, la corruption s'ensuivra, de façon qu'il se fera une couleur noire, une odeur mauvaise, une amertume desagreable, & ainsi du réste, ce qui ne paroissoit pourtant point auparavant ; tant il est vray, comme dit Lucrece, que la seule situation, & transposition des Principes est capable de causer tous ces changemens, toutes ces alterations, en un mot, toutes ces differentes qualitez que nous remarquons dans les composez ; c'est ce qu'il marque dans ces Vers qu'on ne sçauroit trop repeter.

Præterea, magni quod refert, semina quæque
Cum quibus & quali positurâ contineantur,
Et quos inter se dent motus, accipiantque, &c.

Et d'ou il conclut, que lorsque dans les choses les intervalles, les voyes, & les chémins, & de plus l'action, l'union, le concours mutuel, le mouvement, l'ordre, la situation, & les figures des parties changent, les choses doivent consequemment changer, & n'estre plus les mesmes.

―――― *materiaï*
Intervalla, via, connexus, pondera, plaga,

Concursus, motus, ordo, positura, figura
Cùm permutantur, mutari res quoque debent.

DOUTES

SVR QVELQVES-VNS DES principaux Chapitres de ce Tome.

A MADAME DE LA SABLIERE.

VOVS avez bien raison, toutes nos connoissances philosophiques sont fort peu de chose, & je suis ravy que de vous-mesme vous-vous soyez enfin desabusée de ce costé-là. Non assurement il n'en est pas de la Philosophie comme des Arts, plus on s'exerce dans un Art, plus on s'y fait sçavant, mais plus an specule sur les choses naturelles, plus on decouvre qu'on y est ignorant : Il y a trente à quarante ans que je philosophe fort persuadé de certaines choses, & voilà que je commence à en douter : C'est bien pis, il y en a dont je ne doute plus, desesperé de pouvoir jamais y rien comprendre. Combien pourrions-nous en marquer de cette sorte! Mais cela ne feroit peuteſtre que degouſter de la Philosophie, & ne seroit peuteſtre pas mesme du gouſt de tout le monde, disons seulement cecy comme en passant. Qui est-ce qui a jamais bien connu une chose, qu'on croit cependant estre generalement, & evidemment connuë, Ce que c'est que Pesanteur, ou comment, & pourquoy une pierre qu'on aura jettée vers le Ciel, retourne comme d'elle-mesme vers la Terre? Ajoûtons, si Vous voulez, Qui est-ce qui a jamais clairement compri. cette autre chose qui regarde la plus importante, & la plus indubitable des Veritez, Ce que c'est qu'une Substance immaterielle, incorporelle, spirituelle, ce que c'est que l'Entendement, ce que c'est que Penser, & en quoy consiste l'action de Penser? Bien loin de là, l'on n'a seulement jamais pû dire ou expliquer ce que c'est que l'Ame Sensitive, & generalement ce que c'est que Sentir, ou, ce qui se fait tous les jours dans la nourriture des Animaux, & peut-estre des Plantes, Comment de choses insensibles il s'en fait de sensibles? Helas! C'est ce qu'on n'a jamais sçeu, & ce qu'apparemment on ne sçaura jamais; nous ne sommes pas assez heureux pour cela, & il semble, dit Lucrece, que la Nature jalouse nous ait fermé la porte à ces belles, & importantes connoissances.

Invida præclusit speciem Natura videndi.

DOUTES. 381

Cependant, MADAME, cela ne doit pas nous rebuter, & il ne faut pas s'imaginer que toutes les choses naturelles soient d'une pareille obscurité; la Philosophie, & principalement celle de Gassendi, a toûjours cet avantage qu'elle nous en decouvre un tres grand nombre qui sans son secours nous demeureroient cachées, & qui ont cela de bon qu'elles entretienent tres agreablement l'Esprit, qu'elles nous fortifient contre les accidens inevitables de la fortune, & qu'elles nous tirent de cette foule d'erreurs qui troublent si miserablement la vie de la pluspart des hommes, nous elevant, pour ainsi dire, au faiste de ces Temples sacrez, & serains de la Sagesse, d'où comme d'un lieu eminent le Sage considere les uns faire vainement gloire de leur Esprit, & de leur science, les autres disputer superbement de leur Noblesse, & les autres se travailler aveuglement toute leur vie sans cesse, & sans repos pour parvenir à des richesses dont ils ne joüissent jamais.

Sed nil dulcius est bene quàm munita tenere
Edita doctrinâ sapientum Templa serena,
Despicere unde queas alios, passimque videre
Errare, atque viam palanteis quærere vitæ,
Certare ingenio, contendere nobilitate,
Noctes atque dies niti præstante labore

Ad summas emergere opes, rerumque potiri.
O miseras hominum mentes! ——

Enfin l'on ne sçauroit nier que les connoissances, & les reflexions philosophiques ne nous portent à cet estat de fermeté, & de tranquillité où je vous vois parvenuë depuis si longtemps, à ne rien admirer, à ne s'etonner jamais de rien, ce que vôtre cher Horace dit estre presque la seule & unique chose qui puisse rendre heureux.

Nil admirari prope res est una, Numici,
Soláque quæ possit facere, & servare Beatum.

Doute I. Si l'Espace de la maniere que Monsieur Gassendi l'explique, est soutenable.

Voyez les deux premiers Chapitres.

J'Ay toûjours eu de la peine à croire que Monsieur Gassendi eust parlé tout de bon, lors qu'il a expliqué la nature de l'Espace, & j'ay toûjours soupçonné qu'il n'admettoit cet Estre incorporel, penetrable, & immobile que pour expliquer plus commodement l'immobilité du Lieu, dont il estoit prevenu avec la plufpart des Anciens, & pour expliquer le Mouvement qu'il ne croyoit pas pouvoir estre defini autrement que *Le passage d'un lieu à un autre*, c'est à dire *d'une partie immobile de l'Espace à une autre partie immobile du mesme Espace.* Car, je vous prie, un Philosophe peut-il aisement admettre un Estre autre que Dieu, qui soit incorporel, eternel, immense, independant, & incorruptible, ou incapable d'estre detruit?

Peut-il admettre une Etendue incorporelle, qu'il ne voit point, qu'il ne touche point, qui ne tombe point sous ses sens, & dont il n'a par consequent point d'idée vraye, & legitime, peut-il, dis-je, admettre une telle etendue, à moins que l'existence en soit prouvée par des raisons aussi claires, & aussi solides que sont celles qui nous demontrent l'existence de Dieu?

Peut-il admettre une Etendue penetrable, luy qui n'en n'a jamais ni veu, ni conceu que de solide, & d'impenetrable?

Enfin peut-il admettre une Etendue qui soit incorporelle, & qui ait neanmoins des parties, asçavoir des parties fixes, & immobiles d'ou l'immobilité du lieu soit prise? Et y a t-il rien de plus repugnant que d'estre incorporel, & avoir des parties?

Il dit que l'Espace est un Estre à sa maniere, un Estre qui n'est ni Substance, ni Accident, qui n'est aucunement capable d'agir, ni de patir, & qui est purement, & simplement le lieu des corps, & qu'ainsi il n'y a aucun inconvenient à craindre. Mais est-ce que pour faire admettre un Estre qui soit tel qu'il pretend estre l'Espace, il suffit de dire que c'est un Estre à sa maniere? Est-ce que cela nous fait concevoir cet Estre qui semble si fort repugner, & qui est si dissemblable de tous les autres Estres? Est-ce que cela leve les inconveniens que nous venons d'apporter, & avant que de dire que c'est un Estre à sa maniere, ne faudroit-il pas avoir bien montré que c'est un Estre?

L'on conçoit toûjours, ajoûte-t'il, qu'entre les murailles d'une chambre vuide il reste un espace, une certaine etendue, & que cette etendue n'estant pas corporelle, & mobile, elle doit estre incorporelle, penetrable, & immobile. Il est vray, que ceux qui prendront plaisir à se tromper eux-mesmes, & à faire une chimere, concevront la chose de la sorte; mais un Philosophe doit tascher de concevoir les choses comme elles sont. L'on

L'on ne sçauroit, dit-t'il encore, concevoir la chose d'une autre maniere. Mais pourquoy non ? Si l'on peut bien concevoir les tenebres sans concevoir une certaine noirceur repandue dans l'Air, pourquoy ne pourra-t'on pas concevoir une chambre vuide sans concevoir un Estre incorporel, une etendue incorporelle repandue entre les murailles ? certainement de mesme que pour concevoir les tenebres sans erreur, & sans fiction, il ne faut que les concevoir par une conception qui reponde à ce jugement negatif, *Lux non est in Aere*, il n'y a point de lumiere dans l'Air; ainsi pour concevoir sans fiction une chambre vuide, il ne faut que la concevoir par une conception qui reponde à ce jugement negatif, *nihil est in cubiculo*, ou, *nulla res est in cubiculo*, il n'y a rien, il n'y a aucune chose, aucune etendüe soit corporelle, soit incorporelle dans la chambre : Aussi est-ce là la voye naturelle, & le seul, & unique moyen de concevoir le Rien, le Vuide, les Negations, & les Privations de la maniere qu'on les doit concevoir, ou qu'elles peuvent estre conceües sans erreur. D'ailleurs est-ce qu'il est permis de conclurre *Ab eo quod eſt in mente, ad illud quod eſt extra mentem?* Eſt-ce que ſi le vulgaire conçoit ordinairement les tenebres comme une certaine noirceur, vous pourrez pour cela conclure que les tenebres ſoient une noirceur? Encore donc qu'on ait ſi vous voulez de la peine à concevoir qu'entre les murailles d'une chambre vuide il ne reſte une certaine etendue, vous ne devez pas pour cela d'abord inferer que cette etendue exiſte, mais vous devez plutoſt conſulter la raiſon, & taſcher de corriger voſtre imagination en concevant la choſe comme on la doit concevoir, aſçavoir, ainſi que je viens de dire, par un jugement excluſif, *il n'y a rien entre les murailles.*

Il en eſt demeſme de ces pretendus Eſpaces infinis, incorporels, penetrables, immobiles qu'il dit eſtre au delà du Monde, dans la ſuppoſition qu'il ſoit finy : Je tiens que de tels Eſpaces ne ſont point, n'exiſtent point, ne ſont point Eſtre, ne ſont point Choſe, comme il dit, ne ſont qu'imaginaires, & que n'y ayant rien au delà du Monde, l'on n'y doit rien concevoir, ou pour mieux dire, que l'on doit concevoir qu'il n'y a rien, ce qui ne se peut faire sans erreur que par un concept qui reponde simplement, comme j'ay deja dit plusieurs fois, à ce jugement exclusif, *Nihil est ultra Mundum*, il n'y a rien, il n'y a aucun corps, il n'y a aucune etendue soit corporelle, soit incorporelle au delà du Monde.

Mais n'est-il pas vray, demande-t'il, qu'entre les murailles d'une chambre vuide il y a un certain intervalle, une certaine distance ? Je repons que si par intervalle, ou par distance vous entendez une certaine ligne, ou longueur spaciale, invisible, & incorporelle, qui fasse que les murailles soient distantes entre elles, c'est une pure fiction : Pour que deux corps soient distans, il n'est pas besoin qu'il y ait effectivement rien soit de corporel, soit d'incorporel entre-deux, mais il suffit qu'ils soient situez de telle maniere, que sans les remuer on y puisse mettre quelque corps, mais il suffit qu'ils ne soient pas contigus, ou, ce qui est de soy clair, & evident, comme nous dirons aprés, qu'ils ne se touchent pas.

Il en est de la Distance comme de l'Egalité, ce sont des termes abstraits, qui comme tous les autres de cette sorte, nous portent à l'erreur, si nous concevons quelque chose d'abstrait, ou de separé du concret : Lors qu'on dit, par exemple, qu'il y a de l'egalité entre deux corps, si nous concevons qu'il y ait quelque chose, quelque Entité distincte qui soit l'egalité, ou qui fasse que ces corps soient egaux, c'est une chimere; & y avoir de l'egalité entre deux corps, ne signifie autre chose, sinon deux corps estre egaux, ou estre aussi grands l'un que l'autre. Ainsi lors qu'on dit qu'il y a de la distance entre deux corps, si nous concevons qu'entre ces corps il y ait quelque chose d'intercepté, quelque Entité, quelque longueur Spaciale qui fasse que ces deux corps soient eloignez l'un de l'autre, c'est une pareille chimere ; & y avoir de la distance entre deux corps, n'est autre chose que deux corps estre distans, que deux corps ne se toucher pas, ou, pour le repeter encore une fois, que deux corps estre situez de telle maniere, que sans les remuer, un troisieme corps puisse estre compris entre eux.

Cependant ne m'avouerez-vous pas, dit-il encore, que l'on mesure la distance qu'il y a entre les murailles de cette mesme chambre vuide? Je repons demesme, que si par mesurer la distance vous entendez mesurer cette pretenduë ligne, ou longueur spaciale, & incorporelle, c'est la mesme fiction, & je soutiens que mesurer la distance qui est entre les murailles, n'est autre chose que mesurer de combien les murailles sont distantes, ou justifier par le moyen d'une mesure connue, d'un pied, par exemple, ou d'une toise, la grandeur du corps qu'on veut mettre, ou qui pourroit tenir entre les murailles : J'en dis autant de la Largeur, & de la Profondeur, l'on ne mesure point aussi ni de largeur, ni de profódeur Spaciale, & incorporelle, l'on n'y pense seulement pas, & à mon avis, il n'y a jamais eu que les Philosophes, qui à force de subtiliser y ayent pensé, & en ayent fait un Estre, mais l'on mesure simplement de combien les murailles sont distantes entre-elles, & de combien le plafond est distant du pavé, ou, demesme que nous venons de dire, l'on experimente simplement par le moyen d'une mesure connuë de qu'elle longueur, de quelle largeur, & de quelle profondeur devroit eftre un corps pour remplir toute la chambre, ou fi vous voulez, l'on applique mentalement une mefure connuë au corps que la chambre pourroit contenir.

Perfonne, dit-il enfin, ne fçauroit nier qu'entre les murailles de la chambre vuide il ne refte une capacité à recevoir des corps. Mais il eft evident que la mefme Reponfe revient toûjours; car fi par Capacité il entend une etenduë fpaciale, & incorporelle, longue, large, & profonde, je foûtiens toûjours de mefme, que c'eft une chimere, qu'il n'y a ni long, ni large, ni profond incorporel, & par confequent ni longueur, ni largeur, ni profondeur incorporelle, & que par Capacité l'on ne doit entendre autre chofe, finon qu'entre les murailles l'on peut mettre des corps, ou que la chambre à raifon de fes murailles diftantes les unes des autres, eft capable de contenir des corps. Et ne dites point que l'on y peut mettre des corps parcequ'il y a une Capacité ; car à proprement parler, c'eft parce qu'il n'y a rien que l'on y peut mettre des corps. Il apporte encore quelques autres raifons, mais comme elles regardent particulierement la nature du Lieu, nous y repondrons plus commodement ensuite, cependant voyons le sentiment de quelques-uns de nos Modernes.

Il est vray, dit Maignan, que l'Espace, ou l'étenduë incorporelle, penetrable, & immobile de Gassendi est purement imaginaire, mais cependant on la doit concevoir comme le lieu des choses. *Non sanè asserimus esse, sed simpliciter cogitamus quasi esset Spatium aliquod permanens ad modum aëris, vel aquæ, aut similis alterius Spatij realis diffusum quaquaversum etiam absque fine, in quo cogitamus locata omnia contineri, & moveri, seu quasi continerentur, & moverentur concipimus, &c.* Mais si selon luy ce pretendu Espace incorporel, penetrable, immobile, immense, &c. n'existe point, à quoy-bon concevoir comme s'il existoit? Et si selon luy les corps effectivement ne sont point contenus, & ne sont point meûs dans un tel Espace, à quoy-bon imaginer comme s'ils y estoient cōtenus, comme s'ils y estoient meûs ? Cette fiction ne met rien dans les choses, elle ne les change point, & ceux qui la font, conçoivent les choſes autrement qu'elles ne ſont en elles meſmes, au lieu qu'un Phyſicien doit rechercher ce que les choſes ſont en effet, & conformer ſa conception aux choſes.

Il y en a d'autres qui voyant bien qu'il eſt difficile de ſoûtenir que ce pretendu Eſpace incorporel exiſte, ſoit un Eſtre, ſoit une Choſe, & qui ne pouvant pourtant pas entierement l'abandonner, diſent que ce n'eſt rien, que c'eſt une eſpece de rien. Mais comment cela ſe peut-il entendre ? *Rien* eſt une particule qui eſtant priſe à part, & hors de toute propoſition, n'a point de ſignification, non plus que la particule *Non*, & lors que cette meſme particule *Rien* eſt dans une propoſition, elle ne tient lieu ni de ſujet, ni d'attribut, elle equipolle à la particule *Non*, & repond à l'acte negatif que forme alors l'Entendement : Quand on dit, par exemple, *Nihil eſt extra Mundum*, c'eſt la meſme choſe que ſi l'on diſoit *Non eſt aliquid, non eſt res ulla extra Mundum*; tellement que ſi l'on dit que le Rien eſt un Eſpace, ou que l'Eſpace incorporel eſt un Rien, ou le Rien, cette propoſition ne peut avoir que ce ſeul ſens, aſçavoir qu'il n'y a point d'Espace incorporel. Certainement on ne peut pas attribuer des proprietez à Rien, ou au Rien, l'on ne peut point dire que Rien, ou le Rien soit une étenduë, que le Rien ait des parties, ou des endroits, que le Rien soit capable de recevoir des corps, que le Rien soit penetrable, immobile, &c. Ce seroit la mesme chose que si l'on disoit que le *Non* est capable de recevoir des corps, que le *Non* est un Espace, que le *Non* a des endroits, que le *Non* est penetrable, immobile, &c.

Doute II. *Si l'on peut dire que le Lieu soit l'Espace?*

Voyez les deux premiers Chapitres.

LE lieu me semble estre si clairement, & si generalement connu soit des enfans, soit des hommes faits, soit des bestes mesmes, que j'ay bien de la peine à croire, que pour en avoir la veritable idée, il faille avoir recours à l'Espace, cest-à dire à un Estre eternel, incorporel, immobile, & infiniment étendu de toutes parts, à un Estre, dis-je, qui ne tombe nullement sous les Sens, & qui semble surpasser nostre intelligence, & je croirois bien plus volontiers, sans tant subtiliser, que le Lieu ne seroit autre chose que *la surface d'un corps environnant* soit immediate, comme l'air à l'égard d'une Tour, l'eau à l'égard d'un poisson, une eguiere à l'égard de l'eau, soit mediate, comme une chambre à l'égard d'un lict, ou d'un homme, un cofre à l'égard de l'or qui est dedans, une place à l'égard d'une Statuë, & ainsi du reste; de maniere qu'un corps estre placé en un tel lieu, ne soit autre chose qu'une denomination extrinseque prise d'une telle surface qui l'environne, d'une telle chambre, d'un tel cofre, d'une telle place, &c. comme estre, ou demeurer dans le mesme lieu, n'est autre chose qu'estre environné de la mesme superficie, estre dans la mesme chambre, dans la mesme place, ou mesme demeurer vis-à-vis, ou à une telle distance d'une mesme chose laquelle ou soit effectivement immobile, ou soit censée telle.

Je sçay bien que selon cette pensée on objectera d'abord, qu'un corps qui seroit au delà du Monde qu'on supposeroit estre fini, ne seroit donc en aucun lieu. Mais comme on suppose qu'au delà du Monde il n'y a aucun corps, aucune chose, rien, je ne vois pas quel mal, ou quel inconvenient il y ait à dire que ce corps-là ne seroit en aucun lieu. Il n'est rien, dit-on, de plus ridicule; mais c'est là la question, & Aristote a si peu crû la chose ridicule, qu'il a dit sans hesiter que dans la supposition qu'on fait, le dernier Ciel ne seroit en aucun lieu. Ce corps, direz-vous, ne seroit nulle part, ce que personne n'admettra. Je répons que si par estre nulle part vous entendez que ce soit n'estre point dans la Nature, vous avez raison de dire que personne n'admettra que ce corps ne soit nulle part, mais si vous voulez que ce soit n'estre en aucun lieu, Aristote admettra volontiers en ce sens-là qu'il n'est nulle part.

Cependant, direz-vous encore, il seroit là, & non pas là. Je répons en distinguant demesme, que si par estre là, & non pas là, vous entendez que ce soit estre mis par une designation mentale dans un lieu purement imaginaire, ou si vous voulez, que ce soit simplement exister dans la Nature, ou mesme estre hors de quelque autre corps, & ne le penetrer pas, ou estre à une telle distance de luy, vis-à-vis, au dessus, au dessous, &c. comme nous faisons d'ordinaire quand nous concevons, ou quand nous disons qu'une chose est là, & non pas là, ou qu'une chose est toûjours dans son mesme lieu; il seroit vray de dire qu'un corps au delà du Monde seroit là, & non pas là, qu'il seroit en quelque part, qu'il seroit en quelque endroit, ou qu'il ne seroit pas dans la place de celuy-là. Mais si par estre là, & non pas là, & generalement par estre quelque part, vous pretendez que ce soit estre en quelque lieu reel, & effectif, ou répondre à une certaine partie fixe, & immobile d'un certain Estre éternel, incorporel, penetrable, doüé de parties, &c. je tiens qu'il est faux de dire que ce corps soit là, & non pas là; puisque selon la supposition il n'y a rien au delà du Monde, & que ce pretendu lieu interne des choses, ce pretendu Estre eternel que je viens de dire, est purement imaginaire; mais voicy à mon avis d'où vient l'erreur.

Comme nous n'avons jamais veu de corps qui ne soit en quelque lieu, ou dans l'air, ou dans l'eau, ou dans la terre, ou proche, ou loin d'un tel corps, nous sommes tellement preoccupez, que nous ne croyons pas qu'il s'en puisse trouver aucun qui ne soit de la sorte en quelque lieu, de façon que ne se trouvant au delà du Monde ni air, ni eau, ni terre, ni aucune autre Substance, puisque nous supposons qu'il n'y a rien, nous y substituons l'Espace pour servir de lieu au corps que nous y voulons mettre; au lieu que nous devrions corriger nostre imagination, & concevoir simplement qu'au de là du Monde il n'y a rien, ce qui se fait aisement, & naturellement, comme j'ay remarqué plus haut par ce jugement exclusif, *Il n'y a rien, il n'y a aucun corps, il n'y a aucune chose au de là du Monde.*

Quoy, dira-t'on, le Vuide mesme n'est-ce pas un lieu, asçavoir un lieu où il n'y a point de corps, & ne dites-vous pas vous-mesme que ce Monde est placé dans le Vuide, que dans la supposition que ce Monde soit finy, & borné, il n'y a au de là du Monde qu'un grand Vuide, & que si Dieu au delà de ce Monde en creoit un autre, cet autre Monde seroit dans le Vuide ? Je répons qu'a proprement parler le Vuide est un lieu vuide, c'est à dire un lieu où il n'y a rien, c'est à dire des corps distans, ou une surface de corps distans entre lesquels il n'y a rien, nul estre, nulle chose, nulle etendue soit corporelle, & impenetrable, soit incorporelle, & penetrable; & c'est en ce seul, & unique sens que l'on peut dire que le Vuide est possible, qu'il y a du Vuide, ou de petis espaces vuides repandus dans les corps fluides, & autres. Ainsi l'on peut bien dire que ce monde est, ou existe, mais non pas à proprement parler qu'il soit *dans*, mais non pas qu'il soit dans le Vuide. Et dans la supposition que ce Monde soit finy, s'il arrivoit que Dieu creast un autre Monde au delà de celuy-cy, l'on diroit simplement de ce nouveau Monde qu'il seroit, qu'il existeroit, mais non pas qu'il seroit *dans*, mais non pas qu'il seroit dans le Vuide. Et demesme dans la supposition de Lucrece, si un homme de l'extremité de ce Monde tiroit une fleche, la fleche iroit, la fleche se mouvroit au delà du Monde, mais non pas dans le Vuide; parceque n'y ayant ni corps, ni surface de corps au delà du Monde, il n'y auroit point de Lieu, ni par consequent point de Vuide, ou de Lieu vuide, le Vuide ne pouvant estre autre chose qu'un Lieu vuide, & ce pretendu Lieu interne qui soit l'Espace, ou cette pretendue Etendue incorporelle, & penetrable estant une chimere; aussi dois-je avertir que si nous disons ensuite, & semblons supposer que la fleche seroit, iroit, se mouvroit dans le Vuide, ce ne sera que pour nous accommoder à la maniere ordinaire de parler de nostre Autheur, & nous n'entendrons autre chose sinon que la fleche se mouvroit au delà du Monde, comme continuant dans la maniere d'estre où l'Archer l'auroit mise, selon ce que nous dirons ensuite, & qu'elle ne se mouvroit en nulle chose, en nul espace, en nulle etendue soit corporelle, soit incorporelle; mais ajoûtons ce mot contre les Defenseurs de l'Espace.

Si ceux qui admettent l'Espace comme nostre Autheur, trouvent si fort étrange qu'une chose soit, ou existe, & cependant qu'elle ne soit en aucun lieu; comment ne trouvent-ils point étrange que leur Espace, dont ils font un estre reel, & effectif, soit, & ne soit en aucun lieu? Pourquoy d'ailleurs vouloir que tout corps pour exister depende absolument du lieu, ou ne puisse être sãs le lieu, sans le lieu, dis-je, qui n'est point sa cause productrice, & qui est une nature toute differente ? Et pourquoy, s'ils veulent bien que le lieu, ou l'existence du lieu ne depende point de l'existence d'aucun corps, ensorte que le lieu puisse estre, & ne contenir point de corps, pourquoy ne vouloir pas que le corps, ou l'existence d'un corps ne depende point du lieu, ensorte qu'un corps puisse exister, & n'estre en aucun lieu ?

Doute III. *Si l'on peut dire que le Lieu soit immobile.*

Voyez les deux premiers Chapitres.

LE Lieu, disent les Philosophes, est necessairement Immobile. Mais pourquoy cela, je vous prie, & d'ou peut-on tirer cette necessité ? Est-ce qu'un Physicien doit reconnoistre quelque chose d'immobile dans la Nature ? Ouy, ajoûtent-ils, parce qu'autrement un corps pourroit changer de lieu, & ne se mouvoir point, comme une Tour, lors qu'il fait du Vent, ou se mouvoir, & ne changer point de lieu, comme un Poisson qui estant pris au milieu d'un glaçon seroit emporté par le cours de l'eau. Il est vray que cela pourroit arriver, mais je ne vois pas qu'il y ait en cela aucun inconvenient : L'inconvenient seroit si l'on definissoit le Mouvement, comme nos Modernes, *Vne application successive d'un corps aux parties des corps voisins* ; parce qu'alors il s'ensuivroit qu'une chose immobile, comme une Tour, au milieu d'un air fluide & coulant, ou un Poisson detenu & arresté au milieu de l'eau courante, se mouvroit; en ce que cette chose changeroit continuellement de lieu, ou seroit continuellement appliquée aux diverses parties de l'air, ou de l'eau qui sont les corps voisins ? Et au contraire, qu'un corps en mouvement, comme un Poisson qui seroit emporté par le courant de l'eau au milieu d'un glaçon, ne se mouvroit point; parce qu'il ne changeroit point de lieu, ou ne seroit pas appliqué successivement à diverses parties du corps qui l'avoisineroit, ce qui repugne à la definition, & qui est autant, la definition supposée, que si l'on disoit qu'un corps immobile se meut, ou qu'un corps qui se meut est immobile: Mais comme le Mouvement ne se peut point definir, selon ce que je montreray en suite, & qu'ainsi l'on ne doit point reconnoitre cette definition, je soutiens qu'il n'y a aucun inconvenient ou qu'une Tour change de lieu, & ne se meuve point, si l'air qui est son lieu change & coule au gré du Vent, ou qu'un Poisson emporté par le courant de l'eau au milieu d'un glaçon se meuve, & ne change point de lieu, la surface du glaçon qui l'environe, & qui est son lieu, ne changeant point, ou demeurant toûjours la mesme.

Il est vray que nostre Autheur semble remedier à la mobilité du lieu, en ce que definissant le Mouvement *Le passage de lieu en lieu*, c'est à dire une application successive du corps mobile aux diverses parties de l'Espace, il fait en mesme temps l'Espace, qu'il tient estre le vray, & interne lieu des choses, immobile: Mais le remede me semble estre pire que le mal; puisque pour donner l'immobilité au Lieu, & pouvoir definir le Mouvement, il est obligé d'avoir recours à l'Espace, c'est à dire à une chose qui n'est point, qui n'existe point, ou, comme nous avons montré, qui n'est qu'une pure fiction, ou un Estre purement imaginaire.

Si faut-il bien, dit-il, reconnoitre d'autres lieux que les externes, qui sont tous mobiles, puis qu'un corps qui se mouvroit d'un mouvement progressif au delà du Monde dans le pur Vuide, passeroit de lieu en lieu, & que cependant il n'y auroit aucun lieu externe. Je répons en un mot, conformément à ce qui a déja esté répondu, que comme au delà du Monde qu'on suppose estre fini il n'y auroit ni eau, ni air, ni terre, ni rien qui peust environer un mobile, si un corps se mouvoit au delà du Monde dans le Vuide il ne passeroit point de lieu en lieu, comme n'y ayant rien au delà du Monde, & n'y ayant par consequent point de lieu, & je soûtiens qu'en cela il n'y a aucun inconvenient, qu'il n'y a point dans la Nature d'autres lieux que les lieux externes, & sensibles que j'ay dit, & que ce pretendu Lieu interne qui ne soit autre chose que l'Espace, est purement imaginaire.

Cependant dira-t'on, du consentement de tous les Philosophes, le Mouvement est essentiellement successif. Je répons que si par estre essentiellement successif, l'on entend qu'un corps ne puisse absolument se mouvoir qu'il ne parcoure successivement, & une partie aprés l'autre quelque chose, soit d'ailleurs que le Mouvement se fasse au travers des corps, de l'Air, par exemple, ou de l'Eau, soit au delà du Monde; j'estime qu'il est faux de dire que le Mouvement soit essentiellement successif, & que c'est une pure prevention fondée sur ce que nous n'avons aussi jamais veu aucun corps se mouvoir qu'au travers des corps, & que parcourant leurs parties l'une aprés l'autre ; j'estime, dis-je, que cela est absolument faux, en ce qu'au delà du Monde n'y ayant rien à parcourir soit successivement, soit autrement, rien n'y seroit parcouru successivement: Mais voicy ce qui seroit vray, & à quoy il se faut tenir. C'est que le mouvement d'un corps au delà du Monde, ou si vous voulez que je m'accommode à la maniere de parler, dans le Vuide, seroit tel, que s'il y avoit quelque chose qui pust estre parcouru, par exemple une corde tenduë, ou de l'air, cette corde, ou cet air seroit successivement, & effectivement parcouru.

Au reste, comme tout ce que jay dit jusques icy semble supposer que toutes les definitions du Mouvement qu'on à apportées jusqu'à present sont nulles, l'on me dira sans doute que c'est donc à moy d'en donner quelque bonne, d'autant plus que jusques apresent personne n'a expliqué le Mouvement que par rapport au Lieu.

Doute IV. *Si le Mouvement se peut, ou se doit definir ?*

Voyez les premiers Chapitres du Mouvement.

CE que je m'en vais dire ne paroitra point si etrange, si l'on veut bien d'abord faire reflexion sur une chose qui m'est venuë en pensée à l'égard des Modes, & que je crois estre de la derniere importance pour nous defaire des fausses impressions qu'on donne du Mouvement. C'est qu'à mon avis, l'on ne doit pas songer à definir, ni à expliquer, sinon tous, du moins la pluspart des Modes, comme estant inutile, ridicule, & dangereux de le vouloir faire. La raison primitive de cecy est, que les Modes sont l'explication mesme, comme estant censez clairs, & evidens d'eux-mêmes, de sorte que quãd on veut expliquer la nature d'une chose, l'on apporte ses divers modes, ou ses diverses manieres d'estre, & l'on dit qu'elle raisonne, par exemple, qu'elle sent, qu'elle vegete, qu'elle est ronde, qu'elle est quarrée, qu'elle est droite, qu'elle est courbe, qu'elle est unie, qu'elle est contiguë, qu'elle est éloignée, qu'elle est étenduë, & ainsi des autres Modes; d'où vient que quand on s'opiniatre à les vouloir definir, l'on ne fait ordinairement que des cercles, ou l'on n'apporte que des termes sinonimes, & equivalens, qui ne donnent pas plus de lumiere, ou causent mesme souvent de l'obscurité. Et qu'ainsi ne soit, quand par exemple, l'on a dit d'un homme, qu'il raisonne, d'un animal, qu'il sent, d'un baston, qu'il est droit, ou qu'il est courbe, d'un homme, qu'il est debout, ou qu'il est couché, de deux murailles qu'elles sont distantes, ou qu'elles sont indistantes, d'un corps, qu'il est étendu; peut-on rien dire de plus clair, ou peut-on répondre autre chose sinon que raisonner c'est raisonner; que sentir c'est sentir, sinon qu'estre droit, c'est estre droit, qu'estre debout, c'est estre debout, qu'estre distant, c'est estre distant, qu'estre étendu, c'est estre étendu? Ou en faisant un cercle; qu'estre raisonnable, c'est n'être pas irraisonnable, qu'estre droit, c'est n'estre pas courbe, que deux murailles étre distantes, c'est n'estre pas indistantes? Ou en apportant des termes équivalens, qu'estre distantes, c'est n'estre pas contiguës, & puis, que n'estre pas contigues, c'est ne se toucher pas, & ainsi de quelques autres termes qui ne sont pas plus clairs que les premiers? Tant il est vray qu'il n'y a que les Estres mesmes, que les Choses mêmes que l'on doive tâcher de definir, & d'expliquer, acause qu'elles sont souvent fort obscures, & que les Modes, pour estre censez clairs, & évidens, ne doivent, ni ne peuvent estre expliquez. En effet, que quelqu'un entreprene de nous definir l'Action, ou de nous dire plus clairement ce que c'est qu'Action? Que nous pourra-t'il dire de plus clair, & de plus evident sinon que l'action est l'action, sinon qu'agir c'est agir? Il en est de mesme de la Douleur, du Plaisir, & de cent autres de la sorte, si quelqu'un entreprenoit de les definir, que pourroit-il dire de plus connu, de plus evident, de plus sensible, & de moins explicable?

Or ce que je viens de dire à l'égard de tous ces Modes, se doit appliquer au Repos, & au Mouvement : Ce sont des manieres d'Estre claires, & evidentes d'elles-mesmes, il ne faut qu'avoir les yeux ouverts pour sçavoir ce que c'est, & il ne faut que se lever, & marcher, comme fit Diogene, pour les démontrer, & en convaincre les plus opiniatres ; desorte que je tiens que le plus simple Paysan en a une connoissance aussi parfaite que le plus grand Philosophe, & par consequent qu'il est inutile de les vouloir definir, ou expliquer.

Je pouvois ajoûter que ceux qui se metrent si fort en peine de definir le Mouvemét, devroient donc aussi se mettre en peine de definir le Repos, puisque le Repos est un Mode du corps, comme le Mouvement, ou que s'ils disent que le Repos est evident de soy, qu'ils disent donc aussi que le Mouvement est evident de soy ; ce qui seroit d'autant plus plausible, qu'il est constant que l'on connoit aussi parfaitement qu'un homme marche, que l'on connoit parfaitement qu'il est assis.

Mais

Mais sans m'arrester à cecy, je dis que tous ceux qui ont voulu definir le Mouvement, n'ont fait qu'embarasser, & obscurcir la chose, ou s'engager dans des suites de difficultez d'où il leur est impossible de se tirer. Cecy est evident premierement à l'égard d'Aristote ; car je vous prie, lors qu'il definit le Mouvement, ~~perfectibilibio~~, ou comme on l'interprete d'ordinaire, ~~actus Entis in potentia, prout in potentia~~, l'acte d'un Estre en puissance, entant qu'il est en puissance: Peut-on rien dire de plus obscur, & peut-on appeller cela une definition, c'est à dire un discours qui explique la nature du Mouvement?

A l'égard de nos Modernes, qui n'admettant ni Vuide, ni Espace, definissent le Mouvement, *Une application successive du mobile aux diverses parties des corps qui l'avoisinent immediatement*, il ne faut que considerer l'étrange inconvenient, où ils tombent ; car selon leur definition, un Poisson retenu, fixe, & immobile au milieu du courant de l'eau, est en mouvement, en ce qu'il est successivement appliqué à diverses parties de l'eau qui le touchent immediatement: Et tout au contraire, un Poisson pris

TOME II. S

au milieu d'un glaçon qui est emporté entre deux eaux, est en repos, est immobile, n'est point en mouvement. Or y a-t'il rien de plus extravagant, & rien qui soit plus capable de rendre la Philosophie, & les Philosophes ridicules? Et tout cela pour vouloir definir ce qui ne se peut definir, & pour vouloir expliquer ce que personne, si ce n'est donc les Philosophes, n'ignore, & qui est plus clair que toutes les explications qu'on en sçauroit donner.

Pour ce qui est enfin de ceux, qui definissent le Mouvement, *Le passage d'un lieu à un autre*, c'est à dire une application successive d'un mobile à diverses parties fixes, & immobiles de l'Espace; il est vray que le Lieu estant pris en ce sens-là, ils ne tombent pas dans les mesmes inconveniens que les precedens; mais quand je songe que pour les éviter, & pour rendre le Lieu immobile, il leur a fallu avoir recours à l'Espace, c'est à dire, pour le repeter encore une fois, à un Estre eternel, incorporel, immense, independant, & immobile, à un Estre qui estant incorporel, ait des parties, à sçavoir des parties fixes, & immobiles; à un Estre qui subsiste par soy, & qui ne soit pas Substance, à un Estre qui ne soit nulle part, & qui soit par tout; en verité (je l'ay déja insinué) j'ay bien de la peine à croire que nostre Autheur ait tout de bon donné dans cette Opinion, & je croirois plûtost qu'il n'auroit crû, ainsi que Maignan, cet Estre qu'imaginaire, mais toutefois commode pour expliquer le Mouvement, le Lieu, & l'Immobilité du Lieu dont il pouvoit estre prevenu, comme la plufpart des Anciens.

Je dis plus, que non seulement il est inutile, & ridicule de vouloir donner des définitions du Mouvement, pour les raisons que j'ay apportées, mais qu'il est mesme tres-dangereux de le faire; parce que comme les definitions ne doivent estre qu'à l'égard des Choses, la définition estant un discours qui explique la nature de la chose, il arrive que lors que l'on entend la définition d'un Mode, l'Esprit se porte incontinent à prendre ce qui est definy pour une veritable chose, ce qui fait une erreur tres-considerable dans la Philosophie. Et cela est si vray, que pour peu qu'on prenne garde aux manieres de parler dont les Philosophes se servent en traittant de la Rencontre, & de la Percussion des corps, l'on reconnoît incontinent qu'ils conçoivent le Mouvement comme une Chose, & qu'ils en parlent comme ils feroient d'un veritable Estre, ou d'une veritable Substance, qui seroit divisible, & qui pourroit estre transmise d'un mobile à l'autre ou entierement, ou en partie: Il ne faut pour cela que les entendre discourir. Lors qu'une Boule, disent-ils, roule sur un Billar, elle en peut rencontrer, & choquer une autre en tant de manieres, que tantost elle luy transmette tout son mouvement, en sorte que le perdant tout, elle s'arreste tout court, & que tantost elle ne luy en communique que la moitié, ou les trois quarts, ou quelques degrez seulement, se reservant le reste pour sa provision; Or à les entendre parler de la sorte, ne diriez-vous pas qu'ils conçoivent le Mouvement comme quelque Chose, comme quelque Substance, comme des corpuscules qui passeroient d'une Boule à l'autre, de mesme que des corpuscules de feu, qui passent d'un fagot allumé aux mains d'un homme qui se chauffe? Il est vray qu'il est tres-difficile d'expliquer tous ces differens mouvemens qui se remarquent selon les diverses percussions des corps, comment une Boule par exemple, en met un autre en mouvement, & comment en mesme temps elle s'arreste, ou ne va plus si viste, & ainsi des autres differences; mais apparemment cette difficulté, que je ne tiens pas insurmontable, comme je m'en vais montrer ensuite en parlant du choc des corps, ne vient que des mauvaises idées que les definitions du Mouvement nous donnent.

Doute V. Si l'on peut raisonnablement demander la cause de la continuation du mouvement dans les Choses qui ont esté jettées, ou lancées.

Voyez Livre I. du Mouvement.

JE me suis quelquefois étonné qu'il y ait tant de gens qui trouvent étrange, & ne puissent concevoir pourquoy une pierre, par exemple, se meut, & s'envole en l'air lors qu'elle est separée de la main qui l'a lancée, ou qui l'a jettée: Car je vous prie, puisque la main qui la lance est en mouvement, & qu'estant comme partie de la main, elle est par consequent aussi en mouvement, pourquoy s'arresteroit-elle, ou pourquoy ne s'envoleroit-elle pas, & ne continuëroit-elle pas de se mouvoir? Est-ce qu'un corps qui est une fois d'une certaine maniere, ne doit pas demeurer, ou continuer d'estre de cette mesme maniere, jusques à ce qu'il survienne quelque chose qui l'en tire? La pierre que la main jette est en mouvement, elle n'est pas attachée à la main comme la main au bras, & le bras au corps, rien ne l'empesche de quitter la main, rien ne l'empesche de demeurer dans sa maniere d'estre, & l'on trouvera étrange qu'elle y demeure, ou qu'elle continue de se mouvoir! Ce qu'il faudroit trouver estrange seroit qu'elle n'y demeurast pas, qu'elle ne continuast pas de se mouvoir, qu'elle s'arrestast.

L'experience d'une pierre qu'un Matelot laisse tomber du haut du mast d'une Galere qui va à toutes rames d'Occident, par exemple, en Orient, devroit ce me semble, oster tout scrupule; car comme la pierre se mouvoit, ou estoit meuë conjoinctement avec la main du

Matelot, avec le maſt, & avec toute la Galere vers l'Orient, il eſt conſtant que lors qu'elle eſt hors de la main, elle continuë de ſe mouvoir vers le meſme endroit, ou ce qui eſt le meſme, qu'elle demeure en mouvement, c'eſt à dire dans l'eſtat, ou dans la maniere d'eſtre qu'elle eſtoit lors qu'elle a eſté lancée. Et cela eſt ſi vray, qu'en deſcendant elle ſuit toûjours le maſt qui continuë d'aller vers l'Orient, & qu'elle tombe enfin au pied du maſt; au lieu que ſi en tombant elle n'avançoit point vers l'Orient, elle devroit tomber loin du maſt en arriere vers la poupe de la Galere. Ioint que ceux qui eſtant proche de là à terre ſur le rivage, prenent garde à la main du Matelot, & à la pierre, voyent, & aperçoivent clairement que la pierre avance vers l'Orient, comme le maſt, & qu'ainſi en tombant elle décrit une ligne, non pas perpendiculaire, mais courbe, & telle que celle que les Mathematiciens appellent parabolique.

Doute VI. *Si dans la doctrine des Atomes l'on ne pourroit point etablir ces quatre Regles generales du Mouvement.*

Voyez Livre II. du Mouvement.

LA premiere, que si un Atome rond, si vous voulez, & poli, tel que nous-nous imaginons estre ceux de la Lumiere, estant meu au delà du Monde, ou dans un lieu absolument Vuide, en rencontroit directement un autre de mesme figure, mais qui fust en repos, l'Atome rencontrant, continüeroit sa route, sans rien perdre de son mouvement, emportant avec soy l'Atome qui seroit en repos : Car comme un corps dans le Vuide semble devoir estre dans un parfait equilibre ou indifference, & ne devoir par consequent faire aucune resistance ; pourquoy l'Atome rencontrant ne continüeroit-il pas son chemin, comme s'il ne rencontroit rien ?

La seconde, que s'il se pouvoit faire que l'Atome rencontré fust dans un repos invincible, & comme immobilement cloüé dans un endroit, l'Atome rencontrant seroit obligé de changer sa maniere d'estre, & de s'arrester tout court: Car pourquoy, ou par quelle raison se reflechiroit-il, & retourneroit-il en arriere?

La troisiéme, que si l'Atome rencontré n'estoit pas dans un repos invincible, l'Atome rencontrant le pourroit bien mettre en mouvement, & l'emporter avec soy, mais qu'il ne le pourroit neanmoins faire qu'en changeant sa maniere d'estre, c'est à dire qu'en perdant de son mouvement, ou devenant moins viste, & cela à proportion de la resistance de l'Atome rencontré. Car s'il est vray, comme je viens de dire, que l'Atome rencontré estant immobilement en repos, fust capable de changer entierement la maniere d'estre de l'Atome rencontrant, & de l'arrester tout court par sa resistance invincible, il est croyable que faisant une resistance mediocre, il feroit mediocrement changer sa maniere d'estre, & le rendroit plus ou moins lent, à proportion de la resistance qu'il luy feroit.

La quatriéme, que si deux semblables Atomes venoient à se rencontrer directement, & de mesme vitesse, ils se feroient mutuellement changer de maniere d'estre, & s'arresteroient tout court l'un contre l'autre: Car de mesme que je viens aussi de dire à l'égard d'un Atome qui en rencontreroit un autre immobilement arresté, pourquoy se feroient-ils reflechir l'un l'autre? Pourquoy retourneroient-ils en arriere, ou plûtost pourquoy à la maniere de deux perches penchées l'une contre l'autre, ne s'arresteroient-ils pas mutuellemét, comme s'ils venoient à donner chacun contre une planche immobile, qui se seroit fortuitement trouvée entre-deux?

Ces Regles supposées comme vrayes, il est aisé de voir que si une boule d'yvoire, par exemple, ou de quelque autre matiere de la sorte pouvoit estre tres-dure, c'est à dire d'une dureté invincible, & qu'elle tombast perpendiculairement, ou fust jettée directement sur une table de marbre aussi tres-dur, ensorte que ni l'un, ni l'autre ne cedassent, & ne s'enfonçassent aucunement; il est, dis-je, evident suivant ces Regles, qu'il ne se feroit point de reflection, ou que la boule ne rebondiroit point, & par consequent que le rebondissement ou la reflection des corps n'a lieu que dans les composez dont les parties peuvent par un choc violent estre directement enfoncées en dedans, & ainsi continuer de se mouvoir par une ligne opposée à celle de la projection; *le mouvement de reflection n'estant autre chose que le mouvement direct continué*, avec cette diversité que je viens d'insinuer, à sçavoir que la ligne de reflection est opposée à celle de la projection.

Et l'on ne doit point objecter, que selon ces Regles la partie qui fait l'extremité de l'essieu de la boule d'yvoire devroit en tombant sur le marbre immobile s'arrester là tout court: Car il faut considerer premierement, qu'il n'en est pas de la boule comme d'un Atome spherique qui tomberoit sur le marbre, en ce qu'un Atome estant solide ou sans vuide, & parfaitement continu, ses parties superieures ne pourroient se mouvoir, ou demeurer en mouvement du moment que sa partie inferieure toucheroit le plan, de sorte qu'il seroit obligé de s'arrester tout court; au lieu que la boule estant un composé d'un nombre innombrable d'Atomes, & ces Atomes estant entremeſlez d'un nombre innombrable de petis vuides, il arrive que la partie inferieure qui elle meſme eſt compoſée d'une infinité d'Atomes, auſſi bien que la partie touchée du plan, il arrive, dis-je, que cette partie touchant le plan, les parties ſuperieures demeurent, ou ſont encore en mouvement, & peuvent par conſequent faire diverſement impreſſion ſur les inferieures, & pouſſant diverſement & de tous coſtez vers la derniere, qui eſt comme je viens de dire compoſée d'une infinité d'Atomes diverſement ſituez, arrangez, & liez ou joints enſemble, & avec le reſte de la maſſe, la meuvent par cette liaiſon qu'elles ont avec elle, & l'environnant de tous coſtez la ſoulevent, & la repouſſent en dedans.

Il faut de plus conſiderer pour confirmer ce que je viens de dire, que cette partie tangente & inferieure eſt partie d'un globe, & qu'ainſi lors qu'elle touche le marbre, les parties exterieures qui l'environnent ſont encore quelque temps, c'eſt à dire juſques à ce qu'elles ayent touché le plan, ſont, dis-je, encore quelque peu de temps en l'air, & en mouvement, & par consequent comme autant de petis leviers, qui a cause de la connexion ou continuité qu'elles ont avec elle la font remonter par force, & la repoussent sur les superieures qu'elles poussent & qu'elles meuvent. Et cecy paroit d'autant plus vray-semblable, que si au lieu d'une boule vous laissiez tomber un Cube, il ne rebondiroit que peu, ou point.

L'on me pourra peut-estre dire, que suivant cette derniere réponse, une Dame qui en glissant sur un Damier, en rencontreroit une autre, devroit donc aussi reflechir, ou retourner en arriere, & non pas s'arrester comme elle fait apres qu'elle a poussé, & mis en mouvement la Dame qu'elle rencontre, ce que vous direz à proportion d'une boule, qui apres avoir receu un petit coup sec sur un billar, en rencontre une autre. Ie répons qu'il faut de necessité que la Dame rencontrante s'arreste ; parce qu'au moment que la partie A, que je suppose estre l'extremité de l'essieu, est obligée par le choc de rentrer en dedans, & de se mouvoir par exemple vers l'Occident, les parties circonvoisines non seulement continuent un moment, ou un certain petit espace de temps de se mouvoir vers l'Orient, comme il arrive à l'egard d'une boule d'yvoire qui tombe sur un marbre immobile, mais elles continuent mesme encore de se mouvoir vers ce mesme endroit apres qu'elles ont fait rentrer la partie A, à cause que la Dame rencontrée ayant cedé, elles ne rencontrét point de plan qui les arreste, au contraire de ce qui arrive à la boule d'yvoire qui tombe sur un marbre; de sorte que toute la masse de la Dame rencontrante estant comme balancée entre deux mouvemens opposez, celuy des parties rentrantes en arriere, & celuy des parties circonvoisines en avant ; il faut de necessité que le tout s'arreste, à la maniere de deux hommes qui se pousseroient l'un l'autre d'egale force, ou de deux perches egales qu'on auroit fait pencher l'une contre l'autre ; ce qui ne se peut point dire de la boule d'yvoire qui tombe sur le marbre, acause que la piece de marbre demeurant immobile elle arreste les parties circonvoisines : Car il ne faut pas s'imaginer qu'au mesme moment que se fait le choc de deux Dames sur un Damier, ou de deux boules sur un Billar, la boule rencontrante s'arreste, mais il faut avant que de s'arrester, qu'elle se meuve un moment, ou quelque peu de temps conjointement avec celle qu'elle rencontre, & qu'elle la suive durant un certain petit espace, quand ce ne seroit que de l'epaisseur d'un cheveu ; parce qu'autrement la Dame, ou la boule rencontrée ne seroit point mise en mouvement, comme il a esté dit en parlant du mouvement des choses qu'on jette.

Doute VII. *Si la reflection se doit attribuer à la vertu Elastique.*

Voyez Livre II. du Mouvement.

LE celebre Monsieur Mariote attribue la reflection ou le rebondissement des corps à la vertu de Ressort, ou pour me servir des termes ordinaires, à la vertu Elastique, c'est à dire au retour viste, & impetueux des parties enfoncées, soit du corps choquant, comme si c'est une boule d'yvoire qui tombe sur une enclume tres-dure, & qui ne s'enfonce point, soit du corps choqué, comme si c'est une boule d'acier tres-dure, & qu'on suppose aussi ne s'enfoncer point, qui tombe sur une table d'yvoire qui cede, qui s'enfonce, & qui retourne comme un Ressort, soit de l'un, & de l'autre, comme si c'est une boule d'yvoire qui tombe sur une table d'yvoire: Or le rebondissement d'un Balon, & quelques autres experiences qu'il apporte m'avoient presque fait donner dans sa pensée, mais je ne scais comment je m'avisay de presser fortement avec la paume de la main un Balon bien enflé sur le pavé, & je fus estonné qu'encore que je levasse tres-viste la main, ou un petit ais dont je me servois pour enfoncer, & qu'ainsi les parties enfoncées du Balon retournassent tres-viste à leur premier estat, le Balon ne rebondissoit neanmoins point: J'en fis autant d'une boule d'yvoire que je pressay fortement sur un pavé bien uny, & puis sur une table bien dure, & bien polie, & jamais la boule ne rebondit, de quelque vitesse que je pûsse lever la main, ou le petit ais avec lequel je la pressois. Tout cela me détourna de l'opinion de Monsieur Mariote, & sur les experiences qu'il apporte pour l'appuyer, je m'avisay aussi qu'il n'en estoit pas de l'enfoncement des parties d'une table, d'un marbre, ou d'une muraille par une boule tres-dure, telle que pourroit estre une boule d'acier, comme de l'enfoncement des filets d'un Jeu de paume, ou des cordes d'une Raquette par une bale; en ce que la bale n'enfonce simplement pas en dedans les parties superficielles des cordes qu'elle frappe, comme fait la boule les parties superficielles de la table, mais qu'elle pousse les cordes entierement hors de leur place, de façon que se trouvant extraordinairement tenduës, jusques à faire courber la Raquette, elles retournent avec impetuosité sur la bale qu'elles lancent par consequent, comme la corde tenduë d'une Arbalette qu'on lasche, lance une fleche; au lieu que les parties enfoncées de la table demeureront, sinon toutes, du moins quelques unes prises, & enfoncées, de sorte que si elles retournent, ce n'est que peu à peu, & lentement, & non point avec une impetuosité vive comme les cordes de la Raquette.

Je fis mesme cette réflexion à l'égard de l'enfoncement des parties de deux corps de mesme nature, tels que pourroient estre une table d'yvoire, & une boule d'yvoire, qu'encore que les parties enfoncées de la table retournassent avec impetuosité, neanmoins elles ne lanceroient pas les parties de la boule; parce qu'autant que les parties de la table en retournant pourroient pousser les parties de la boule, autant celles de la boule en retournant de mesme pousseroient celles de la table: D'où je conclus enfin que la vertu Elastique, ou le retour des parties enfoncées des corps ne pouvoit point estre la cause de leur rebondissement & de leur reflection, mais que le mouvement de reflection n'estoit autre chose que le mouvement directe continué de la maniere que je l'ay desja dit plus haut, & qu'ainsi il ne falloit point chercher d'autre cause de la Reflection, que celle de la Projection, ou de la chute du corps rebõdissant.

Ne seroit-ce donc point, dis-je alors, à l'egard d'une boule d'yvoire, par exemple, qu'on laisseroit tomber sur une enclume, que la partie A, qui fait l'extremité de l'essieu de la boule, & qui la premiere touche l'enclume, s'enfonçant en dedans, ou retournant en arriere, pousse, meuve, & fasse retourner la partie B, la partie B la partie C, la partie C la partie D, & ainsi de suite selon la longueur de l'essieu jusqu'à Y, qui de mesme que les autres, presse, meuve, & fasse retourner en arriere la partie Z, qui estant la derniere, & mise en mouvement par la partie Y, continue de se mouvoir, & emporte avec soy toutes les parties de la boule, comme luy estant liées & acrochées ; cette propagation de mouvement se faisant à proportion comme dans une longue Poutre, dont la premiere partie qui a receu le petit coup, pousse & meut celle qui suit immediatement, celle-cy une autre, cette autre une autre, & ainsi de suite jusques à la derniere partie de l'autre bout qui touche l'oreille qui entend le coup, ou le son qui s'est fait par le coup: Au lieu que quand avec la paume de la main, ou avec un ais, comme j'ay dit, vous pressez la boule ou le balon contre le pavé, vous arrestez la partie Z, & par consequét toutes les autres parties precedétes jusques à A. Voila ce qui me vint en pensée, & par où je conceus qu'une bale jettée contre une muraille pourroit se reflechir, sans qu'il fust besoin d'imaginer que les parties de la muraille enfoncées contribuassent en s'en retournant comme un ressort, à la reflection de la bale : Ou pourquoy deux boules qu'on auroit suspenduës chacune à un long filet, & qui estant lachées se rencontreroient diametralement l'une l'autre, se feroient reflechir l'une d'un costé, & l'autre de l'autre, sans que le Ressort, & le retour mutuel de leurs parties contribuassent aussi aucunement à leur reflection.

Mais d'où vient donc, dira quelqu'un, qu'une boule d'yvoire qu'on laisse tomber sur une enclume, rebondit plus haut que si elle tomboit sur une table de bois, si ce n'est que le ressort, ou le retour des parties de l'enclume estant plus vif, la boule est repoussée avec plus de force? Je répons qu'on ne sçauroit raisonnablement attribuer cela au retour des parties de l'enclume, parce qu'il n'y a aucune apparence qu'une boule d'yvoire qui pese si peu, & qui est si peu dure au regard du fer, puisse par sa chute enfoncer sensiblement l'enclume, de sorte que ne pouvant d'ailleurs estre attribué au retour des parties de la boule, par la raiſon du balon, ou de la boule d'yvoire qui eſtât fortement preſſée, & autant qu'il ſe peut enfoncée avec un ais ne rebondit point, il ne reſte à répondre autre choſe, ſi ce n'eſt que l'enclume eſtant tres dure, & ſes parties ne s'enfonçant, ou ne cedant que tres peu, la partie A de la boule retourne en arriere, & s'enfonce avec plus d'impetuoſité ſur la partie B, la partie B ſur la partie C, & ainſi de ſuite juſques à Z qui s'en va, & s'enleve par conſequent auſſi avec plus d'impetuoſité.

Du reſte je ſçais bien que les corps dont les parties enfoncées ne retournent pas à leur premier eſtat, comme il arrive à l'egard d'une boule de plomb, qu'on laiſſe tomber ſur une enclume, ne rebondiſſent point; mais cela vient de la contexture particuliere de la boule, & de ce que les Atomes de plomb ſont autrement figurez que ceux d'yvoire, Comme ils ſont rameux, crochus, & raboteux ainſi que nous dirons ailleurs, il arrive que lorſque par le choc ils rentrent & s'enfoncent en dedans, ils ſe racrochent en meſme temps de telle maniere avec ceux qu'ils rencontrent, & s'arrangent de telle maniere dans les petits vuides circonvoisins, qu'ils demeurent là arrestez, acrochez, & comme amortis, de façon que leur mouvement ne se communiquant pas d'Atome en Atome jusques à Z, que je suppose faire l'extremité de l'essieu, comme dans la boule d'yvoire, ce n'est pas merveille que l'Atome Z n'estant point meu, ne s'envole point, ni avec luy le reste de la matiere qui fait la boule.

Je sçais bien aussi qu'un petit cercle de baleine, ou de quelque autre matiere pliable de la sorte, rebondit au moment qu'on leve la main qui en le pressant vers le plan le tenoit courbé de part & d'autre, & en faisoit ainsi comme deux arcs tendus; mais l'on ne doit pas inferer de là que ce soit les parties inferieures du cercle, qui ayant esté enfoncées en dedans par le plan, ayent retourné vers le plan à leur premier estat, & ayent par ce retour causé le rebondissement : Car ne pressez, & n'enfoncez pas le cercle par la partie superieure, mais pressez-le seulement, & tant fort qu'il vous plaira avec le pouce par la partie inferieure, & interieure qui repond directement au plan, &

au poinct du contact, & vous verrez qu'il ne rebondira pas davantage que la boule d'yvoire pressée sur une table de marbre: Si le cercle rebondit donc du moment qu'on retire la main, c'est qu'alors la partie superieure des arcs, comme vous diriez Z dans la boule d'yvoire; c'est, dis-je, que cette partie des arcs conjointement avec les parties courbées du milieu de ces mesmes arcs se trouvant libre, s'eleve comme une espece de Ressort, & s'en va, non pas vers le plan, mais vers le haut, & emporte avec elle le reste du cercle qui luy est continu.

Doute VIII. *Si la mesme quantité de Mouvement demeure toûjours dans la Nature ?*

Voyez Livre II. du Mouvement.

L'On objecte que si les regles du Mouvement que j'ay apportées estoient vrayes, tous les Atomes ne seroient pas toûjours en mouvement, & qu'ainsi il ny auroit pas toûjours la mesme quantité de mouvement dans le

Monde, ce qui cauſeroit de grandes diverſitez, & de grandes inegalitez dans les generations, & les corruptions, & generalement dans les Mouvemens ordinaires de la Nature : Mais je vous prie, où eſt la neceſſité abſoluë qu'il y ait toûjours dans le Monde la meſme quantité de Mouvement, comme ſi le mouvement eſtoit quelque choſe abſolu, quelque ſubſtance, quelque Eſtre qui ne puſt eſtre detruit que par annihilation ; ou plûtoſt comme ſi le Mouvement n'eſtoit pas une ſimple maniere d'eſtre, & qu'ainſi il n'en fuſt pas du Mouvement comme de tous les autres Modes ? Eſt-ce qu'il eſt neceſſaire que dans la Nature la meſme quantité d'Unions, de Contiguitez, de Courbures, de Droitures, & ainſi des autres Modes, ou manieres d'eſtre, demeure toûjours ? Il eſt vray que cela pourroit cauſer quelque diverſité dans les Saiſons, dans le chaud, dans le froid, & conſequemment dans les generations, & les corruptions ordinaires : Mais eſt-ce que ce n'eſt pas auſſi là le train ordinaire de la Nature ? Eſt-ce que nous voyons jamais deux années ſemblables, ſoit à l'egard de la chaleur, ſoit à l'egard de la generation

des

des grains, des fruits, & de tant d'animaux, ou d'insectes differens?

Il seroit à craindre, direz-vous, que quelques Atomes venant à s'arrester, & à en arrester quelques autres, ils ne vinssent enfin tous à se prendre, à s'embarasser, & à s'arrester. Mais comme dés le commencement il y a eu des nombres innombrables d'Atomes, tels que nous tenons estre ceux de feu, & de lumiere, qui sont tres petis, tres ronds, tres polis, tres mobiles, tres actifs, difficiles à estre pris & arrestez dans les compositions, & par consequent tres propres à mouvoir, & à debarasser les autres, il n'y a pas lieu de craindre que jamais le Mouvement cesse dans la Nature, & lorsque la surface de la Terre sera prise, glacée, & gelée de froid, la chaleur soûterraine, qui semble se fortifier durant l'Hyver, & le retour du Soleil au Printemps seront toujours suffisans pour dissoudre les Neiges, & les Glaces, pour ouvrir le sein de la Nature, pour avancer les diverses generations soit des Plantes, soit des Animaux, & enfin pour mouvoir de nouveau, animer, pour ainsi dire, & vivifier toutes choses.

Le Mouvement, dira-t'on peuteftre auffi, eft effentiel aux Atomes ? Mais pourquoy cela ? la nature de l'Atome confifte fimplement à eftre une portion de matiere folide, & etendue, & l'on peut par confequent auffi bien concevoir cette portion de matiere en repos comme en mouvement, ou fans qu'il faille abfolument la concevoir en mouvement, & cela d'autant plus que tous les corps compofez, groffiers, & fenfibles eftant, autant que nous en pouvons juger, indifferens au repos, & au mouvement, il eft à croire que les Atomes doivent auffi eftre de foy indifferens au repos, & au mouvement.

Il n'y a pas un feul Atome, ajoutent-ils, qui ne foit dans un mouvement continuel, & inamiffible, & mefme tres rapide, & inalterable : Mais fur quel fondement avancer une chofe fi fort incroyable, & fi contraire à ce qui fe voit dans les autres corps ? Voyons nous rien de femblable dans le Monde, ou pluroft ne voyons-nous par tout le contraire dans tous les mouvemens fenfibles; que tantoft de certains corps fe meuvent, & que tantoft ils ne fe meuvent plus, que tantoft ils vont viste, & que tantost ils vont lentement, selon les diverses rencontres, & selon les differétes causes qui modifient leurs mouvemens? Et ne disons nous pas ordinairement que philosopher n'est autre chose que raisonner des choses insensibles, & inconnues par proportion, & par rapport aux choses qui sont plus grossieres, plus sensibles, plus connues?

D'ailleurs, pourquoy est-ce qu'y ayant des Atomes angulaires, de crochus, de rameux, & ainsi d'un nombre innombrable de figures differentes, il ne pourra pas arriver qu'ils se prennent, qu'ils s'acrochent, qu'ils s'embrassent, & s'embarassent de telle sorte, qu'il s'en trouve enfin quelqu'un de serré, de pris, & d'arresté, ou de rallenti dans le milieu de la masse qui se fera formée du concours de ces Atomes? Je sçais bien qu'il n'y a rien qui semble plus estre en repos qu'une masse ardente & bruslante de Metal fondu, & que cependant on ne sçauroit nier que les Atomes n'y soient dans une etrange agitation. Je sçay bien aussi qu'il faut demeurer d'accord qu'il y a un certain mouvement inteſtin, & continuel dans ces Eaux fortes qui rongent les Metaux, dans celles qui eſtant meſlées enſemble de froides devienent chaudes, & cauſent une grande ebullition, & generalement dans toutes celles qui ſont ſpiritueuſes, comme toutes ces eaux de Vie, & autres ſemblables, quoy que toutes ces liqueurs ſemblent auſſi eſtre fort en repos : Ce qui ſe doit dire de toutes ces inſenſibles digeſtions, macerations, diſſolutions, nutritions, augmentations, diminutions, generations, corruptions, il faut de neceſſité avoüer que tous ces changemens ſe font par le mouvement caché, & inteſtin des premiers Principes : Mais que generalement tous ces Principes ſoient toûjours dans un meſme & egal mouvement ; mais que dans un calme de la Mer il y ait dans l'eau autant de mouvement que dans la plus furieuſe tempeſte, autant dans une Riviere glacée juſques au fond, que lors qu'elle coule avec impetuoſité ; autant dans la ſurface de la Terre en plein Hyver que tout eſt gelé, & que tout ſemble mort, qu'au Printemps, ou en Eſté que tout ſe degele, que tout pousse, que tout brusle de chaleur; autant dans un monceau de poudre en grains, que lors qu'elle est enflammée, & qu'elle souleve, & renverse le plus gros Bastions ; mais qu'au milieu des corps les plus solides, des cailloux, par exemple, du marbre, ou du diaman il n'y ait pas un seul Atome qui ne soit dans un mouvement continuel, inamissible, & plus rapide que le feu de la foudre, ou que la lumiere du Soleil, qui en un clin d'œil parcourt des espaces immenses, c'est en verité une chose bien difficile à croire.

Doute IX. *Si le Nisus, l'effort, ou le poussement des Atomes dans les Compositions solides est soûtenable.*

Voyez Chapitre XIII. Livre I.

AUssi est-ce, à mon avis, pour cela, que Democrite, Epicure, Lucrece, nostre Autheur, & presque tous les defenseurs des Atomes soûtienent, qu'il se peut bien faire que dans certaines masses, ou compositions tres solides il se trouve des Atomes, qui estant pressez, resserrez, & arrestez par les Atomes circonvoisins, ne se meuvent effectivement pas, ou ne soient pas dans un mouvement effectif, & actuel, mais que neanmoins ces Atomes sont *in continuo nisu*, c'est à dire dans un effort continuel comme pour se degager, & se mettre en mouvement selon la force, l'energie, & l'inclination naturelle dont ils sont doüez, de façon que les Atomes circonvoisins qui les empeschent de se mouvoir estant ostez, ils se mettent d'eux mesmes en mouvement, à la maniere d'un Ressort qui se lance, & se meut du moment que que le corps contre lequel il appuyoit, & faisoit effort, est osté.

Mais ce pretendu *Nisus*, ou effort des Atomes m'a toûjours paru une pure defaite, & un remede inutile pour resoudre la difficulté; je n'ay jamais pû comprendre qu'un corps fist effort, & ne fust pas en mouvement, ou qu'estant une fois en repos, il se pût mettre de soy-mesme en mouvement, & je me suis toûjours imaginé que le mouvement, & le repos estant de simples modes, ou manieres d'estre, un corps qui est une fois en repos doit demeurer dans cet estat de repos, jusques à ce que quelque autre corps meu le vienne hurter, & le mette en mouvement, de-mesme qu'un corps qui est une fois en mouvement, doit toûjours demeurer en mouvement, jusques à ce qu'il survienne quelque cause estrangere qui l'arreste : Est-ce que ce *Nisus* seroit un milieu entre le mouvement, & le repos, ou que mouvement, & repos ne seroient pas contradictoirement opposez? Vn Atome, direz-vous, se remettra en mouvement par une certaine force, vigueur, energie, ou inclination au mouvement qui luy est naturelle. J'entens des paroles, j'entens des termes differens, mais je ne comprens point que dans un corps absolument simple, tel qu'on suppose estre un Atome, cette force, cette vigueur, cette energie, & cette inclination puisse estre autre chose que le mouvement mesme.

C'est pourquoy j'estime qu'il suffit de supposer I. que tous les Atomes sont d'une petitesse inconcevable, de façon qu'une particule insensible de matiere en comprenne des milliers, & que ces milliers puissent estre tous, ou la plus grande partie, dans un trouble, & dans un mouvement continuel. Et de fait, qui auroit jamais crû avant nos derniers Microscopes, qu'une goutte d'eau où l'on a fait tremper du poivre, qu'une goutte, dis-je, de cette eau qui n'aura pas plus d'étenduë que la teste d'une petite epingle, fust comme une espece d'Etang dans lequel on vit remuer, nager, vivre, & mourir une quantité innombrable de petis Animaux incomparablement plus petis que le Ciron, dont nous avons fait la description ? II. Que chaque Atome en particulier n'a point de pesanteur, comme n'ayant ni centre, ni circonference à quoy il tende. III. Que tous les Atomes sont d'eux mesmes indifferens au mouvement, & au repos, & qu'ainsi un Atome qui estant meu en rencontre un autre qui est en repos, peut aisement, & sans rien perdre de sa vitesse, mettre ce dernier en mouvement, à moins qu'il ne soit engagé, & arresté dans une composition tres solide. IV. Que les Atomes les plus petis, les plus ronds, & les plus polis, tels que nous tenons estre ceux de feu, ou de chaleur, & de lumiere, sont les plus mobiles, & les plus libres, ou les moins capables de se laisser prendre, embarasser, & arrester entre les autres dans les Mixtes. V. Que tout abonde de ces sortes d'Atomes, ce que nous font voir la chaleur soûterraine, tant de sources d'eaux chaudes qui se trouvent de tous costez, plus de cinquante Volcans, ou lieux soûterrains qui comme autant d'Etna, & de Vesuves, jettent de temps en temps des flammes dans les divers cantons de la Terre, tant de choses oleagineuses, bitumineuses, & sulphureuses, & enfin le mouvement, la chaleur, & la vie des Animaux, des Plantes, &c. VI. Que ces Atomes sont comme les premiers Mobiles, & les Agens generaux de la Nature, comme ne pouvant estre que tres difficilement arrestez dans les compositions, & estant par consequent dans un continuel mouvement, & dans une perpetuelle, & tres rapide agitation.

Car tout cecy supposé, on pourra raisonnablement attribuer à ces seuls Atomes tous les effets que quelques-uns attribuent au mouvement continuel, & inamissible de tous les Atomes,

& quelques-uns à leur pretendu *Nisu*, ou pouffement perpetuel dans les compositions compactes, & solides ; & l'on pourra dire, par exemple, que si une petite etincelle, c'est à dire une certaine petite quantité de ces corps meûs, fait enflammer, ou met en mouvement un gros monceau de poudre à canon, c'est que les premiers poussent, excitent, & meuvent sans difficulté les anterieurs, comme n'estant que tres peu retenus, & embarassez, que ceux-cy poussent, & en meuvent d'autres de mesme qui sont plus avancez, ceux-cy d'autres, & ainsi de suite, sans qu'il soit besoin de supposer que generalement tous les Atomes de poudre soient ou en mouvement, ou *in Nisu*. L'on en pourra raisonner demesme de la vertu de Ressort, des Fermentations, Digestions, Vegetations, & autres semblables effets, dont j'ay fait mention, sans qu'il soit necessaire, comme je viens de dire, de mettre generalement tous les Atomes ou en mouvement, ou du moins *in Nisu*, jusques dans les compositions les plus solides, dans les cailloux, dans les marbres, dans les diamans, chose comme j'ay déja dit, fiifficile à croire, ou plutoſt ſi fort incroyable !

Doute X. *Si la Vertu de Reſſort, ou la Vertu Elaſtique, ſe doit attribuer au mouvement interieur & continuel des Atomes ?*

Voyez Chapitre XIII. Livre I.

LA flexibilité de certains corps donne aſſurément ſujet à une grande difficulté ; car on demande pourquoy une baguette, une lame, ou quelque autre corps flexible de la ſorte qu'on a courbé de force, retourne, & reprend ſa premiere ſituation du moment qu'on le lâche. Pour reponſe à cette difficulté il ſemble d'abord qu'on pourroit dire que ce retour n'eſt autre choſe qu'un mouvement de reflection, & que le mouvement de celuy qui a le premier courbé la lame eſt cauſe du retour de la lame, ces deux mouvemens n'eſtant qu'un ſeul & meſme mouvement continu, ou continué, lequel eſt premierement dit directe, comme lors qu'une bale s'en va vers une muraille,

& puis de reflection, comme lorsque cette mesme bale retourne de la muraille.

Mais comme on peut supposer que durant un jour entier, ou davantage, on ait tenu un Ressort fixe & aresté contre quelque chose d'immobile, & qu'ainsi on ne peut pas dire alors que le retour, ou le mouvement que fait le Ressort du moment qu'on oste le corps qui le retient, soit continu avec le premier mouvement par lequel il a esté courbé, & aresté, voyons si selon nos Principes nous ne pourrions point trouver quelque cause probable de ce retour.

Certainement si nous supposons avec les Defenseurs des Atomes, ce que nous avons prouvé ailleurs, que les Atomes, sinon tous, du moins la pluspart, comme nous avons dit, quoy que pris, retenus, & embarassez dans les diverses compositions soit rares, & fluides comme l'Air, & l'Eau, soit solides comme le fer, ou l'acier, ne laissent pas d'estre dans un trouble, & dans un mouvement continuel, & par consequent dans une espece de mouvement tonique, & dans un effort perpetuel comme pour se débarasser, & se mettre plus au large : Si nous supposions, dis-je, cette agitation continuelle, & comme inamissible des premiers principes ; il semble premierement, qu'il seroit assez aisé de rendre raison de la vertu Elastique de l'air, qui fait qu'ayant esté fortement resserré dans une Arquebuze à vent, il sort avec une telle impetuosité du moment qu'on ouvre la soûpape, qu'il fait presque le mesme effet que de la poudre à canon allumée dans un fusil. Car comme les Atomes d'air qu'on a ainsi fortement resserrez, sont dans un mouvement continuel, & tres-rapide, ce n'est pas merveille qu'ils sortent avec une tres grande impetuosité du moment qu'ils trouvent un endroit libre par où se jetter & s'envoler, *uà quà data porta ruant*, & qu'ainsi ils poussent avec beaucoup de vitesse, & de rapidité la bale qui se trouve à leur sortie.

De mesme, il semble qu'on pourroit aisement rendre raison de cette vertu Elastique, qui fait qu'une lame, une baguette, ou quelque autre corps flexible de la sorte qu'on a courbé de force, retourne comme de luy mesme à sa premiere situation du moment qu'on le lasche, ou qu'on l'eloigne du corps fixe qui le retenoit; puis qu'il est constant que lors qu'on courbe de force une baguette, par exemple, l'on presse, & resserre les Atomes dont la baguette est composée, les contraignant de rentrer en dedans, de s'approcher les uns des autres, de se mieux arranger dans les petits vuides, en un mot, les reduisant bien plus à l'étroit, & dans un estat bien moins libre qu'ils n'estoient avant la courbure. Car ce n'est pas aussi merveille que les Atomes estant dans une agitation continuelle, & tres rapide, & dans un effort continuel, comme pour se tirer de cette presse, & se mettre plus au large; ce n'est pas, dis-je, merveille que les Atomes du moment qu'on lasche la baguette, retournent chacun dans leur place, & prennent chacun leur premiere situation, qui est plus libre, & qui est la seule qu'ils puissent prendre, ce qui ne se peut faire que toute la baguette ne se redresse, & ne se remette comme d'elle mesme à son premier estat.

Or une preuve convaincante que les Atomes ou les parties d'une lame d'acier, par exemple, courbée & arreſtée contre quelque choſe de fixe, ſont dans cette agitation, & cette eſpece d'effort continuel que je viens de dire, c'eſt qu'effectivement la lame pouſſe continuellement le corps contre lequel elle eſt bandée, juſques-là que quelques jours apres l'endroit qu'elle touche ſe trouve enfin cavé, & enfoncé ſenſiblement; ſoit d'ailleurs qu'avant la courbure toutes, ou la pluſpart des des parties fuſſent deja en mouvement, ce que peut eſtre quelqu'un auroit de la peine à admettre dans une lame d'acier; ſoit que cette agitation leur ayant eſté communiquée en courbant la lame, elle ait demeuré ou ſubſiſté comme d'elle-meſme, ce qui n'eſt pas auſſi trop croyable; ſoit enfin, ce qui me ſembleroit preſque le plus probable, que ce qui fait la peſanteur continuelle des corps, entretint cette agitation: Car comme les choſes qui ſont peſantes, ſont continuellement peſantes, ou tendent continuellement vers la Terre, & par conſequent que la cauſe qui fait cette peſanteur, quelle qu'elle puisse estre, agit continuellement, & cela par un mouvement local continuel, ce ne seroit pas merveille que cette cause qui agit ainsi continuellement sur la lame, communiquast du mouvement aux parties de cette lame, ou les entretint, comme j'ay dit, dans une continuelle agitation, d'où s'ensuivit, ainsi que je l'ay aussi deja dit, le retour de ces parties à leur premier lieu, & par consequent le redressement de toute la baguette à sa premiere situation.

Doute XI. *Si la Lenteur du Mouvement tire son origine des petits Repos interceptez.*

Voyez Tome II. du Mouvement.

COmme estre Droit, & estre Courbe sont de purs Modes, ou de simples manieres d'Estre, & qu'estre en Repos, & estre en Mouvement ne sont aussi que de simples manieres d'Estre; il me semble que l'on pourroit assez justement comparer la Droiture, & la Courbure, avec le Mouvement, & le

Repos, & que demesme qu'on entend aisément qu'une Baguette, par exemple, peut estre plus ou moins courbe, & qu'il y a plusieurs sortes de Courbures, de petites, de plus grandes, & de plus grandes ; ainsi l'on pourroit entendre qu'un corps peut estre plus ou moins en mouvement, & qu'il y a plusieurs sortes de Mouvemens, de lents, de vistes, & de plus vistes. D'ailleurs, que demesme qu'il seroit ridicule de s'imaginer que dans ces differentes Courbures il y eust de la Droiture entre-meslée, & qu'une petite, & une grande Courbure fussent differentes en ce que dans l'une il y en eust plus, & dans l'autre moins ; ainsi il doit estre ridicule de s'imaginer que dans ces differens mouvemens il y ait des morules, ou des petits repos entre-meslez, & qu'un Mouvement lent, & un viste soient differens en ce que dans le lent il y en ait plus, & dans le viste il y en ait moins ; d'autant plus qu'il n'y a aucune raison pourquoy une boule qui en roulant doucement sur un billard auroit une fois esté arrestée, ou mise en repos, ne deust pas ensuite demeurer en repos, jusques à ce qu'il intervint une cause qui la remit en mouvement.

Joint qu'on ne sçauroit concevoir, ni raisonnablement dire, que les mouvemens de deux pierres qu'on a jettées du haut d'une Tour en bas, l'une avec peu, & l'autre avec beaucoup de force, ne soient pas tous deux continus, ou que l'un des deux soit interrompu par quelques petits repos interceptez.

Le Mouvement lent, & le Mouvement viste ne different donc pas en ce que l'un soit moins continu, ou soit interrompu par plus de morules que l'autre, l'un & l'autre sont parfaitement continu; mais ils different en ce que l'un est tel, & que l'autre est tel, en ce que l'un est une telle maniere d'Estre, & l'autre une telle maniere d'Estre; ou si vous voulez, pour apporter ce qui nous peut faire connoistre parfaitement la difference de l'un, & de l'autre, en ce que l'un est tel qu'y ayant à parcourir une certaine longueur continue, le mobile lent dans un mesme temps en parcoureroit moins, & le viste davantage.

Il est bien difficile, dit-on, de concevoir que deux mouvemens soient purs, simples, & continus, ou nullement interrompus de repos, & cependant qu'ils soient dissemblables, l'un lent, & l'autre viste. Mais peut-estre se fait-on encore ici des difficultez où il n'y en a point, & je croirois volontiers que cela se concevroit aussi bien, & aussi aisement que l'on conçoit que deux Courbures sont pures & simples, & cependant qu'elles sont dissemblables, l'une petite, & l'autre grande ; puisque de mesme que la Courbure de soy, & abstractivement n'est rien, n'est point un Estre, mais une simple maniere d'Estre, à sçavoir la Baguette mesme entant qu'elle est de telle maniere, c'est à dire de cette maniere particuliere qu'on appelle Courbure, & non pas de celle qu'on appelle Droiture, ainsi le Mouvement de soy, & dans l'abstraict n'est rien, n'est point un Estre, mais une simple maniere d'Estre, à sçavoir le corps mesme entant qu'il est d'une telle, & non pas d'une telle maniere, ou entant qu'il est de cette maniere qui est appellée Mouvement, & non pas de cette autre maniere qui est appellée Repos ; ce que j'ay déja insinué plusieurs fois, & que l'on ne sçauroit trop faire remarquer; parce que c'est le fondement de toute cette doctrine, & que si l'on n'est toûjours sur ses gardes, l'on ne manque pas de concevoir le Mouvement dans l'abstraict comme une chose, comme un Estre, au lieu que n'estant qu'une maniere d'Estre comme la Courbure, il ne doit jamais estre conceu que dans le concret. J'estime donc que tout mouvement soit lent, soit viste peut estre continu, ou nullement interrompu de repos, & que dans les composez, dont il est icy question, la lenteur, & la vitesse dépendent de l'action, & de la force ou grande, ou petite du moteur, c'est à dire de la lenteur, ou de la vitesse qu'employe le moteur quand il agit, quand il pousse, ou quand il lance, en un mot, au moment qu'il met le mobile en mouvement, & que le mobile devient pour quelque temps comme partie du moteur.

Cependant on objecte, que si le mouvement d'un mobile lent, & celuy d'un mobile viste sont continus, il faut que pendant que le moins viste est meu un instant, & qu'il parcourt un indivisible, le plus viste parcourre tout d'un coup,

& sans succession plusieurs indivisibles rangez en odre, ce qui ne se comprend point. Mais il est constant que cette difficulté ne regarde que ceux qui composent le Continu de Poincts, & le Temps d'Instans Mathematiques, & non pas ceux qui comme nous ne reconnoissent que des Poincts, & des Instans Physiques ; ainsi je répons en un mot, que dans le temps que le mobile lent parcourrera successivement, & continûment un poinct Physique, le mobile qui sera le double plus viste, se mouvant de mesme successivement, continûment, & sans s'arrester, en parcourrera un entier, & ainsi des autres.

Doute XII. *Si le Temps est quelque espece de Flux eternel, & uniforme ?*

Voyez Tome II. Chapitres III. & IV.

Tout ce qui existe à quelque durée, ou grande, ou petite, rien ne sçauroit naistre, & perir en un moment, ou estre produit, & detruit en mesme temps, cela repugne, comme il repugne qu'une chose soit & ne soit pas ; de sorte que l'on doit considerer la Durée, comme un mode essentiel, & inseparable de quelque chose que ce soit, & de là inferer Premierement, qu'on ne sçauroit connoitre qu'une chose existe, qu'en mesme temps on ne connoisse qu'elle dure ; Secondement que n'y ayant rien de plus evidemment connu que l'existence d'une chose, puis qu'il suffit que la chose nous envoye son espece, & soit apperceuë par les sens ; il n'y a aussi rien de plus évidemment connu que la Durée ; & que de mesme qu'il seroit ridicule de vouloir definir, ou expliquer ce que c'est qu'existence, ce que c'est qu'estre, ou exister, parce qu'on ne sçauroit jamais rien apporter de plus clair, & de plus evidemment connu ; ainsi il seroit ridicule de vouloir expliquer ce que c'est que durer, ou apporter quelque definition de la Durée ; parce que l'on ne sçauroit aussi rien dire de plus clair, & que si l'on nous demandoit ce que c'est que durer, ce que c'est que durée, nous ne sçaurions dire autre chose, sinon que durer c'est durer, ou si vous voulez, que durer c'est continuer d'estre, c'est estre, & ne perir pas à l'instant mesme qu'on est, & ainsi que la durée d'une chose est sa durée, est son existence continuée, ou l'existence mesme de la chose entant qu'elle ne perit pas au même instant qu'elle est.

Mais pour prevenir quelques difficultez, & reconnoistre ce que c'est que le Temps, il faut remarquer qu'il en est à peu prez de la Durée, comme de l'Etenduë. Encore qu'en jettant les yeux sur quelque chose que ce soit, l'on connoisse d'abord qu'elle est estendue, neanmoins parce qu'il y a des differences d'Etenduë, & qu'il y a des corps dont l'etendue, ou la longueur est telle, comme pourroit estre celle d'une longue Poutre, ou d'une longue piece de drap, qu'elle ne peut estre veuë, ou apperceue qu'à plusieurs fois, & que grossierement ; cela fait que si nous voulons sçavoir au juste quelle est l'etendue de ces corps, nous sommes obligez d'avoir recours à quelque autre estendue, qui pour estre plus petite, & capable d'estre apperceue tout d'un coup, soit parfaitement connuë, ou censée telle, comme est celle d'un pied, ou d'une aulne, & puisse ainsi nous servir de mesure pour connoistre celle qui nous est moins, ou plus confusement connue : Demesme, encore que jettant les yeux sur quelque chose que ce soit, nous connoissions d'abord qu'elle est, & qu'elle dure, toutefois, parce qu'il y a aussi des diversitez de durées & qu'il y en a de tres longues, telle qu'est celle d'un vieux Chesne, d'un vieil Homme, d'un vieil Elefant, nous-nous trouvons obligez, pour pouvoir connoistre au juste la longue durée de ces choses, d'avoir recours à la durée de certains mouvemens, telle qu'est celle d'un battement d'artere, d'une vibration d'un Pendule à secondes, de l'ecoulement uniforme d'une certaine petite quantité d'eau, ou de sable, du mouvement horaire, journalier, ou annuel du Soleil; nous sommes, dis-je, obligez d'avoir recours aux durées de certains mouvemens, qui pour estre courtes, & par consequent aisées à connoitre, soient évidentes, ou censées telles, & nous puissent servir de mesure pour connoistre au juste ces sortes de durées qui pour estre trop longues, ne ne nous sont connues que grossierement, & imparfaitement.

Cecy supposé, j'estime que de mesme que pour connoistre la nature du Lieu, il ne faut point tant subtiliser, ni avoir recours à je ne sçais quel Estre eternel, & immobile qui ne se trouve point en Nature, le Lieu n'estant autre chose que *la superficie du corps qui environne*; ainsi pour connoistre la nature du Temps, il ne faut point aussi avoir recours à je ne sçais quel Flux eternel, & uniforme, qu'on ne sçauroit trouver nulle part; à un Estre qui ne soit ni Substance, ni Accident, ni capable d'aucune action; à un Estre qui soit composé de parties qui ne sont point, asçavoir du Passé qui n'est plus, du Futur qui n'est pas encore, & du Present qui n'a jamais pû estre auparavant, ni ne pourra jamais plus estre, etrange nature d'Estre! En un mot, à un Estre qui n'est que dans la seule imagination; le Temps, comme dit Lucrece, n'estant assurement rien de soy, rien d'abstrait ou de separé du mouvement des corps.

Tempus item per se non est—

Nec per se quemquam tempus sentire fatendum'st
Semotum ab rerum motu, placidáque quiete.

Et ne pouvant estre *que quelque durée arbitraire, & determinée de mouvement, laquelle pour estre connuë, & evidente, ou censée telle, peut servir de mesure pour connoitre au juste d'autres durées moins connuës.*

Delà vient que s'il n'y avoit aucun mouvement, comme si l'on supposoit qu'il n'y eust dans la Nature qu'une chose seule, unique, & immobile, il seroit vray de dire de cette chose, qu'elle seroit, qu'elle existeroit, qu'elle continueroit d'estre, qu'elle n'auroit pas pery au premier moment qu'elle auroit esté, en un mot, qu'elle dureroit; mais comme par la supposition il n'y auroit point d'autre durée plus connuë qui pûst servir de mesure pour connoistre au juste sa durée, elle ne dureroit point de temps, elle ne répondroit à aucun temps.

Et ne dites point que sa durée cependant seroit ou longue, ou courte, & que cela ne peut estre sans temps. Car pour qu'elle soit telle, ou telle en foy, cela ne depend point du temps, de mesme que pour qu'une chose soit de telle, ou de telle longueur, cela ne dépend d'aucune mesure par laquelle elle puisse estre mesurée. Ce qu'il ne faut neanmoins pas nier, & à quoy nous nous en devons aussi tenir, c'est que la durée de cette chose seroit telle qu'elle auroit pû répondre à des temps finis, si l'on supposoit qu'elle n'eust pas toûjours esté, ou à des temps infinis, si on la supposoit avoir toûjours esté, comme Dieu.

Mais supposons, dira-t'on, que n'y ayant rien eu de creé que la Terre, Dieu la detruise, & la reproduise ensuite, de façon toutefois que la reproduction n'ait pas immediatement suivy la destruction ; n'est-il pas vray qu'entre la destruction, & la reproduction li se seroit écoulé quelque temps ? Je repons que n'y ayant effectivement rien dans la Nature, rien à proprement parler, ne se seroit effectivement écoulé. Donc, direz-vous, la reproduction auroit immediatement suivy la destruction. C'est ce que je nie, parce qu'encore qu'il ne se soit effectivemét écoulé aucun temps, il a neanmoins pû s'en ecouler ; c'est à dire qu'encore qu'il n'y ait eu aucun mouvement, ou aucune durée determinée, connue, & evidente de mouvement, il a neanmoins pû y en avoir, il a neanmoins pû s'en faire, il a neanmoins pû se faire un tel, ou un tel nombre de vibrations de Pendule, un tel, ou un tel nombre de mouvemens journaliers, ou annuels de Soleil, &c. ce qui suffit pour que la reproduction n'ait pas immediatement suivy la destruction.

Que si l'on me demandoit maintenant, d'où vient qu'entre la destruction, & la reproduction il a pû se faire un tel nombre de mouvemens de durée determinée & connue, & non pas plus, comme il estoit cependant possible si Dieu l'avoit voulu, & s'il avoit voulu attendre ou moins, ou davantage ; je n'aurois rien à repondre autre chose, si ce n'est que Dieu auroit autant, & non pas davantage attendu, si ce n'est que la durée de Dieu entre la destruction, & la reproduction auroit esté telle qu'elle auroit pû repondre à un tel nombre de mouvemens, & non pas davantage ; ce qui est de soy, & sans aller chercher autre chose, assez clair, & assez intelligible. Et de fait, lorsque l'on dit d'un homme, par exemple, qu'il a attendu à faire quelque chose, qu'il a attendu long-temps, qu'il a autant ou plus, ou moins attendu, est-ce que l'on ne conçoit pas clairement & parfaitement ce que cela veut dire, sans avoir en veuë je ne sçais quel flux abstrait, & imaginaire ? Est-ce que l'on ne conçoit pas clairement ce que c'est qu'attendre à faire quelque chose, que c'est estre, exister, continuer d'estre, durer, & ne pas faire, qu'attendre autant ou autant de temps, c'est attendre autant d'heures, autant de jours, & autant d'années qu'il aura esté prescrit ? Je l'ay deja dit en parlant de l'Espace, & du Mouvement, il arrive souvent à force de vouloir trop penetrer, que nous gastons tout, que nous obscurcissons les choses les plus claires & que nous faisons des difficultez où il n'y en a point.

Du moins, me dira-t'on, devriez-vous admettre un Temps imaginaire que vous concevriez comme un flux eternel, perpetuel, & uniforme? Mais pourquoy admettre, & se former des chimeres ? Pourquoy prendre plaisir à

V 3

se tromper soy-mesme? Et pourquoy concevoir ce qui n'est effectivement point, ce qui effectivement ne coule point, comme si effectivement il estoit, comme si effectivement il couloit? Parce qu'au fond, direz-vous, ces manieres ordinaires de parler, le Temps passe, le Temps coule incessamment, & autres semblables sont vrayes.

A cecy je repons ce que nostre Autheur mesme a repondu, à sçavoir que ces manieres ordinaires de parler sont purement Metaphoriques, telles que sont celles-cy, *le Temps mange tout, le Temps vient à bout de tout*, & autres semblables, & qu'ainsi le Temps estant pris pour un vray flux, ou un ecoulement abstrait, & separé du mouvement des choses corporelles, elles sont fausses; parce qu'effectivement un tel flux n'est point, & qu'effectivement rien ne coule ainsi de toute Eternité, quoy qu'elles puissent d'ailleurs estre vrayes dans une certaine signification, comme si le Temps, par exemple, estoit pris pour les jours, ou si vous voulez, pour les années, pour les Revolutions Solaires ou journalieres, ou annuelles; en un mot, pour le mouvement continuel, & journalier, ou annuel du Soleil ; car cecy *le Temps coule incessamment*, ne signifiera autre chose, sinon que les jours passent, que les années passent incessamment, ou pour me servir d'autres termes, que le Soleil va roulant incessamment, faisant incessamment ses revolutions, ses circuits, ses mouvemens journaliers, ou annuels.

Doute XIII. *Que l'Eternité n'est point un Flux eternel, & uniforme, &c.*

Voyez Tome II. Chapitre III. & IV.

JE n'ay presque rien à ajoûter à ce qui a esté dit dans le Doute precedent ; car comme nous avons rejetté le Temps abstractivement pris pour un certain flux perpetuel, uniforme, & independant de tout Estre, de tout mouvement, & de tout repos, & que selon nôtre Auteur l'Eternité ne differe point du Temps ; il est evident que nous ne devons point reconnoistre d'Eternité abstractivement prise pour ce mesme flux qui ait esté sans commencement, & doive estre sans fin. Il est de mesme evident que n'y ayant point de mouvement avant que le Monde fust creé, il n'y avoit point de Temps ; le Temps, ainsi qu'il a aussi déja esté dit, n'estant autre chose que la durée de quelque mouvement, qui pour estre courte, & par consequent clairement connuë, peut servir de mesure pour mesurer, & connoitre quelque autre durée, qui pour estre trop longue, est plus obscure, ou plus obscurement connuë. Enfin il est evident que la durée de Dieu, ou son existence continuée est dite eternelle, & infinie, non pas qu'elle ait esté des temps infinis, ou qu'elle ait repondu à des temps infinis, puis qu'avant la creation du Monde il n'y avoit point de mouvement, ni par consequent point de Temps, mais parce qu'elle est telle, à la difference de celle des choses crées, que s'il y en avoit eu d'infinis, ou de toute Eternité, elle y auroit pû répondre.

Doute XIV. *S'il n'y auroit rien à ajoûter à ce qui a esté dit de la cause des Montagnes, ou Inegalitez de la Terre, des Inondations, ou des Deluges particuliers, des Couches de Coquillages qui se trouvent dans les lieux eslevez, & esloignez de la Mer, & de ces pretendues Vicissitudes de Terre en Mer, & de Mer en Terre?*

Voyez Tome II. Chapitre III. IV. V. VI.

NE seroit-ce point que le centre de gravité, ou de pesanteur de la Terre changeast de place de fois à autre apres des suites d'années ? Car supposant d'ailleurs que le Globe de la Terre fust, comme il est en effet presentement, diversifié d'Eminences entre-coupées de Plaines de diverses grandeurs ; qu'entre ces Eminences les unes, comme plus basses fussent sous les eaux, & fissent le fond de la Mer; que les autres, comme plus hautes elevassent leur sommet au dessus des eaux ; qu'entre ces dernieres celles-là fussent de grande etendue, & de plus diversifiées d'autres Eminences plus hautes, de sorte qu'elles fissent ce que nous appellons des Continens, celles-cy plus petites, & de moindre etendue, & fissent ce que nous appellons des Isles; qu'enfin toutes ces Eminences fussent de telle maniere disposées, & eloignées les unes des autres, que les Mers tant celles qui sont vers les Poles, que celles qui sont au Levant, & au Couchant se communiquassent entre-elles, comme elles font aussi presque toutes effectivement; supposant, dis-je, que le Globe de la Terre estant disposé de la maniere que je viens de le representer, le centre de gravité qui auroit premierement esté au milieu, vint par quelque accident à s'approcher, par exemple, du Pole Arctique, il est constant, & l'on peut, ce me semble, concevoir aisement qu'il arriveroit quatre ou cinq choses considerables.

La Premiere, que les eaux des Mers qui seroient du costé du Pole Antarctique quitteroient leur lict, & couleroient vers leur nouveau centre qui seroit vers le Pole Arctique, come n'estant plus retenues par l'equilibre general des eaux, & chaque petite goutte, ou petite boule d'eau n'estant plus attirée à plomb sur celles qui sont au dessous d'elles, ce qui arrive à quelque boule que ce soit sur un plan incliné, ou dans le penchant d'une Montagne, & estant par consequent obligée de couler, ainsi que je viens de dire, vers le nouveau centre vers où elle seroit attirée avec ses circonvoisines.

La Seconde, que du costé de ce mesme Pole Antarctique il se decouvriroit des Terres autrefois cachées sous les eaux, comme du costé de l'Arctique les eaux en noyeroient, & en cacheroient qui jusques alors auroient esté decouvertes; ce qui depuis un Siecle ou environ, pourroit peut-estre bien estre arrivé à l'Isle de Groenlande qui ne se trouve plus du costé du Nord, & peut-estre autrefois à l'Isle Atlantique de Platon.

La Troisiéme, ou plutost la Premiere, que ce qui du costé du Pole Antarctique auroit esté auparavant lieu bas, enfoncement, receptacle des eaux, comme plus proche du centre que les eaux, deviendroit lieu haut, & elevé ou Montagne, comme plus eloigné du centre que les eaux, & d'où les eaux couleroient pour se rendre aux lieux plus bas, & plus proches du nouveau centre.

La Quatrieme, que ces Terres nouvellement decouvertes paroitroient avec cette diversité qu'elles auroient eue sous les eaux, de façon qu'icy l'on pourroit voir de petites Plaines entrecoupées de petites eminences, & de petis costeaux, comme aux environs de Paris, & là des Plaines de plus grande etendue, comme en Pologne, icy des Montagnes de mediocre hauteur, comme en quelques Provinces de France, & là de plus hautes, comme les Alpes, ou les Pyrenées.

La Cinquieme, que là il paroitroit des Isles nouvelles, ou des Eminences dont le sommet s'eleveroit au dessus des eaux, & que ces Eminences seroient plus ou moins hautes & elevées, & plus ou moins frequentes, selon qu'elles se seroient trouvées plus ou moins avant dans le lict profond de la Mer, ou selon la hauteur particuliere qu'elles auroient eue sous les eaux.

La Sixieme, que toutes, ou du moins la plufpart de ces Eminences ou Montagnes paroîtroient encore couvertes de terre, foit de celle qu'elles auroient euë autrefois dans leur premier origine, foit de celle que les Fleuves, & les Rivieres des Continens y auroient pû apporter, de façon que le Rocher vif ne paroîtroit point encore : Car enfin les Pierres, & les Rochers ne fe font que de terre, & ne croiffent apparemment point ni dans l'air, ni dans l'eau fimple.

Or cela eftant, l'on ne trouveroit plus eftrange qu'il fe fît des Inondations, & des Deluges particuliers, ou, ce qu'Ariftote, & plufieurs Anciens ont dit, que par la fuite des Temps tout ce qui a efté Mer devint Terre, & que tout ce qui a efté Terre devint Mer; puifqu'il ne faudroit autre chofe finon que le centre changeaft, & fe trouvaft tantoft d'un cofté, & tantoft d'un autre.

L'on ne trouveroit demefme point etrange, que de ce qui auroit autrefois efté Plaine il s'en fît un pays de Montagnes, puifque par ce changement de centre ce qui auroit efté lieu bas deviendroit lieu haut d'où les eaux de de pluyes couleroient incessamment, rongeant & creusant diversement ça & là selon la diverse dureté des terres qui se trouveroient en chemin, & prenant leurs cours selon la pente diverse des couches de Pierres, & de Rochers qu'elles rencontreroient, & qu'elles rongeroient aussi enfin, comme nous voyons qu'elles ont fait par le passé, & qu'elles font encore presentement.

Il en seroit de mesme de ces vieilles Ancres dont parle Ovide.

Et vetus inventa est in Montibus Anchora summis.

L'on ne trouveroit point etrange qu'il s'en fust trouvé ça & là au milieu des Continens, & mesme sur des lieux elevez; puisque ces mesmes lieux auroient pû estre autrefois lieux bas, & couverts des eaux de la Mer.

Le mesme se doit dire de ces diverses Coquilles de Mer qu'on trouve aussi dans cent endroits jusques au milieu des Continens soit dans de la terre, soit dans du sable, soit mesme dans des pierres, & des morceaux de Rochers où l'on voit qu'elles ont esté ramassées, & qu'elles se sont collées, & enfin petrifiées avec diverses petites pierres qui se

DOUTES.

sont là rencontrées; puisque la Mer pourroit les avoir laissées, ou amenées là, & qu'elles pourroient y avoir esté arrestées par quelque inegalité qui se seroit trouvée.

Le mesme se pourroit aussi dire de ces Couches ou tables de Coquillages qu'on rencontre en certains endroits en remuant & creusant la terre, telle qu'est celle qui se voit à Issy proche de Paris; car cette couche se trouve diversifiée de Coquilles de plusieurs sortes, de petites, de mediocres, de plus grandes, & ce qui est de considerable, d'entieres, de rompues, ou à demi-ecrasées de vieillesse, & mesme ce qui est encore plus considerable, d'aretes de Poissons, d'herbes, & autres differentes choses; comme si la Mer dans quelque changement subite de centre, avoit en se retirant laissé la Campagne tapissée de ces sortes de coquilles, herbes, & aretes, & que de quelque lieu plus elevé il fust ensuite survenu par le moyen des pluyes, des avalages & des eboulemens de terre qui eussent couvert la campagne avec cette tapisserie.

Enfin pour dire en un mot, l'on concevroit dás cette hypothese, que quand mesme la masse de la terre auroit esté dans son commencement parfaitement ronde, sa surface auroit pû devenir comme elle est maintenant diversifiée de Montagnes, de Valons, de Plaines, de Lacs, de Fleuves; puisqu'il n'auroit fallu autre chose pour cela, sinon que le centre de gravité n'eust pas esté au milieu, ou s'en fust retiré.

Pource qui est maintenant de la Cause de ce pretendu changement de centre de gravité, il faut par avance remarquer ce que nous demontrerons ensuite en traittant de l'Aiman, que ce n'est pas sans raison que Gilbert a dit de l'Aiman que c'est une petite Terre, & de la Terre que c'est un grand Aiman; non seulement parce qu'ainsi que la Terre a deux Poles opposez, l'un Septentrional, & l'autre Meridional par lesquels elle regarde les Poles du Ciel, ainsi l'Aiman, particulierement lorsqu'il est tourné au tour comme une boule, en a deux par lesquels il regarde les mesmes poincts du Ciel, mais principalement en ce que demesme que l'Aiman lance continuellement, & de tous costez une foule de rayons magnetiques qui attirent le fer, ainsi la terre, & principalement celle qui est vers le centre, dans laquelle comme plus simple & plus pure, doit singulierement resider sa vertu Magnetique, lance continuellement aussi, & de tous costez une infinité de semblables rayons, qui comme autant de petis crochets, ou de petites mains insensibles attirent toutes les choses que nous appellons pesantes.

Remarquons de plus, que ce n'est peut estre pas aussi sans raison que nostre Autheur, conformement à la pensée de la pluspare des Anciens qui faisoient la Terre animée, semble avoir tant de penchant à donner à la Terre ainsi qu'à l'Aiman, quelque espece d'Ame, & de vie, ou, si vous voulez, quelque espece d'Instinct, & de connoissance pour ce qui est absolument necessaire à sa conservation, tel qu'est le retour de ses parties à leur Tout, de façon que la vertu, & les rayons Magnetiques dont nous venons de parler, soient comme une emanation de cette espece d'Ame, qui connoissant, ou sentant à sa maniere que sa ruine, & sa dissolution suivroient enfin le detachement, & la perte de ses parties, lanceroit comme de son sein ces rayons pour attirer ces parties, pour les ramener, & se les reunir.

Cecy supposé, il m'est venu en pensée

que cette vertu, ou emanation Magnetique, que nous ne sçauriós ne pas reconnoitre dans la Terre, & que l'on doit concevoir estre, & resider principalement non pas dans un poinct tel qu'est le centre, mais ainsi que je viens de dire, dans les parties centrales, ou circonvoisines du centre, comme plus pures, & plus simples, ou moins heterogenes que celles qui sont icy vers la superficie du Globe; il m'est venu, dis-je, en pensée que cette vertu, ainsi que celle de vegeter dans la Plante, & celle de sentir dans l'Animal, demande sans doute de certaines & particulieres dispositions, & comme tout ce que nous voyons de terrestre est sujet au changement, & à l'alteration, que ces dispositions, ou le lieu & la matrice de ces dispositions peut aussi y estre sujet, de quelque façon que cela puisse arriver: Soit que quelque Tremblement de Terre fasse des fentes, & des crevasses par où les eaux des Fleuves, ou des Lacs soûterrains puissent penetrer, de façon que ces eaux inondant, & noyant une partie considerable des terres centrales & magnetiques, elles noyent aussi, & eteignent, ou affoiblissent une partie confiderable de la vertu Magnetique, bouchant les pores, & les canaux ordinaires par où se faisoit l'emission de ses rayons, ensorte que le centre, & le milieu de ce qui reste de cette vertu, ne soit plus le mesme, & se soit comme retiré vers le Pole Arctique, si l'on suppose que l'attaque, & la corruption se soit faite du costé de l'Antarctique, & ait si l'on veut, gagné jusques au centre, & au delà : Soit que quelque nouvelle ou chaleur, ou inflammation s'estant par hazard excitée dans des antres soûterrains fort profonds, quelque partie considerable de ces mesmes terres centrales ait esté de telle maniere ou échauffée, ou bruslée, ou calcinée, ou encroustée, que la vertu Magnetique y ait aussi esté ou detruite, ou affoiblie : Soit enfin, ce qui peut aussi arriver, qu'une partie de cette vertu Magnetique demeure ou pour toûjours, ou pour un temps seulement étouffée, & accablée, ou la direction de ses fibres changée, par la chûte, & par l'affaissement de quelque grande, & ample caverne, dont les piliers, & les soûtiens auront esté ruinez par le temps & la vieillesse, ou rongez par le sel, & par l'agitation des eaux soûterraines, ou ébranlez par quelque furieuse exhalaison, ou calcinez par quelque grand & soudain Embrasement, ou de quelque autre maniere qu'on se pourroit imaginer.

Mais sans trop m'arrester au detail de toutes ces sortes d'alterations, songeons seulement que dans ce qu'il y a de Terre connue l'on conte plus de cinquante Volcans, qui comme autant de Vesuves, ou d'Etnas vomissent de temps en temps des feux & des flames? Songeons par consequent à cette quantité prodigieuse de soufre, & de bitume, & autres matieres inflammables qui doit estre çà & là repandue dans les entrailles de la Terre? Songeons aux effets prodigieux & etonnans des feux & des embrasemens souterrains, aux soulevemens, & affaissemens de montagnes entieres dans les cavernes de la Terre? Songeons aux etranges fracas, & bouleversemens que causent de certains tremblemens de Terre, tel que fut celuy qui dans l'Amerique bouleversa il y a environ cent ans plus de deux cent lieües de Pays, ou celuy qui lança hors des eaux de la Mer une Isle entiere de pierres calcinées dans l'Archipel? Songeons, dis-je, à tous ces grands Evenemens qui semblent menacer la masse entiere de la Terre, & nous ne trouverons plus etrange que quelque endroit considerable de ces parties centrales ait pû estre attaqué, alteré, changé, ou ruiné, & une partie de la vertu Magnetique ou alterée, & affoiblie, ou étouffée & eteinte, ou detournée ailleurs, ou exhalée, &c. Car que sçavõs nous ce qui se passe là bas à 12, ou 1500 lieües d'icy vers les entrailles de la Terre? Ou plutost, si nous voyons tres souvent, que de certaines & considerables parties de la Terre soient sujettes à de grandes attaques, à de grands changemens, & comme dit Lucrece, à de grandes maladies, pourquoy ne croirons-nous pas que ces lieux, quoy que plus profonds, & plus eloignez de nous, puissent aussi y estre sujets?

Voilà à peu pres ce que je me suis imaginé sur cette matiere, à quoy j'ajoûteray que la possibilité de quelque grande & considerable alteration dans la vertu magnetique de la Terre, d'où suive ce pretendu changement de centre m'a semblé d'autant moins imaginaire, que la declinaison de l'Aiman ne permet, ce semble pas de douter qu'il ne s'en passe du moins effectivement quelqu'une, n'estant pas possible d'expliquer cette declinaison que par quelque detour, contorsion, redressement, & generalement par quelque changement, & quelque alteration dans les fibres magnetiques de la Terre.

L'on me dira peut-estre, sans aller chercher si loin ces alterations souterraines, que les eaux des Fleuves, & des Rivieres chargées de terres qu'elles detachent, & entrainent des Montagnes, dont elles augmentét incessamment les Continens, en remplissant les profondeurs de la Mer, contraignent les eaux de se jetter autre part, & de couvrir à proportion de certaines parties de la surface de la Terre, de façon qu'il y a tantost moins, & tantost plus de poids, & de matiere dans un endroit de la Terre que dans un autre : Mais il faut ce me semble, se detromper de ce costé-là, & je crois que quand on entasseroit montagne sur montagne, cela ne feroit point changer le centre de gravité de la Terre, ni ne la feroit point de soy pencher, ou balancer diversement. Joint que quand cela pourroit faire quelque chose, que d'Années, que de Siecles ne faudroit-il point, non pas pour qu'il pûst arriver aucun Deluge particulier, ou pour qu'il se pûst faire de nouvelles Montagnes, telles que sont les Alpes, & les Pyrenées, ou pour que tout ce qui est Mer pûst devenir Terre, car tout cela seroit impossible dans cette derniere hypothese, mais simplement pour que ce qui est Terre pûst, toutes les Montagnes applanies, devenir Mer ?

Doute XV. Si l'Opinion des Anciens touchant l'essence de la matiere se peut accorder avec les Mysteres de la Religion.

Voyez Tome III. Chapitre IV.

IL s'agit icy de sçavoir si l'on peut soûtenir tout simplement avec Descartes, *que l'essence de la matiere consiste dans l'étenduë,* ou comme dit Gassendi, *qu'à considerer les choses selon les loix ordinaires de la Nature, l'essence de la matiere semble consister dans la solidité, ou impenetrabilité, d'où suit necessairement l'étenduë.* Car l'on pretend que si l'une ou l'autre de ces Opinions est vraye, il s'ensuit que l'étenduë, comme essentielle à la matiere, ne peut jamais estre sans la matiere, ni la matiere sans l'étenduë; ce qui est contraire à ce que l'on enseigne communément dans les Ecoles, à sçavoir qu'apres la Transubstantiation l'étenduë du pain subsiste sans pain, & le Corps de Jesus-Christ sans son étenduë: L'essence de la matiere ne consiste donc point, dit-on, ni dans l'étendue, ni dans la solidité ou impenetrabilité, mais l'étendue doit estre quelque chose d'accidentel à la matiere, c'est à dire un accident particulier, ou une certaine petite Entité qui fasse que la matiere soit étenduë, & que Dieu par sa puissance infinie puisse faire subsister sans la matiere. Voilà en peu de mots l'estat de la Question, & le fondement des Objections de Monsieur de la Ville, & de plusieurs autres qui l'ont precedé.

Avant que de proposer une pensée qui me semble estre tres-orthodoxe, & fort propre pour accorder la Philosophie avec la Theologie, Et le reste que vous verrez au Chapitre IV. des Qualitez.

FIN.

www.ingramcontent.com/pod-product-compliance
Lightning Source LLC
Chambersburg PA
CBHW050241230426
43664CB00012B/1783